国家卫生健康委员会"十四五"规划教材

全国高等学校教材

U0626986

供卫生信息管理、医学信息学及信息管理与信息系统等相关专业用

医学信息搜集与利用

主　编　马　路　唐小利

副主编　仇晓春　张云秋　张　晗

编　者　（以姓氏笔画为序）

于微微　滨州医学院　　　　　　　　唐小利　中国医学科学院北京协和医学院
马　路　首都医科大学　　　　　　　　　　　　医学信息研究所
仇晓春　上海交通大学医学院　　　　　黄利辉　中国医学科学院北京协和医学院
田金徽　兰州大学　　　　　　　　　　　　　　医学信息研究所
向　菲　华中科技大学同济医学院　　　黄浩波　广西医科大学
杜志银　重庆医科大学　　　　　　　　韩玲革　山西医科大学
张　晗　中国医科大学　　　　　　　　程艾军　首都医科大学
张云秋　吉林大学　　　　　　　　　　翟　兴　北京中医药大学
张军亮　新乡医学院　　　　　　　　　虢　毅　中南大学
郑先容　广东药科大学

编写秘书　丁思瑀　首都医科大学
　　　　　郑一宁　上海交通大学医学院

人民卫生出版社

·北　京·

图书在版编目（CIP）数据

医学信息搜集与利用 / 马路, 唐小利主编. —北京：
人民卫生出版社, 2023.3
全国高等学校卫生信息管理 / 医学信息学专业第三轮
规划教材
ISBN 978-7-117-34547-7

Ⅰ. ①医… Ⅱ. ①马… ②唐… Ⅲ. ①医学－情报检
索－医学院校－教材 Ⅳ. ①G252.7

中国国家版本馆 CIP 数据核字（2023）第 040601 号

人卫智网	www.ipmph.com	医学教育、学术、考试、健康，
		购书智慧智能综合服务平台
人卫官网	www.pmph.com	人卫官方资讯发布平台

医学信息搜集与利用
Yixue Xinxi Souji yu Liyong

主　　编：马　路　唐小利
出版发行：人民卫生出版社（中继线 010-59780011）
地　　址：北京市朝阳区潘家园南里 19 号
邮　　编：100021
E - mail：pmph @ pmph.com
购书热线：010-59787592　010-59787584　010-65264830
印　　刷：廊坊一二〇六印刷厂
经　　销：新华书店
开　　本：850×1168　1/16　印张：14
字　　数：395 千字
版　　次：2023 年 3 月第 1 版
印　　次：2023 年 5 月第 1 次印刷
标准书号：ISBN 978-7-117-34547-7
定　　价：62.00 元
打击盗版举报电话：010-59787491　E-mail: WQ @ pmph.com
质量问题联系电话：010-59787234　E-mail: zhiliang @ pmph.com
数字融合服务电话：4001118166　　E-mail: zengzhi @ pmph.com

全国高等学校卫生信息管理/医学信息学专业规划教材第三轮修订

出版说明

为进一步促进卫生信息管理/医学信息学专业人才培养和学科建设,提高相关人员的专业素养,更好地服务卫生健康事业信息化、数字化的建设发展,人民卫生出版社决定组织全国高等学校卫生信息管理/医学信息学专业规划教材第三轮修订编写工作。

医学信息学作为计算机信息科学与医学交叉的一门新兴学科,相关专业主要包括管理学门类的信息管理与信息系统、信息资源管理、大数据管理与应用,理学门类的生物信息学,工学门类的医学信息工程、数据科学与大数据技术,医学门类的生物医药数据科学、智能医学工程等。我国医学信息学及卫生信息管理相关专业的本科教育始于20世纪80年代中期,通过以课程体系和教学内容为重点的改革,取得系列积极成果。2009年人民卫生出版社组织编写出版了国内首套供卫生信息管理专业使用的规划教材,2014年再版,凝结了众多专业教育工作者的智慧和心血,与此同时,也有多个系列的医学信息学相关教材和专著出版发行,为我国高等学校卫生信息管理/医学信息学教育和人才培养做出了重要贡献。

当前,健康中国、数字中国加快建设,教育教学改革不断深化,对卫生信息管理/医学信息学人才的需求持续增加,知识更新加快,专业设置更加丰富,亟需在原有卫生信息管理课程与教材体系的基础上,建设适应新形势的卫生信息管理/医学信息学相关专业教材体系。2020年国务院办公厅发布《关于加快医学教育创新发展的指导意见》,对"十四五"时期我国医学教育创新发展提出了新要求,人民卫生出版社与中华医学会医学信息学分会在对国内外卫生信息管理/医学信息学专业人才培养和教材编写进行广泛深入调研的基础上,于2020年启动了第三轮规划教材的修订工作。随后,成立全国高等学校卫生信息管理/医学信息学专业规划教材第三届评审委员会、明确本轮教材编写原则、召开评审委员会会议和主编人会议,经过反复论证,最终确定编写11本规划教材,计划于2022年秋季陆续出版发行,配套数字内容也将同步上线。

本套教材主要供全国高等学校卫生信息管理、医学信息学以及信息管理与信息系统等相关专业使用。该套教材的编写,遵循全国高等学校卫生信息管理/医学信息学专业的培养目标,努力做到符合国家对高等教育提出的新要求、反映学科发展新趋势、满足人才培养新需求、适应学科建设新特点。在修订编写过程中主要体现以下原则和特点。

一是寓课程思政于教材思政。立德树人是教育的根本任务,专业课程和专业教材与思政教育深度融合,肩负高校教育为党育才、为国育人的历史重任。通过对国内外卫生信息管理/医学信息学专业发展的介绍，引导学生坚定文化自信；通过对医学信息安全与隐私保护相关伦理、政策法规等的介绍，培养和增强学生对信息安全、隐私保护的责任意识和风险意识。

二是培养目标更加明确。在以大数据、人工智能为代表的新一轮科技革命和产业变革新背景下，卫生健康信息化加快发展，医工、医理、医文更加交叉融合，亟需加大复合型创新人才培养力度，教材结构、内容、风格等以服务学生需求为根本。

三是统筹完善专业教材体系建设。由于卫生信息管理／医学信息学相关专业涉及医学、管理学、理学、工学等多个门类，不同高校在专业设置上也各具特色，加之学科领域发展迅猛、应用广泛，为进一步完善专业教材体系，本轮教材在进行整合优化的基础上，增加了《医学大数据与人工智能》《公众健康信息学》《医学知识组织》和《医学信息安全》等，以满足形势发展和学科建设的需要。

四是遵循编写原则，打造精品教材。认真贯彻"三基、五性、三特定"的编写原则，重点介绍基本理论、基本知识和基本技能；体现思想性、科学性、先进性，增强启发性和适用性；落实"三特定"即特定对象、特定要求、特定限制的要求。树立质量和精品意识，突出专业特色，统筹教材稳定性和内容新颖性，坚持深度和广度适宜、系统与精练相统一，同一教材和相关教材内容不重复，相关知识点具有连续性，减轻学生负担。

五是提供更为丰富的数字资源。为了适应新媒体教学改革与教材建设的新要求，本轮教材增加了多种形式的数字资源，采用纸质教材、数字资源（类型为课件、在线习题、微课等）为一体的"融合教材"编写模式，着力提升教材纸数内容深度结合、丰富教学互动资源。

希望本轮教材能够紧跟我国高等教育改革发展的新形势，更好地满足卫生健康事业对卫生信息管理／医学信息学专业人才的新需求。真诚欢迎广大院校师生在使用过程中多提供宝贵意见，为不断提高教材质量，促进教材建设发展，为我国卫生信息管理／医学信息学相关专业人才培养做出新贡献。

序　言

随着互联网、大数据、云计算、人工智能等信息技术在医学和卫生健康领域的广泛深入应用，信息技术与医学和卫生健康事业的结合日益紧密。医学和卫生健康领域的信息化、数字化、智能化，对于推动健康中国和数字中国建设、卫生健康事业高质量发展、深化医药卫生体制改革和面向人民健康的科技创新，实现人人享有基本医疗卫生服务、保障人民健康等具有极为重要的意义，迫切需要既了解医学与卫生健康行业又懂信息技术的复合型、高层次医学信息专业人才。

医学信息学是实现医学和卫生健康领域信息化、数字化、智能化高质量发展，以及推动健康中国、数字中国建设的重要基础，是引领和支撑医学和卫生健康事业发展的重要支柱。医学信息学作为一门计算机信息科学与医学交叉的新兴学科，已经成为医学的重要基础学科和现代医学的重要组成部分。它伴随着计算机信息技术在医学领域中的应用以及服务医学研究与实践的需要而产生，也随着服务于医学及相关领域的目标与活动而不断发展。目前，已涵盖与人类生命健康相关的各层次（分子—基因—蛋白—亚细胞—细胞—组织—器官—个体—群体）的医学应用，通过对医学信息（数据）的挖掘、有效组织和管理、开发与应用，实现对医学信息的充分利用和共享，提高医学管理与决策的质量和效率，全面赋能医学与卫生健康事业发展。

我国医学信息学的发展主要起步于医学图书和情报管理领域，早期主要集中在医院信息系统、医学情报研究、医学信息资源建设与服务等方面。20 世纪 80 年代中期开始，当时卫生部所属 4 所医学院校创办图书情报专业，开始了医学信息学专业教育的探索。经过 30 余年的建设，特别是进入新世纪以来，医学信息学发展迅速，加快形成为与理学、工学、管理学、医学相互交叉的新兴学科，涉及学科门类、专业类目众多，主要相关的如管理学门类的信息管理与信息系统、卫生信息管理、信息资源管理、大数据管理与应用，理学门类的生物信息学，工学门类的医学信息工程、数据科学与大数据技术，医学门类的健康数据科学、生物医药数据科学、智能医学工程等。目前，我国的卫生信息管理/医学信息学高等教育已形成以本科教育为基础、硕博士教育为龙头、专科教育为补充的多层次教育格局。与此同时，以课程体系和教学内容为重点的教学改革取得了系列成果，出版了一批内容新颖、富有特色的教材，包括规划教材、自编教材、翻译教材等。在全国高等学校规划教材建设方面，2009 年人民卫生出版社就组织编写并出版了国内首套共 9 本供卫生信息管理专业学生使用的教材，2014 年更新再版扩展至 11 本，为我国高等学校卫生信息管理/医学信息学教育做出了重要贡献。

随着计算机科学与信息技术的迅猛发展，健康中国建设的推进，医学信息学呈现诸多新特征，主要表现为，信息技术应用与卫生健康行业深度交融加快，数字健康成为健康服务的重要组成部分，信息技术与医学的深度融合推动新的医学革命，数据治理与开放共享、信息安全与隐私保护更加受到重视，医学信息学科发展加速。在此背景下，卫生信息管理／医学信息学人才需求持续增加，亟需建设适应新形势的相关专业教材体系，为培养复合型、高层次专业人才提供帮助。人民卫生出版社主动履行使命、担当作为，联合中华医学会医学信息学分会，在对国内外相关专业人才培养和教材编写进行深入调研的基础上，决定组织编写新一轮全国高等学校卫生信息管理／医学信息学专业教材，并将其作为国家卫生健康委员会"十四五"规划教材。

2020 年人民卫生出版社成立全国高等学校卫生信息管理／医学信息学专业规划教材第三届评审委员会，由我担任主任委员，中华医学会医学信息学分会现任主任委员、中国医学科学院医学信息研究所钱庆研究员和候任主任委员、郑州大学第一附属医院刘章锁教授等 8 位专家学者担任副主任委员，来自全国高等院校、科研院所等机构的 32 位专家学者担任委员。评审委员会在现状调研和专家论证等基础上，紧密结合新形势、新需求，更好体现系统性、权威性、代表性和实用性，经反复论证对既往多个教材品种进行整合优化，针对前沿发展新增 4 个品种《医学信息安全》、《医学知识组织》、《医学大数据与人工智能》、《公众健康信息学》，最终确定 11 个品种，力求体现新的学科发展成果和更好满足人才培养需求。整套教材将于 2022 年秋陆续出版发行，配套数字内容也将同步上线。

经评审委员会和人民卫生出版社共同协商，从全国长期从事卫生信息管理／医学信息学相关教学科研工作的专家学者中，遴选出本套教材的主编和副主编。最终，11 本教材共有主编 18 人、副主编 40 人、编委 130 余人，涵盖了全国 110 多所高校、科研院所和相关单位。

教材编写过程中，各位主编率领编委团队高度负责、精诚团结、通力合作、精益求精，高质量、高水平地完成了编写任务，中国医学科学院医学信息研究所的李姣研究员担任本套教材评审委员会的秘书，同人民卫生出版社共同完成了大量卓有成效的工作。我要特别指出的是，本轮教材的顺利出版，离不开人民卫生出版社的优质平台，离不开各参编院校、科研院所的积极参与，在此，我向各位领导的支持、专家同道的辛勤付出和做出的卓越贡献致以崇高的敬意，并表示衷心的感谢。

作为一门快速发展的新兴交叉学科，编写中尽可能反映学科领域的最新进展和主要成果，但囿于时间和水平等原因，难免存在错漏和不当之处，真诚欢迎各位读者特别是广大高等院校师生在使用过程中多提宝贵意见。

全国高等学校卫生信息管理／医学信息学专业
第三届教材评审委员会主任委员　代　涛
2022 年秋于北京

主编简介

马 路

教授，博士研究生导师，1969年6月出生于江西省九江市。现任首都医科大学国际学院院长、国际交流与合作处处长、港澳台事务办公室主任。兼任中国中西医结合学会第四届信息专业委员会副主任委员、中华预防医学会预防医学信息专业委员会第六届委员会副主任委员、中国图书馆学会第十届学术委员会图书馆管理专业组委员、中国高等教育学会引进国外智力工作分会第五届理事会理事，《图书情报工作》《中华医学图书情报杂志》《中国中医药图书情报杂志》等学术期刊编委。

从事医学文献检索与教学工作31年，主持、参与多项教育部、北京市教委科研课题，编写教材24部，发表论文80余篇。

唐小利

管理学硕士，研究馆员，硕士研究生导师，1966年11月出生于吉林省吉林市。现任中国医学科学院医学信息研究所党委副书记、纪委书记，中国图书馆学会常务理事，中华医学会医学信息学分会常务委员，中国图书馆学会专业图书馆分会副主任委员。《医学信息学杂志》《中华医学图书情报杂志》《农业图书情报学报》编委。

从事教学工作近30年，连续担任"十三五""十四五"中国医学科学院医学与健康科学技术创新工程协同创新项目首席专家，主持承担国家社会科学基金项目、中国工程院重大研究咨询项目、中央级科研院所基本科研业务费专项课题、国家科学技术图书文献中心（NSTL）等资助课题20余项，曾获得"人口健康共享杯大赛"优秀指导教师奖。在 *JASIST*、*Journal of Informetrics*、*Science China Life Sciences*、《图书情报工作》、《情报理论与实践》等核心期刊上发表有关学术影响力评价、科学技术转化与创新前沿识别方法、基于多元数据的学科情报分析等论文100余篇，其中SCI收录9篇，参与出版教材及专著4部。

副主编简介

仇晓春

研究馆员，1969 年 5 月出生于江苏省常州市。现任上海交通大学医学院综合事务党委书记、图书馆馆长，中国图书馆学会理事，中国图书馆学会医学委员会副主任委员，上海市图书馆学会医学图书馆分会主任委员，上海市医学会流行病学与循证医学分会副主任委员。

长期从事医学文献检索与教学、循证医学研究及文献计量学分析工作，主持并完成省部级基金课题 4 项，发表论文与专著 70 余篇（部）。

张云秋

教授，博士研究生导师。现任吉林大学公共卫生学院信息检索教研室主任。曾赴日本国立信息学研究所访学。兼任第七届中华医学会医学信息学分会青年委员会副主任委员，中华医学会医学信息学分会教育学组委员，中国卫生信息学会卫生信息学教育专业委员会委员、医学大数据与人工智能学组委员，中国医药信息学会医药信息学理论与教育专业委员会专家委员，吉林省数字健康专家委员会副主任委员，吉林省科学技术情报学会理事等。

从事教学工作 27 年，编写教材 16 部。主持和参加国家社会科学基金、教育部人文社会科学基金、国家自然科学基金、吉林省科技发展计划项目、吉林省社会科学基金以及企事业合作项目等 20 余项。发表学术论文 80 余篇。

张 晗

教授，硕士研究生导师，1974 年 12 月出生于陕西省宝鸡市。现任中国医科大学健康管理学院健康数据科学教研室副主任，兼任中华医学会医学信息学分会青年委员会副主任委员、辽宁省医学会医学信息学分会副主任委员、中华预防医学会预防医学信息专业委员会委员、中国中西医结合学会信息专业委员会委员。

从事教学工作 25 年，编写教材 16 部，主持多项教育部、辽宁省科研课题，参与国家自然科学基金、国家卫生健康委员会、教育部、辽宁省教育厅等课题 10 余项。发表 SCI、CSSCI 及核心期刊论文 60 余篇。

前　　言

　　《医学信息搜集与利用》是卫生信息管理、医学信息学及信息管理与信息系统等专业第三轮规划教材之一，旨在培养学生的信息意识、创新能力和批判性思维，使学生掌握信息检索的方法和技能，具备获取、评价和利用信息的能力。

　　在本版教材的编写过程中，针对卫生信息管理专业特色，本着理论与实践并重、检索与利用互动的原则，组织教材内容。在继承和发扬本专业第二轮教材《卫生信息检索与利用》（第2版）的精华和特色的基础上，本教材对编排体例进行适当调整，增加新技术、新资源，注重学习模式的转变，适应学生自主学习需求，且充分考虑了学术交流方式和途径的改变对信息检索与利用的影响，力求全面、及时、准确地反映医学信息资源的新变化，以及最新的医学信息检索技术、理论与方法。经第三届教材评审委员会商定，将教材更名为《医学信息搜集与利用》。

　　数字资源是纸质教材的重要补充，也是新时代教材编写的重要发展趋势。本版教材配有PPT课件，作为对教材知识的系统梳理和总结；部分章节配有短视频，用于案例分析和数据库使用讲解演示；除此之外，为了便于学生自学自检、强化学习效果，每章均配有习题。

　　本书坚持"三基"（基本理论、基本知识、基本技能）、"五性"（思想性、科学性、先进性、启发性、适用性）、"三特定"（特定对象、特定目标、特定限制）原则，充实基础知识部分内容，对生物医学文献数据库的介绍注重循序渐进，突出重点，通过案例进行详细阐述，注重教材的启发性和实用性，同时在案例中渗透课程思政建设。

　　本教材的编委由首都医科大学、中国医学科学院北京协和医学院医学信息研究所、上海交通大学医学院、吉林大学、中国医科大学、兰州大学、山西医科大学、华中科技大学同济医学院、北京中医药大学、重庆医科大学、中南大学、滨州医学院、新乡医学院、广西医科大学、广东药科大学等长期从事一线教学的专家、教授组成，他们具备丰富的教学经验和教材编写经验。在此，对各位编委严谨的态度和辛勤的付出表示感谢。同时感谢本教材编写所参考的国内外相关专著及论文的作者，他们的研究成果奠定了教材的编写基础。

　　在以大数据、人工智能为代表的新一轮科技革命和产业变革的新背景下，卫生健康事业紧跟信息化发展的步伐，已经进入了数据驱动的医学科技创新发展阶段，由于编者自身水平所限，加之科技发展迭代迅速，书中难免会有缺点和不足，敬请读者指正赐教。

马　路　唐小利

2022年8月

目　　录

第一章

绪　论

学习目标

　　掌握医学信息搜集与利用课程的目标与任务，能够陈述信息素养的概念。熟悉信息素养教育的 5 个方面内容，认识到信息意识的重要性，树立正确的信息道德观念。了解美国大学与研究型图书馆协会发布的《高等教育信息素养框架》的主要内容。

第一节　课程的任务与基本要求

一、课程性质与任务

　　信息搜集（information seeking）是指人们通过信息和信息检索系统，如正式或非正式的人际网络、信息系统等，对信息进行检索或查询的行为。信息搜集是人类获取信息资源的行为，在医务工作者的学习、工作、研究过程中此类行为往往使用"信息检索"一词，信息检索是面向数据库和系统的一种行为，更为微观，更侧重用户和各类信息系统交互的作用。

　　医学信息搜集与利用隶属于医学方法学范畴，是一门融合情报学、图书馆学与医学专业知识的医学方法课程，它强调实践能力，是一门有助于医学知识的获取、利用与产出的工具性学科。

　　本课程的任务是帮助学生通过学习信息检索的基础知识和基本技能，掌握常用医学信息资源的使用方法，能够快速、准确地从各种信息资源中获取自己所需要的信息，并进行分析、评价和有效利用，从而培养自己的信息素养，提高获取与利用信息的技能，为不断吸收新知识，更新知识结构，培养研究能力、创新能力和终身学习能力打下坚实的基础。

　　信息化社会的发展和需要对高等教育提出了更高的要求，随着科学技术发展的日新月异，培养学生具有扎实的本学科专业知识的同时，培养其掌握获取信息的方法和技能，培养其信息素养和终身学习的能力就显得十分迫切和必要，特别是在知识社会的时代，获取、分析、评价信息，吸收、整合和利用信息的能力更显重要。知识社会是以知识为基础的社会，知识的生产、传播、吸收和创新渗入社会各个领域。信息的维护、增加和传播是增进知识社会的主要手段，广泛、大量和有效的信息传播构成了知识社会的基础。联合国教科文组织提出，广泛获取信息是知识社会形成的重要原则，其主要工作是促进信息的交换。在知识社会，每个人都具有在开放环境中及时获取信息和知识的权利；具备吸收和整合信息的能力；具有运用知识提高生活水平的途径和机会。知识社会不仅需要信息的支撑，还需要运用知识对信息进行系统加工、筛选和处理。所以，知识社会为医学信息搜集与利用课程赋予了新的使命。

二、课程内容和基本要求

医学信息搜集与利用课程的内容主要分医学信息检索基础、医学信息检索与实践和医学信息处理与分析三部分，共8章。其中医学信息检索基础主要涉及医学信息资源类型与特点、信息检索的原理与方法；医学信息检索与实践包括主要的医学文摘数据库、全文数据库和其他各类网络信息资源的研究与利用；医学信息处理与分析则是对检索策略的编制与优化、数据处理与可视化工具、个人参考文献管理，以及科技查新等进行介绍。

医学信息搜集与利用作为一门科学方法课，学习过程中一定要注意理论知识和实践并重。在学习信息检索基本理论知识的基础上，必须通过大量的检索实践操作练习，熟练应用检索技巧，掌握各种数据库的检索方法和通过网络获取信息资源的技能，并对检索效果进行评价。对获得的信息能够进行去粗取精、去伪存真的分析和质量评估，在自己的学习、研究和实践决策过程中得到有效的利用，为研究和决策提供严谨可靠的证据。同时，要掌握信息的整理、鉴别、评价和分析研究的方法，更好地为知识挖掘和知识发现服务。

三、课程的产生和发展

科技文献信息是人类科学实践的经验总结，是科学信息的载体及其交流传播的媒介。为了充分发挥文献信息的作用，指导科技人员从文献的海洋中获取有用信息，推动科学技术的研究发展，我国医学图书情报学界的前辈们做了大量艰苦细致的工作。从20世纪50~60年代开始，南京医学院、第二军医大学、四川医学院、武汉医学院、湖南医学院等一批医学院校相继在青年教师中进行了有关利用医学文献的教育。1982年，由南京医学院牵头，组织全国10所高等医学院校中实践经验丰富、理论水平较高的医学图书情报专家编写了我国第一部医学文献检索课教材《医学文献检索与利用》。1984年，教育部[84]教高一字004号《关于在高等学校开设〈文献检索与利用〉课的意见》颁布后，我国高等医学院校陆续开设医学文献检索与利用课程。国家教育委员会在1985年印发的《关于改进和发展文献课教学的几点意见》和1992年颁发的关于印发《文献检索课教学基本要求》的通知，先后对开设文献检索课程的意义、目的，文献检索课的性质、任务和基本要求做出了明确的规定，进一步指导和推动了文献检索课的建设和发展。

我国医学信息学专业相关本科教育同样始于20世纪80年代中期，是医学与计算机科学、信息科学、管理学等多学科教育的新兴专业，医学信息搜集与利用是医学信息学类专业课程体系中不可或缺的教育环节，是培养学生的信息素养，增强学生的自学能力、科研能力、创新能力和终身学习能力的重要一环。信息的传播方式、信息资源的整合及出版形式的变化，使得医学信息搜集与利用课程从教学内容、教学形式到教学手段都产生了革命性的变革。可以预见，随着科学技术的不断发展和知识社会的到来，医学信息搜集与利用课程将会迎来更加广阔的发展前景。

第二节　信息素养的内涵与发展

一、信息素养概述

信息素养（information literacy）一词最早是由美国信息产业协会主席保罗·泽考斯基（Paul Zurkowski）于1974年在向美国图书情报学全国委员会提交的一份报告中提出的，他在报告中写到：所有经过培训的，在工作中善于运用信息资源的人即可称为具有信息素养的人，他们具有利用多种信息工具及主要信息资源使问题得到解答的技术和能力。基于信息利用的角度,经过了10余年的研究和实践探索,美国图书馆协会(American Library Association, ALA)于1989年发表总结报告:信息素养是一种生存技能,具备信息素养的人能够知道什么时候需要信息,能够有效地获取、评价和利用所需要的信息。之后,随着计算机网络技术的飞速发展和广泛应用,更伴随着信息时代人们观念的更新,人类对信息、信息时代乃至对信息素养的认识,亦在不断拓展与深化。在2003年9月联合国信息素养专家会议发表的《布拉格宣言:走向具有信息素养的社会》一文中明确提出"信息素养是终身学习的一种基本人权"。

随着信息生态的变迁和高等教育环境的变革,信息素养的概念和内涵也必然随之不断更新和改变。2016年,美国大学与研究型图书馆协会(The Association of College and Research Libraries, ACRL)正式颁布了《高等教育信息素养框架》,对信息素养的定义进行了扩展:信息素养是指包括对信息的反思性发现、对信息如何产生和评价的理解,以及利用信息创造新知识并合理参与学习团体的一组综合能力。

二、信息素养评价标准

ACRL于2000年批准并颁布了《高等教育信息素养能力标准》(Information Literacy Competency Standards for Higher Education),这一标准是国际上公认的权威信息素养能力评价标准,一直在被广泛地实践和传播。

随后ACRL相继出台一系列针对不同学科专业的信息素养标准,包括2006年的《科学与工程技术学科信息素养标准》、2008年的《人类学社会学学生信息素质能力标准》、2010年的《心理学信息素养标准》、2011年的《新闻专业学生和专业人士信息素养标准》和《教师教育信息素养标准》,以及2013年的《护理学信息素养标准》。

2016年1月,ACRL正式发布《高等教育信息素养框架》(Framework for Information Literacy for Higher Education),该框架以全新的框架元素和新型理念升级了2000年制定的《高等教育信息素养能力标准》,反映了新型信息生态环境下信息素养教育的发展趋势,在高等教育领域颇具前瞻性和指引性。该框架提出的6个框架要素是:权威的构建性与情境性、信息创建的过程性、信息的价值属性、探索式研究、对话式学术研究,以及策略性检索,共包含45项知识技能和38项行为方式。

英国的学院、国家和大学图书馆协会(The Society of College, National and University Libraries, SCONUL)信息素养工作组于2011年4月提出了《SCONUL信息素养七支柱:高等教育核心模型》(The SCONUL Seven Pillars of Information Literacy: Core Model for Higher Education),揭示了用户的初级信息能力与更先进的信息素养理念之间的关系。该标准共有7个一级指标、17个二级指标。

澳大利亚与新西兰高校信息素养联合工作组(Australian and New Zealand Institute for Information Literacy, ANZIIL)2001年正式发布《澳大利亚与新西兰信息素养框架:原则、标准及实践》(Australian and New Zealand Information Literacy Framework: Principles, Standards and Practices)作为两国高校开展信息素养教育的指导性文件。2004年,略做修改后形成包括6个一级指标、19个二级指标、67个三级指标的信息素养指标体系。

相较国外而言,我国信息素养评价标准的制定还处于起步阶段,在不同地区或不同行业或相关文件中陆续制定了一些相应的评价标准。例如2005年,北京地区高校图书馆工作委员会完成了《北京地区高校信息素质能力指标体系》。2007年起,中国医学科学院医学信息研究所通过对医学生信息素养能力现状进行调查,并借鉴国内外高等教育信息素养能力评价标准及全球医学教育的最低基本要求,初步建立了我国《医学生信息素养能力指标体系(修订稿)》。我国有望在今后出台适合我国国情的有关信息素养评价标准的正式文件或权威性标准。

三、信息素养培养

基于信息素养的概念内涵以及信息素养的评价标准,按照信息获取与利用的一般逻辑流程,信息素养教育内容应包括信息意识的培养、信息资源的认知与选取、信息的查询与获取、信息的管理与利用和信息利用的规范与安全5个方面。

1. 信息意识的培养 信息意识是指客观存在的信息和信息活动在人们头脑中的能动反应,表现为人们对所关心的事或物的信息敏感力、观察力和分析判断能力及对信息的创新能力。通过信息意识的培养,学生应善于发现自己潜在的信息需求,具备利用信息及信息工具的意识;具有信息保健意识与自控能力,避免虚假、暴力等不良信息对自己产生负面影响,同时能够控制自己不沉溺于网络游戏或聊天等活动。

2. 信息资源的认知与选取 面对日趋多元化、数量急剧增加的信息来源,学生需要了解各类信息的产生途径、呈现形式和交流方式,能够根据自己的需要对信息资源进行评估并选择合适的信息资源。

3. 信息的查询与获取 信息的查询与获取贯穿于问题的发现、研究和解决的各个环节,包括分析问题、确定检索需求、制订检索策略、分析检索结果、调整检索策略,以及获取检索结果。学生不仅应具备这些能力,还应养成分析检索结果、反思检索过程的思维习惯。

4. 信息的管理与利用 信息的管理与利用包括3个层面:第一个层面是合理使用信息管理工具,将查询与获取的信息进行整理、组织和保存;第二个层面是能够内化并利用信息内容,通过阅读理解、归纳提炼、融合创新形成成果,再提出新的研究问题;第三个层面是通过各种方式在不同场合或环境中分享和交流成果。学生不仅是信息的使用者,也是信息的生产者和传播者。

5. 信息利用的规范与安全 学生应该了解信息查询、获取、传播与利用过程中的相关法律政策,合理合法地加工、传播和利用信息。应具备基本的网络安全意识,防止涉密信息和个人隐私泄露,掌握信息安全技能,防止计算机病毒和黑客等攻击。学生还必须具备知识产权意识,在学术研究与交流中,遵守学术规范和学术道德,杜绝抄袭、剽窃、弄虚作假、一稿多投、不当署名等学术不端行为的发生,引用他人的文献时应加以注明。

在信息素养培养过程中,思想政治教育是不容忽视的环节。要想引导学生坚持正确政治方向和价值取向,培养其文明自律行为,自觉抵制网络负面信息,就必须坚持以社会主义核心价值观为引领,解决用网娱乐化、信息辨识能力片面化、法律知识碎片化、网络不道德行为冷漠化等问题。

(马 路)

思 考 题

1. 请简述信息素养的定义。
2. 你认为培养良好的信息素养对你的学习和今后的工作将会产生怎样的影响?

第二章

信息检索基础

学习目标

掌握信息资源的类型和特点，信息检索的原理、概念、结构及类型，信息检索技术、途径与步骤。熟悉信息检索语言的概念、类型，尤其是医学主题词表。了解信息、知识和文献的关系，信息检索数学模型。

第一节　医学信息资源的类型与特点

一、医学信息概述

（一）信息

1. 信息的概念　从科学的各个领域到生活的方方面面，信息（information）无所不在、无时不有、无人不用，这是信息概念具有如此广泛普及性和适应性的具体体现。然而，由于信息本身的复杂性、对信息认识的多维性，以及认识主体的差异性，对于"什么是信息"这一基本问题的回答，不同学科领域有不同的表述。

信息论创始人香农从通信理论的角度将信息定义为：用来减少不确定性的事物。强调信息从信源（信息的来源）发出，经过信道（信息传递的通道），传输到信宿（信息的接收者）和被接受的整个过程，并且推导出信息的数学表达公式，将信息科学推入定量研究阶段。

控制论创始人维纳从信息具有的本质属性出发，认为信息既不是物质，也不是能量，信息就是信息。人们在适应外部世界的同时，会把这种适应反作用于外部世界，信息是在此过程中人们同外部世界进行相互联系、相互作用和相互交换的内容。

系统论创始人贝塔朗菲从整体出发，将任何系统都看成是部分的有机整体，其表现出来的性能要大于各个部分性能的机械相加之和。系统中各要素并非孤立，而是彼此联系的，每个要素都在系统的特定位置发挥其特定作用。他虽然没有直接定义信息，但是强调了信息的客观存在，尤其是事物存在的方式和运动状态。

全国科学技术名词审定委员会发布的《图书馆·情报与文献学名词》中对信息所做出的定义为：广义的信息指客观事物存在、运动和变化的方式、特征、规律及其表现形式；狭义的信息指用来消除随机不确定性的事物。

2. 信息的分类　根据信息来源，可将信息划分为自然信息、生物信息、机器信息和社会信息等。

根据主体认识的层次，可将信息分为本体论信息和认识论信息。本体论信息是物质存在方式以及运动状态的最原始反应,即本真状态。认识论的信息是经过思维加工处理之后的反应,引入了认识的限制,概念的外延减小而内涵增加。其中,认识论信息根据信息的性质,可以分为语法信息、语义信息和语用信息,分别对应于事物存在方式和运动状态的本体、含义及效用。①语法信息:主体具有观察力,能够感知事物运动状态及其变化方式的外在形式,由此获得的信息可称为语法信息。②语义信息:主体具有理解力,能够领悟事物运动状态及其变化方式的逻辑含义,由此获得的信息可称为语义信息。③语用信息:主体具有明确的目的性,能够判断事物运动状态及其变化方式,由此获得的信息可称为语用信息。语法信息、语义信息和语用信息三者综合在一起构成认识论层次上的全部信息,即全信息。

根据信息存在形态,分为媒介形态和符号形态;根据表现形式分为口头信息、体语信息、实物信息以及文献信息;根据记录手段分为手写信息、印刷信息、缩微信息、声像信息以及数字信息;根据时空关系分为静态信息和动态信息;根据数量描述分为定量信息和定性信息;根据信息发布的渠道可分为正式渠道信息和非正式渠道信息;根据信息的运动状态可分为连续信息、离散信息。另外,还可根据出版形式、加工形式、公开范围和获取难易程度等予以划分。

3. 信息的特征

(1)客观性:信息是客观事物普遍性的一种表征,由于客观事物本身具有物质客观性,因此表征其存在的信息亦同样具有客观性。

(2)依存性:信息相比于其表征的对象而言,是一种间接存在。我们把以承载信息为主要任务的物质形式称为信息的载体。信息具有依存性,因此需要发现和挖掘。

(3)可知性:世界是可以认识的,源于表征世界特征的信息是可以被感知的。信息作为客观事物的反应,可被人类通过各种手段和方式所感知和认识。

(4)传递性:经人类感知、捕捉、获取的信息,可以通过各种方式借助于各种载体或媒介广泛传递,为更多的人所接收和利用。这种传递,可以跨越时空,可以替换载体,可以逆转方向,也可以变更其编码形式。

(5)时效性:同样的信息在不同的时间和空间所体现出的价值会有所不同,只有在合适的时间和合适的背景下,被恰到好处地接收与利用,信息才能实现其应有的价值。

(6)价值性:信息既然同物质和能量一样,成为推进现代社会文明进程的三大支柱之一,说明其具有价值。其价值不仅取决于信息本身,而且更有赖于被开发利用的层次,信息的价值不会因是否被利用或被利用次数多少而衰减。

(7)共享性:在传递过程中,信息不仅可以被信源和信宿共同拥有,还可以被多个信宿同时接收利用。进行信息交换的双方不但不会失去原有信息,还可能获得新的信息。正因为信息的价值不因被利用而衰减或丧失,所以可以为人类所共享。

4. 数据—信息—知识—智慧　为了深化对信息及其本质特征的认识,有必要将其置于数据、知识和智慧等相关概念的框架内,通过相关概念的彼此联系、区分与限定,实现对信息这一基本概念的理解与把握。

数据是事实或观察的结果,是对客观事物的逻辑归纳,是用于表示客观事物的未经加工的原始素材。数据经过加工后成为信息。

知识是人们在认识和改造客观世界的实践中所获得的认识和经验的总和,是人类通过对信息的感知、获取、选择、处理、加工等一系列思维过程,形成的对客观事物的本质和规律的认识,是人类大脑重新组合形成的序列化信息。

智慧是人们对事物能迅速、灵活、正确地理解和解决问题的能力,是在拥有知识的基础上进一步考虑环境、影响和逻辑等因素,讨论知识使用的前提、时机和规则等更深层次的问题。

综上所述,从信息链的概念体系角度理解,信息是一个连续体概念,是数据—信息—知识—智慧构成的信息链,其中上游面向物理属性,下游面向认识属性。

(二)医学信息

1. 医学信息的概念　医学信息(medical information)是根据信息所属的学科领域划分出来的一种资源类型,是有关医学的各类信息的总称。

认识论信息可分成语法、语义、语用3种类型,医学信息也同样如此。语法描述医学信息的特有规则,如系列代码或符号、字母、词语的拼写、音节的组成方式、生物信号的频谱和幅度等,医学信息的语法特征与其载体密切相关。语义指医学信息蕴含的意义,如患者描述病情时,医生需要分析描述信息的含义进行诊断,这通常需要依赖上下文来帮助理解。语用表明医学信息服务于特定目的。例如简单的数字本来不具有任何含义,但加上符合特定语法规则的文字描述后,就产生了语义内容。如"100"本身没有意义,但"舒张压100mmHg"就有了具体含义,表示患者的血压测量结果。

2. 医学信息的作用　医学信息的作用主要体现在3个方面:一是促进医学科技创新,医学信息是医学科技创新的重要条件,对推动新知识的生成和转换起重要作用;二是辅助医药卫生决策,医学信息是医药卫生决策的科学依据,对患者及医疗机构的决策者都具有十分重要的意义;三是支持医药卫生实践,各种信息资源为医药卫生事业的发展及有效管理等提供了必要的信息保障。

二、信息资源的类型

信息资源(information resources)被视为支撑现代社会文明进程的三大支柱之一,成为促进知识经济发展的最重要的智力资源。狭义的信息资源是指人类社会经济活动中经过加工、处理、有序化并大量积累起来的有用信息的集合。广义的信息资源是指有序化社会信息集合本身和与此相关的一切管理要素的总和,即信息、生产者、生产活动以及信息技术的集合。一般意义上的信息资源,是指以各种记录形式存在的信息载体的总和,其外延远远大于文献资源。信息资源是任何可标识的对象,包括媒介和记录信息的组合、以物质或数字形态表达的知识成果等。

(一)根据载体形式划分

信息资源可分为印刷型、缩微型、视听型和电子型等。当前,网络已经渗透到人类生活的各个方面,借助其查找、获取和利用信息,已成为信息时代的本质特征。因此,常将通过网络发布、存储和传递的信息称作网络信息。从技术角度来看,网络信息生成与传递的前提是信息形式的数字化和传递的网络化。因此,将网络信息资源归于电子型,不做专门讨论。

(二)根据出版形式划分

信息资源可分为图书、期刊、报纸和特种文献。特种文献包括学术会议文献、标准、科技报告、专利、产品说明书和政府出版物等。在医学领域,电子病历是一种重要的信息资源,其中包括患者本人或他人对病情的主观描述,医务人员对患者的客观检查结果,以及医务人员对病情的分析、诊疗过程和转归情况的记录,是医学研究的第一手资料。

(三)根据信息加工深度及功能的划分

信息资源可分为零次信息资源、一次信息资源、二次信息资源和三次信息资源。零次信息资源是最原始的信息资源,虽然并没有公开交流,但它是产生一次信息资源的主要素材。一次信息资源是最主要的信息资源,是人们检索和利用的主要对象。二次信息资源是对一次信息资源的集中提炼和有序化后的成果,是用以检索一次信息资源的工具,故又称为检索工具。三次信息资源是将一次信息资源按知识门类或专题重新组织、高度浓缩而产生的成果。从零次文献信息资源到一次、二次、三次文献信息资源,是一个由不成熟到成熟,由分散到集中,由无序到有序的过程;也是由博而略、由略而深,对知识信息进行不同层次加工的过程。每一过程所含知识信息的质和量都不同,对人们利用知识信息所起的作用也不同。

三、医学信息资源特点

医学信息资源是指以文字、图形、图像、音频、动画和视频等形式储存在一定的载体上并可供利用的医学信息。当前,医学信息资源的发展表现在如下几个方面。

(一)快速增长,数量庞大

科学技术的每个学科、每个分支,甚至一些最新研究方向,或一个研究点,都可能会伴生一份期刊。据联合国教科文组织统计,全世界每年出版的图书有 80 万种以上,平均每 15 年翻一番,科技期刊达 14 万多种;每年约有 600 万篇文献、100 万件专利产生,其中生物医学文献占 30%～40%,以期刊引文报告(Journal Citation Reports,JCR)为例,按引文数量排序的前 500 种期刊中,属于生物医学的约占 1/3。目前全世界约有 20 000 种生物医学期刊,每年发表的文献约 200 万篇。

(二)语种多样,形式丰富

世界医学信息报道、交流、传递中使用的语种不断增多。过去世界上大多数科技文献只用英文、德文、法文出版,而现在各国出版的科技期刊采用的语种多达 70～80 种,PubMed、SciFinder 等数据库均收录了超过 50 种语言的科技文献。

从载体类型看,生物医学信息资源除传统的印刷型外,缩微型、视听型和电子型也迅速发展,尤其当前以网络为平台的数字化资源成为用户利用的主要类型。从出版形式看,除传统书刊外,电子书刊、多媒体数据库、医学工具书、知识图谱、循证知识库、实践指南和病理标本等不断涌现。

(三)种类丰富,内容交叉

现代科学技术的发展呈现两种趋势:一是学科的分化和专深化,二是学科的交叉融合与综合化。前者导致学科的划分越来越细、越来越专;后者导致许多交叉学科和边缘学科的产生。就医学领域而言,由于学科之间相互交叉、渗透、融合,新型学科、交叉学科、边缘学科层出不穷,使得医学文献不仅刊载在医学专业期刊上,还大量刊载在一些综合性期刊或其他相关学科领域的期刊上。

(四)半衰期短,更新加快

由于科学技术发展的速度越来越快,新知识的产生也日益加快和增多,致使已有知识越来越快地被新知识所淘汰,文献的使用寿命也必然随之缩短。由此,人脑中已掌握的知识也不得不随之不断更新以跟上时代发展的步伐。这便是倡导继续教育、终身学习以及学习型社会的根本原因。

半衰期是衡量已发表文献知识老化的一个量化指标,指某学科领域现在尚在利用的全部文献中的一半(较新的一半)是在多长时间内发表或出版的,这与该学科一半的文献失效所经历的时间大体相当。研究显示,生物医学文献的更新速度在科技文献中最快,一般在 3 年左右。

(五)渠道广泛,交流频繁

计算机与网络通信技术的广泛应用,极大地改变了信息的生产、加工和传播模式,使信息资源的传递更方便、快捷、快速。在线投稿、审稿、编辑、网络优先出版、开放获取等新模式大大缩短了学术成果的出版周期。正式交流和更广泛的非正式交流渠道为科研人员之间的信息交流提供了便利条件。

第二节　信息检索概述

一、信息检索的概念与发展

(一)信息检索概念

信息检索(information retrieval)最早由 Calvin N.Mooers 于 1950 年提出,其从信息发送者和接收

者的角度指出,检索是一种时间性的通信,接收者应能够从发送者发出的大量信息中选择所需要的内容。信息检索概念主要面向文献,即从文献集合中查找出与所指定需求有关的文献。在多媒体时代,其对象拓展到了静态动态信息、音频视频信息和数值事实信息等多个方面。

广义的信息检索是指将经过组织的信息存储起来,再根据用户的需求匹配相关信息的过程。可见,从广义而言,信息检索包括信息存储与检索两个过程,也就是信息的"存"与"取"两个环节。此外,广义信息检索也被定义为是对信息项进行表示、存储、组织和获取的过程。信息存储是信息检索的基础,信息检索是信息组织的目的。

狭义的信息检索仅指信息"存"和"取"两个过程的后半部分,即从信息集合中匹配获取所需信息的过程,与之相关联的概念还包括信息查询、信息查找、信息查寻等。

(二)信息检索的发展进程

从先组式索引、穿孔卡片、缩微胶卷、脱机批处理等,发展到联机、光盘、网络等,信息检索技术由低级到高级、由传统线性向以超文本为代表的非线性发展。一般认为,信息检索经历了手工检索、机械检索、计算机检索等3个主要阶段,其中,计算机检索又可细分为脱机批处理检索、联机检索和网络检索3个子阶段。

1. **手工检索**(1876—1945)　用户使用图书馆提供的书目和索引等工具查询所需文献的过程是信息检索行为的早期表现。在文献以印刷出版物为主要载体的时期,用户或信息人员只能通过手工查阅各种印刷型检索工具定位所需文献。手工检索操作简单灵活、查准率高,但检索效率和查全率都非常有限。

2. **机械检索**(1945—1954)　机械检索系统是从20世纪50年代开始利用各种机械装置进行情报检索的系统,是手工检索向计算机检索的过渡阶段。机械检索只能采用单一的方法对固定的存储形式进行检索,过分依赖于设备,检索复杂,成本较高,检索效率和质量都不理想,很快被迅速发展的计算机情报检索系统取代。

3. **脱机批处理检索**(1954—1965)　将计算机用于书目检索的思想最早于20世纪50年代提出,脱机检索系统是计算机检索初期使用的、利用单台计算机的输入输出装置进行检索、用磁带作存储介质的系统。以1954年美国海军军械实验中心利用IBM701机建立的全球第一个计算机文献信息检索系统为主要标志。

4. **联机检索**(1965—1991)　联机检索系统是脱机检索系统的进一步发展,主要由用户终端、通信网络、计算机及数据库组成。主机通过通信线路连接多个终端,用户借助检索程序通过终端与主机对话,查找所需的信息。其间,由于国际联机通信费用高昂,在1980年出现了光盘检索,以高密度光盘阵列作为数据存储的主要介质来提供检索服务。

5. **网络检索**(1991年至今)　进入20世纪90年代,随着计算机与通信技术以及信息高速公路的快速发展,计算机检索开始在网络平台推进。网络检索是通过互联网对远程计算机上的信息进行检索的过程。该阶段以1991年推出的广域信息查询系统(Wide Area Information System,WAIS)为主要标志。

(三)信息检索的发展趋势

信息资源概念的丰富、信息用户需求的增长和计算机通信技术的进步推动了信息检索理念、方法和技术的快速发展。当前,信息检索的发展呈现出智能化、便捷化、多样化、个性化、可视化等趋势。

1. **智能化**　信息检索智能化是人工智能技术在信息检索技术中深化应用的成果。其基于自然语言的检索形式,在自动识别用户以自然语言表达的检索需求基础上,智能化生成策略进行检索并依照一定算法排序提供检索结果。智能搜索引擎(intelligent search engine)、智能浏览器(intelligent browser)、智能代理(intelligent agent)、知识共享智能体(knowledge-sharing agent)等都是信息检索智能化的体现。

2．便捷化　齐普夫最小努力法则表明用户将使用便利性作为选择信息系统和服务的首要标准，对信息检索系统使用的便捷性做出了基本要求。检索界面的人性化、检索技术学习和使用的简单化、检索信息服务获取的便利性等都是信息检索便捷化的重要方面。

3．多样化　信息检索的多样化主要体现在：①检索对象即文献信息形态的多样化，与传统印刷型文献相比，多媒体条件下文献信息本身的多样化，要求检索技术也具备多样化特征；②检索工具在使用范围、学科领域、语言类别、特色服务等方面的多样化是满足当前用户多样化需求的主要应对方式；③以检索工具为核心的检索服务内容多样化，无论是传统文献信息检索平台还是网络搜索引擎，都在帮助用户查询获取所需信息的基础上，不断拓展业务范围，加深服务层次。

4．个性化　用户需求是服务的关注核心，个性化是网络信息服务发展的重要特征，对于包括信息检索在内的各类信息服务，由于信息本身的特性，用户获得的价值与用户本身具有重要关联，不同用户接受同样的服务可能会产生不同的收益。信息检索的个性化是切实满足用户需求、以用户为中心的重要保障。

5．可视化　可视化是利用计算机图形学和图像处理技术，将提问与检索结果、不同检索结果之间的数据及其语义关系转换为图形或图像向用户展示的过程。更直观和丰富的展示方式有利于帮助用户进行识别、理解、评价与利用。

二、信息检索原理

广义地讲，信息检索包含信息储存和信息检索两个过程。信息储存是对文献进行收集、标引及著录，并加以有序化编排，编制信息检索工具的过程；信息检索是从大量的信息中查找用户所需的特定信息的过程。而实施检索的主要方法就是利用各种信息检索系统（图 2-1）。

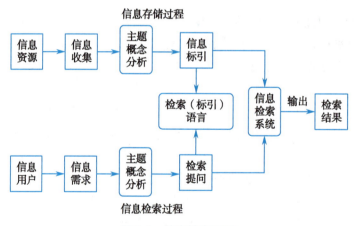

图 2-1　信息检索原理

（一）信息的组织与存储

信息检索系统在收集信息之后，通过专业人员或计算机对信息进行有序化和优质化的组织过程，再存储在某种介质中。这个过程主要包括信息选择收集、主题概念分析、信息标引及词汇转换等。主要目的是提供一种有序化的信息序列，如文摘、题录和全文数据库等。

（二）信息的检索

信息检索过程主要是由检索人员或检索系统接收用户的检索提问，分析并提炼提问中的主题概念，利用相应的检索策略，在信息集合中匹配相关内容。具体包括：①用户提问：在特定的条件下，用户会把头脑中的信息需求转变为具体的检索行为；②提问的概念分析：分析检索提问，识别检索的真正主题内容，把检索主题分解为若干概念，并明确这些概念之间的关系；③词汇转换：把检索提问的主题概念转换为相应的提问标识（或称为检索词），并以这些标识来表达检索提问的主题内容；④检索的实施：根据所得到的提问标识，在文献标识序列中按照其排序的规则迅速地进行查找，并对文献标识与提问标识进行比较。

三、信息检索类型

（一）根据检索内容划分

1. **文献检索**　文献检索是以文献（包括题录、文摘和全文）为检索对象的信息检索。即用户根据学习和工作的需要，在特定的时间和条件下，利用相应的方式和手段，在存储文献的检索工具或文献数据库中查询所需文献的过程。凡是查找某一主题、时代、地区、著者和文种的有关文献，以及回答这些文献的出处和收藏处所等，都属于文献检索的范畴。

2. **数据检索**　数据检索是以数值或图表形式表示的、以量化信息为对象的检索，又称数值检索，即检索系统中存储的是大量的数据。它包括物质的各种参数、观测数据、统计数据等数字型数据，也包括图谱、化学结构式和分子式、物质特性、计算式等非数字型数据。

3. **事实检索**　事实检索是以从文献中抽取的事项为检索内容的信息检索，又称事项检索。其检索对象既包括事实、概念、思想、知识等非数值信息；也包括一些数据信息，但要针对查询要求，由检索系统进行分析、推理后，再输出最终结果。

（二）根据信息组织方式划分

根据信息组织方式，信息检索可以分为目录检索、题录检索、文摘检索、全文检索、超文本检索和超媒体检索等不同类型。

1. **目录检索**　指通过卡片式目录、书本式目录、机读目录或联机公共检索目录查询单位出版物的过程。

2. **题录检索**　指获得出版物中单篇文献外表特征的过程。

3. **文摘检索**　指查询反映文献的主题范围、目的、方法、结果等内容特征摘要的过程。

4. **全文检索**　是获取文献全部内容的过程。

5. **超文本检索**　是对每个节点中所存信息以及信息链网络进行的检索，强调中心节点之间的语义联结结构；可以依靠系统提供的工具进行图示穿行和节点展示，提供浏览式查询，可进行跨库检索。

6. **超媒体检索**　是以图像、声音等多媒体信息为对象的超文本检索。

（三）根据检索要求划分

1. **强相关检索**　强相关检索强调检索的准确性，更注重查准，主要为用户提供高度对口信息的检索，也称为特性检索。

2. **弱相关检索**　弱相关检索强调检索的全面性，更注重查全，主要为用户提供系统完整的信息检索，也称为族性检索。弱相关检索要求检索出一段时间期限内有关特定主题的所有信息，为了尽量避免漏检相关信息，一般对于检索的准确性要求较低。

四、信息检索意义

（一）信息检索是信息社会个人基本素养

信息素养是人们在信息社会条件下所必须具备的一种基本素养，其主要包括信息意识、信息能力和信息道德，信息检索能力是信息获取能力的基本组成部分。随着信息技术的高速发展，人们在对信息进行选择分析、获取加工、组织管理和传递交流的过程中，不仅要了解信息资源本身，还需要掌握信息检索的基本理论并熟练运用信息检索的方法和技巧。信息检索能力直接影响人们获取信息的效率和质量,提高自身的信息检索能力有利于更快速地获取所需信息并转化为自己的知识,进而提高个人的整体素质。信息检索是接受终身教育和提高自学效率的重要手段。

(二)信息检索是信息资源开发的必由途径

人类从工业经济时代进入信息经济时代,信息成为社会生产所需要的中心资源。科学、高效地利用信息资源对生产力发展和社会进步具有重大意义。但信息数量的指数增长对人们针对性、高效率和高水平的利用信息提出了难题。信息检索就是从信息的集合中识别和获取信息的过程,利用信息检索人们可以高效甄别和获取所需信息,在此基础上才能有效地开发和利用各种信息资源。

(三)信息检索是科技创新的重要保障

信息检索在科学研究和技术创新领域具有重要的作用。科学研究需要在前人的基础上进行创新、发明,研究人员会把前人认识事物的终点作为继承探索的起点。研究人员在开展科研工作前期,需要花费大量的时间进行文献检索调研,了解国内外的最新科技成果和最新科研动向,以便借鉴、改进和部署自己的工作。无论是信息搜集、经验借鉴、课题查新,还是文献索取、阶段评估、成果鉴定,任何科研活动都离不开信息检索。

(四)信息检索是科学决策的必要前提

信息检索可以为决策提供有力的科学依据,虽然信息本身不能保证决策准确无误,但它是科学决策的基础。信息检索的重要性在于消除不确定性,使决策者在充分了解全貌的基础上做到知己知彼。决策者需要通过检索来获取及时和准确的信息,进而利用这些信息来帮助自己做出正确的决策。正确的决策一方面取决于决策者对于决策对象的了解程度,另一方面取决于决策者对未来可能出现的结果做出正确的预测和判断的能力。上述两方面的基础是决策者对于信息的掌握程度,决策者能否及时、准确、全面地掌握信息,对于做出正确决策有着至关重要的作用。可见,信息检索贯穿了包括确定目标、提出问题、选择方案、具体实施等步骤在内的决策全过程。

第三节　信息检索系统

信息检索过程的实现要依靠特定的系统,这个系统就是信息检索系统。信息检索系统(information retrieval system,IRS)是指根据特定的信息需求而建立起来的具有选择、整理、加工、存储和检索信息功能的有序化信息资源集合体,其主要目的是向用户提供信息服务。作为一种开放式的多功能系统,自然有其构成要素、结构关系和整体功能。

一、信息检索系统的构成

(一)信息检索系统的构成要素

系统是由两个或两个以上既相互区别又相互影响的各种要素构成的统一整体,系统要素是构成系统的基本组成部分或基本单元。信息检索系统的构成包括信息资源、技术设备、系统规则和作用于系统的人员四个基本要素,它们之间相互联系,共同实现系统的目标,是系统运行的基本前提。

1. **信息资源**　信息资源是在计算机存储设备上按一定方式存储的相互关联的数据集合,是系统存储与检索的对象,也称为数据库。不同数据库收录信息的内容和形式不同,其内容可以是全文信息、二次信息、事实和数值信息等,信息表述的形式可以是文字、图像和声音等多种方式。

2. **技术设备**　技术设备是支撑信息检索系统有效运行,实现信息存储、管理及检索的各种技术设施和设备。它包括硬件和软件。硬件是各种物理设施的总称,包括具有一定性能的主机、外围设备以及与数据处理或数据传送有关的其他设备;软件包括操作系统、各种管理程序以及检索软件等。

3．系统规则　系统规则是实现信息系统功能的保障，也是信息检索系统的本质所在。系统规则是用以规范信息采集、存储、标引著录、组织管理、检索与结果输出等过程的各项规则方法，具体表现为信息采选标准、著录规则、检索语言、检索系统构成与管理和信息输出标准等。

4．作用于系统的人员　人是信息检索系统中最重要的因素。信息系统人员是对数据系统进行有效管理和利用的人，包括系统分析与设计人员、信息采集与整理人员、系统管理和维护人员、信息用户和信息检索服务人员等。

（二）信息检索系统的逻辑构成

信息检索系统的逻辑构成是指该系统所包括的子系统或功能模块及其相互关系。包括采选子系统、词表管理子系统、标引子系统、检索子系统、交互子系统和匹配子系统。

1．采选子系统　该功能模块的任务主要是根据系统需要，采取人工或计算机自动方式，按照一定的采选标准进行信息的采集和选择。信息采选标准包括信息的学科范围、载体形式、内容类型、文种和时间跨度等。该子系统决定了信息检索系统的类型、内容和范围，也是影响系统质量的重要因素。

2．词表管理子系统　该功能模块的任务是建立和管理维护系统中的分类表和主题词表，用以表达存储信息的内容和检索提问要求，是协调标引子系统和检索子系统的中介。因其专门为信息检索系统所用，所以这种人工语言形式或人工符号系统又称为信息检索语言。作为整个检索系统中的一个重要组成部分，分类表或主题词表的设计、编制、管理及运用是关系到系统内数据加工质量的基础，详见本章第四节信息检索语言。

3．标引子系统　该功能模块的任务主要是利用分类表与主题词表等工具对选定的信息源进行标引，即对其具有检索价值的特征进行表示和描述，赋予每条数据分类号、主题词和关键词等检索标识。标引着眼于数据的加工，因此该子系统决定着揭示数据库记录内容的深度和检索入口，并直接影响到信息检索系统的检索方式和检索途径。

4．检索子系统　该功能模块的任务是对用户输入的检索提问进行解析，包括分析课题、确立检索标识及其逻辑关系，按照系统的既定规则制订检索策略和构建检索式。该子系统决定着对用户查询内容的揭示深度和检索入口，并直接影响到用户查询的检索方式和检索途径。

5．交互子系统　用户与系统之间的交互子系统实际就是"系统 - 用户接口（system-user interface）"，简称用户接口（user interface），通常由用户模型、信息显示、命令语言和反馈机制等部分构成。其功能主要负责用户与系统之间的通信任务，实现人机对话和交互式操作，保证系统和用户直接能够进行良好的沟通。

6．匹配子系统　该功能模块的任务是负责处理用户输入的检索提问，按照系统规定的匹配模式、条件和程序，与数据库中存储的检索标识相比较而决定取舍，最终向用户提交匹配的检索结果。不同的匹配方法和技术决定了不同的检索方式及检索效率。该子系统完成对用户提问和数据库的匹配过程，并与词表管理子系统共同实现对信息检索系统的存储与检索两大基本功能的协同和沟通。

从上述的信息检索系统逻辑结构可以看出，信息检索系统的运行与调控机制非常复杂，虽遵循一定的逻辑程序，但各环节绝非简单的单一线性递进关系。前述 6 个子系统是在相互依赖、相互协同、相互规定、相互限制的前提下完成各具特色的任务，最终整合形成系统的整体功能。

二、数据库的结构

信息检索的对象主要是数据库，数据库（database，DB）是按照数据结构来组织、存储和管理数据的仓库，是长期存放在计算机内、有组织的、可共享的大量数据的集合。国际标准化组织《信息与文献 - 基础和术语》（ISO5127：2017）对数据库的定义为：数据库是可以方便地访问、管理和更新的有组织的机读信息的集合。文献数据库主要由文档（file）、记录（record）和字段（field）三个层次构成，一个数据库划分为若干个文档；一个文档存储一定数量的记录；每一个记录由若干个字段所组成。

（一）文档

文档有两层含义，从数据库的内部结构来看，文档的概念是指数据库内容的组织形式，一般分为以下两种。

1. **主文档** 主文档是数据库的主体，又称顺排文档，它是将数据库的全部记录按照一定顺序排列而成的文献集合。主文档存储了每条记录的完整信息，检索结果的信息都来自主文档。

2. **索引文档** 索引文档是将主文档中的可检字段（如主题词、著者、刊名等）抽出，按字母顺序或代码顺序重新编排所形成的文档，又称倒排文档。一个数据库只有一个主文档，但可根据需要编制若干个索引文档，如著者索引、主题词索引和刊名索引等，它按索引词的字母顺序排列，其后列出其在主文档中的记录号。数据库建立索引文档的目的是提高检索效率。检索时，系统根据输入的检索标识先从指定的索引文档中找到相匹配的索引词，然后根据索引词后的记录顺序号到主文档中调出相应的文献记录。主文档和索引文档的关系可用图 2-2 表示，其中实心箭头表示倒排文档的生成，空心箭头表示检索过程。

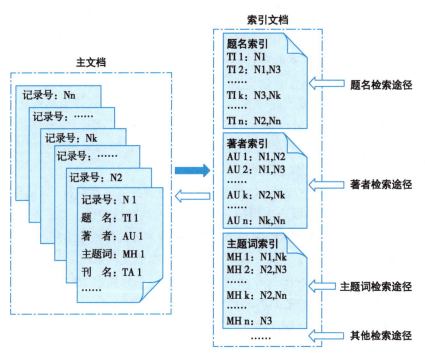

图 2-2 主文档和索引文档的关系图

文档的另一个概念是大型检索系统中的子库或专辑，数据库可根据学科专业或时间范围，划分为若干个文档。例如，MEDLINE 数据库按年代来划分；Web of Science 数据库按学科划分为科学引文索引、社会科学引文索引和艺术＆人文引文索引等。

（二）记录

记录是构成数据库的基本单元。一条记录代表着经过加工处理的一篇文献或一则信息，它揭示了文献的内容、形式特征（如文献的题名、摘要、著者、标引主题词和 DOI 号等）及创建、维护等管理信息。

（三）字段

字段是组成记录的数据项。字段用来描述文献的特征，并且有唯一的供计算机识别的字段标识符（field tag），如 PubMed 数据库共有题名（TI）、著者（AU）、文摘（AB）、主题词（MH）和出版日期（DP）等 50 多个字段。检索时，字段可以作为检索点或检索入口，实现字段限定检索，也可用于检索结果输出时的字段格式选择。

三、信息检索系统的类型

信息检索系统的核心是数据库，所以学界常以数据库的不同来区分不同信息检索系统。按照数据库收录内容及功能不同，信息检索系统可划分为如下几种类型。

（一）书目数据库

书目数据库（bibliographical database）是存储二次文献（目录、题录和文摘等）的数据库，主要提供包括题名、著者、文献出处、摘要、关键词、引文信息和馆藏单位等文献的特征信息。书目数据库是信息检索中最常见的一类数据库，有题录型、文摘型和馆藏书目数据库等，如文摘型数据库有PubMed、EMBase和中国生物医学文献服务系统（SinoMed）等，馆藏书目数据库有CALIS联合书目数据库等。

（二）全文数据库

全文数据库（full-text database）即收录有原始文献全文的数据库。全文数据库应用全文本检索技术，允许用户对文献章、节、段内容进行检索，并能直接获取文献原文，方便快捷，是目前最受欢迎的数据库类型。例如中国知网、ScienceDirect、ProQuest Dissertations & Theses博硕士论文全文数据库等。

（三）事实型数据库

事实型数据库（factual database）又称指南型数据库（directory database），收录有关人物、机构、事物、过程和现象等方面事实性的描述信息。例如癌症综合信息数据库（Physician Data Query，PDQ）、医生桌上参考手册（Physician's Desk Reference，PDR）和药物信息数据全文库（Drug Information Fulltext，DIF）等。事实型数据库还包括人物传记数据库、机构名录数据库、药典数据库和行业标准数据库等。此外，数字化的参考工具书如词典、年鉴、指南和百科全书等也属于该类数据库。

（四）数值数据库

数值数据库（numeric database）提供数值信息，包括统计数据、测量以及科学实（试）验中产生的数据，如人口统计、发病率、死亡率、动物的生理参数、药物的理化参数等。例如《中国卫生健康统计年鉴》、世界卫生组织统计信息系统（WHOSIS）、查询期刊影响因子等数据的期刊引证报告（Journal Citation Reports，JCR）等。

（五）多媒体数据库

多媒体数据库（multimedia database）是收录图像、音频、视频、动画和文字等多种媒体信息的数据库。例如美国国立医学图书馆（National Library of Medicine，NLM）的可视人计划（The Visible Human Project）、JoVE视频实验期刊和蛋白质结构数据库（PDB）等。

此外，若按存储信息载体的不同，可将信息检索系统分为手工检索系统与计算机检索系统；按检索时信息传递的途径与媒介，可分为光盘检索系统、联机检索系统和网络检索系统；按信息内容的表达形式，可分为文本系统和多媒体系统等。

四、信息检索系统的功能

（一）汇集文献信息

信息检索系统持续收集报道大量的文献信息，揭示文献的形式特征和内容特征，全面系统地反映某个学科、专业或专题在一定时空范围内的文献线索，因而能使用户通过信息检索系统及时了解和系统掌握相关文献信息。

（二）组织文献信息

信息检索系统按照一定的规则和方式，将大量分散、无序的文献信息，经过整理、分类、浓缩、标引等处理，重新加工组织成系统化、有序化的文献信息集合，从而使信息资源得到有效的开发和利用。

（三）检索文献信息

检索功能是信息检索系统最基本的功能。它是通过对文献信息的收集报道和有序存储，赋予单篇文献以各种检索标识，如著者、题名、主题词等，基于检索标识为用户提供各种检索途径以实现方便、高效的检索查询。

上述三项功能，体现了一定的内在逻辑关系：汇集文献信息是基础，组织文献信息是手段，检索查询文献信息是目的。

第四节　信息检索语言

一、概述

（一）信息检索语言的概念

信息检索语言（information retrieval language）是根据信息检索需要而编制的用来描述文献信息特征和表达检索提问的一种专门的标识系统，又称检索语言、标引语言、索引语言等。

信息检索语言为信息检索系统的语言保证，其实质是表达一系列概括文献信息内容的概念及其相互关系的概念标识系统。检索语言可以是从自然语言中精选出来并加以规范化的一系列词汇，如《医学主题词表》；也可以是某种分类体系的一套分类号码，如《中国图书馆分类法》；还可以是用来表示某一类事物的某一方面特征的标志性代码，如《国际专利分类法》。

信息检索语言是检索系统中信息存储和检索共同遵循的规则，它的质量及其在标引和检索中的正确使用直接影响着检索系统的效率。因此用户有必要了解检索语言的基本知识和学会正确使用常用检索语言，以提高检索效率。

（二）信息检索语言的构成

信息检索语言由基本词汇和语法规则两个基本要素构成。这些要素的不同组合便形成各种类型的信息检索语言，其具体表现形态为检索词表（retrieval thesaurus），如分类表、主题词表或代码表等。检索词表是信息检索系统中标引用语和检索用语的语源和依据性文本，它把自然语言表达的内容，转换或翻译成检索语言，使检索语言得到了有效的控制，并为使用检索语言创造了便利条件。

1. **基本词汇**　基本词汇是指信息检索语言语种的全部概念标识，即分类表、主题词表、代码表等中的全部标识。词汇中的每一个标识（分类号、检索词、代码）是它的语词，而分类表、主题词表、代码表则是它的检索词表。

2. **语法规则**　语法是指如何创造和运用概念标识来正确表达信息内容和信息需求，以便有效构建信息检索系统和进行高效检索服务的一整套规则。语法体现概念标识之间关系的表达方式，揭示检索语言中各自孤立的检索标识之间的逻辑关系，如同一、属种、交叉等相容关系和并列、对立、矛盾等不相容关系，从而使一部检索语言形成一个概念逻辑体系。

（三）信息检索语言的类型

信息检索语言按不同的方式和标准可以划分为不同的类型。按照检索语词规范化程度划分，可分为规范语言和非规范语言；按照检索标识的组合方法划分，可分为先组式语言和后组式语言；按照所描述的信息特征划分，可分为描述信息外表特征的语言（以题名、著者、文献序号等作为检索标识）和描述信息内容特征的语言（以信息的主题内容作为检索标识），其中信息内容特征检索语言是目前最常用的检索语言，包括分类法、主题法和代码检索语言三种类型。

1. **分类法**　分类法又称为分类检索语言，是将概念按学科范畴进行分类和系统排列，并用类目（语词)和其相对应的类号(字母、数字及其组合)作为文献主题标识的一种语言体系。分类法按学科、专业集中文献,并从知识分类角度揭示文献在内容上的区别和联系,提供从知识分类检索文献信息资源的途径。

文献分类法通常分为等级体系分类法、分面组配分类法两种基本类型,以及二者结合编制而成的等级 - 组配分类法。目前国内外使用最广泛的是等级体系分类法,它是以科学分类为基础,依据概念的划分与概括原理,把概括文献内容与事物的各种类目组成一个层层隶属、详细列举的等级结构体系的一种文献分类法。等级体系分类法以《中国图书馆分类法》《杜威十进分类法》《美国国会图书馆分类法》《美国国立医学图书馆分类法》等为典型代表。

2. **主题法**　主题法又称为主题检索语言,是直接以表达文献主题内容的语词作为文献主题标识的检索语言。根据其表达概念的不同形式又分为标题法、元词法、叙词法和关键词语言。

(1)标题法:又称标题词(heading)语言,是最早使用的检索语言,是以来自文献内容特征并加以规范化的标题词作为主题标识的检索语言。标题词语言属于规范先组式语言,灵活性较差。

(2)元词法:又称单元词(uniterm)语言、单元词法,是以元词(概念上不能再分解的最小的语词单位)作为主题标识,通过字面组配的方式表达文献主题的检索语言。单元词语言属于后组式语言,灵活性较强,但它是非规范语言,专指度较低,词间无语义关系,因此容易造成检索误差。目前单元词语言被叙词法取代。

(3)叙词法:又称叙词(descriptor)语言、主题词法,是用代表文献实质内容且经过严格规范化的专业语词作为文献主题标识,通过概念组配方式表达文献主题的检索语言。叙词语言属于规范后组式语言,既包括单词也包括词组,并可用复合词表达主题概念,是目前使用最广泛的叙词语言。在医学文献检索领域,最具代表性的叙词语言是美国国立医学图书馆出版的《医学主题词表》(*Medical Subject Heading*,MeSH)和爱思唯尔(Elsevier)出版的《EMTREE 主题词表》,它们用于标引、揭示和描述医学文献的主题内容,对于提高检索的查全率与查准率具有十分重要的意义。

(4)关键词(keyword)语言:是以从题名、文摘或全文中提取出来的并具有实质意义的、能代表文献主题内容的语词作为主题标识的检索语言。关键词语言是一种非规范语言,具有标引简易、检索方便、灵活性高、词汇更新及时等优点,但它未经规范化处理,用词不统一,因而检索效率偏低。

3. **代码检索语言**　也称为代码系统,是以字母、数字和符号等代码作为标识来表达事物的某一方面特征的检索语言。它用较少的符号将较多的信息清晰地揭示出来,具有唯一性、简洁性和可读性。代码检索语言包括三种形式,第一种是字母组合代码语言,主要有缩写词、简写词和略语词等。例如 SciFinder 中的化学式(如 PVC)检索、机构或团体的代码标志(如 ISO、WTO 等);第二种是数字组合代码语言,例如研究人员的 ORCID 号(如 0000-0002-5542-3700)、PubMed 的 PMID(如 18650914)等;第三种是字母和数字组合形成的复合型代码语言,例如各类专利文献号(如 WO2010137671、CN1093184C)、标准号(如 GB/T 7714-2015)等。

(四)信息检索语言的功能

信息检索语言是为检索信息服务的,它是沟通信息存储与信息检索两个过程的桥梁。因此,为保证检索能够高效、准确地顺利实施,它必须具备以下功能。

1. **标引功能**　在各种信息检索系统中,利用信息检索语言对文献信息内容和外表特征加以标引,从而形成检索标识,是文献信息组织、存储和检索的基础与前提。

2. **组织功能**　信息检索语言是进行文献信息组织的语言工具,它提供了有效进行信息组织所必需的相关组织规则和依据,从而使文献信息的存储系统化和组织化,成为可检索、可利用的信息资源。

3. **媒介功能**　信息检索的实质是由系统将用户的提问标识与数据库中存储的检索标识进行识别、比较和匹配的过程。信息检索语言是标引和检索的共有语言媒介,使二者在理解和表达文献信息主题方面达到一致,从而保证了检索系统较高的检索效率。

二、常用文献分类法

文献分类法是分类检索语言的具体表现形式，是根据文献知识内容所属的学科性质，分门别类地、系统地揭示和组织文献的一种语言体系。国外有许多著名的文献分类法，如《杜威十进分类法》（*Dewey Decimal Classification*，DDC）、《美国国会图书馆分类法》（*Library of Congress Classification*，LCC）和《美国国立医学图书馆分类法》（*National Library of Medicine Classification*，NLMC）等。我国的《中国图书馆分类法》和《中国图书资料分类法》是国内使用最普遍的文献分类法。

（一）中国图书馆分类法

《中国图书馆分类法》简称《中图法》，是目前我国使用最广泛的一种等级体系分类法。它是类分文献、组织文献分类排架、编制分类检索系统的工具。《中图法》初版于 1975 年，已于 2010 年出版第 5 版。2001 年开始发布电子版和网络版，最新的《中图法》（第 5 版）Web 版可在国家图书馆网站查阅。

《中图法》由五大部类、22 个基本大类（表 2-1）、8 个通用复分表、66 个专类复分表、51 881 条类目组成了一个比较完整的分类体系，并按概念之间的逻辑隶属关系，在 22 个大类下依次逐级划分为更具体、更专指的下位类，形成类目等级体系。

表 2-1 《中图法》的 22 个基本大类

类号	类目名称	类号	类目名称
A	马克思主义、列宁主义、毛泽东思想、邓小平理论	N	自然科学总论
B	哲学、宗教	O	数理科学和化学
C	社会科学总论	P	天文学、地球科学
D	政治、法律	Q	生物科学
E	军事	R	医药、卫生
F	经济	S	农业科学
G	文化、科学、教育、体育	T	工业技术
H	语言、文字	U	交通运输
I	文学	V	航空、航天
J	艺术	X	环境科学、安全科学
K	历史、地理	Z	综合性图书

《中图法》的标记制度采用英文字母与阿拉伯数字相结合的混合小数层累制，用一个字母标记一个基本大类，在字母后用数字表示大类的子类目划分，号码的位数代表相应类目的分类等级。当一个分类号的数字超过三位时，隔以小圆点"·"便于区分。

例如：

R 医药、卫生 （一级类目）

  R2 中国医学 （二级类目）

    R25 中医内科 （三级类目）

      R256 脏腑病证 （四级类目）

        R256.1 肺系病证 （五级类目）

          R256.11 咳嗽 （六级类目）

          R256.12 哮喘 （六级类目）

如检索有关"哮喘"中医方面的文献，可根据《中图法》分类体系，按照 R 医药、卫生 → R2 中国医学 → R25 中医内科 → R256 脏腑病证 → R256.1 肺系病证 → R256.12 哮喘，查得的"哮喘"分类号为 R256.12，输入分类号 R256.12 即可获取相关文献。

《中图法》包括通用复分表和专类复分表，主表各级类目可以组合复分表中的复分类号，从而提高类目的专指度。《中图法》共设有 8 个通用复分表,如总论、地理、时代、民族复分表等。其中总论复分表列出了学科与事物的总论性问题以及著作类型等的类目以供复分,例如:《人体生理学》(教材)的分类号为 R33-43,《人体正常生理学数据》的分类号为 R33-64。

此外,在《中图法》和《汉语主题词表》基础上编制了《中国分类主题词表》,以满足文献标引和文献检索的需要。它包括"分类号 - 主题词对应表"和"主题词 - 分类号对应表"两个部分,共收录分类法类目 5 万多个,主题词及主题词串 21 万余条,是我国规模最大的分类 - 主题一体化标引工具。

(二)美国国立医学图书馆分类法

《美国国立医学图书馆分类法》(NLMC)是世界上最著名的医学专业分类法。1951 年首次出版,印刷版于 1999 年第 5 次修订版停止,2002 年起,NLMC 仅以电子版的形式发行,目前每年更新 2 次(1 月和 8 月)。

NLMC 基于《美国国会图书馆分类法》(LCC)的类目体系和编号制度,利用 LCC 中的空号 QS～QZ 和 W 类设计医学图书分类体系。它分为两大部分,即基础医学(preclinical science)8 个大类和医学与相关学科(medicine and related subjects)28 个大类,共 36 个基本大类,其类目简表如下:

Preclinical Sciences / **基础医学**

QS	Human Anatomy	人体解剖学
QT	Physiology	生理学
QU	Biochemistry.Cell Biology and Genetics	生物化学、细胞生物学和遗传学
QV	Pharmacology	药理学
QW	Microbiology and Immunology	微生物和免疫学
QX	Parasitology.Disease Vectors	寄生虫学、病媒生物
QY	Clinical Laboratory Pathology	临床实验室病理学
QZ	Pathology	病理学

Medicine and Related Subjects / **医学与相关学科**

W	General Medicine.Health Professions	全科医学、卫生行业
WA	Public Health	公共卫生
WB	Practice of Medicine	医疗实践
WC	Communicable Diseases	传染病
WD	Medicine in Selected Environments	特定环境中的医学
WE	Musculoskeletal System	运动系统
WF	Respiratory System	呼吸系统
WG	Cardiovascular System	心血管系统
WH	Hemic and Lymphatic Systems	血液淋巴系统
WI	Digestive System	消化系统
WJ	Urogenital System	泌尿生殖系统
WK	Endocrine System	内分泌系统
WL	Nervous System	神经系统
WM	Psychiatry	精神病学
WN	Radiology.Diagnostic Imaging	放射学、诊断成像
WO	Surgery.Wounds and Injuries	外科学、创伤和损伤
WP	Gynecology	妇科学
WQ	Obstetrics	产科学
WR	Dermatology	皮肤病学
WS	Pediatrics	儿科学

WT	Geriatrics	老年病学
WU	Dentistry.Oral Surgery	牙科学、口腔外科
WV	Otolaryngology	耳鼻咽喉科学
WW	Ophthalmology	眼科学
WX	Hospitals and Other Health Facilities	医院和其他卫生设施
WY	Nursing	护理
WZ	History of Medicine.Medical Miscellany	医学史、医学杂记
	19th Century Schedule	19 世纪时间表

NLMC 的标记制度采用字母数字混合号码标记类目,字母表示大类和二级类目,子类目用数字做标记,采用从 1～999 的顺序制,每一类号有两个字母和一至三位数字组成。类的等级根据类表所用字体和缩格来表示。例如:

WI Digestive System 消化系统

WI 1-149 Reference Works. General Works 一般性著作

WI 190-260 Gastrointestinal Tract 胃肠道系统

WI 300-387 Stomach 胃

WI 300 General works 一般性著作

WI 306 Stomach diseases(General)胃疾病

WI 308 Achlorhydria 胃酸缺乏症

WI 310 Gastritis 胃炎

NLMC 唯一的通用复分表是地理区分表(G 表),包括 9 个地理区域,如 WG11-JA1 表示亚洲心脏病史。在每一个主类下 NLMC 还一律分配 1～33 作为形式类号,例如 QT1 为生理学学会、QT13 为生理学词典、百科全书。

NLMC 编制有主题索引,其索引标目取自《医学主题词表》(MeSH)所有的主题词。主题词按字顺排列,对应 NLMC 类号。

三、国际系统医学术语集

(一)概述

《医学系统命名法 - 临床术语集》(*Systematized Nomenclature of Medicine-Clinical Terms*,SNOMED CT)是当前国际上最全面、最准确的多语种临床医学术语标准,广泛应用于临床信息的存储、提取和交换,对于临床医学信息的标准化和电子化起着十分重要的作用。

2002 年 SNOMED CT 首次发布。其前身为美国病理学家学会 1965 年出版的《系统病理学术语集》(*Systematized Nomenclature of Pathology*,SNOP),1975 年 SNOP 更名为 SNOMED,2000 年进一步发展为《医学参考术语集》(*Systematized Nomenclature of Medicine-Reference Terminology*,SNOMED RT)。SNOMED CT 由 SNOMED RT 与英国国家卫生服务部的《临床术语》(第 3 版)(*Clinical Terms Version 3*,CTV3)合并而成,目前由国际卫生术语标准化组织(International Health Terminology Standards Development Organization,IHTSDO)维护,每年 1 月和 7 月各更新一次,可通过 SNOMED CT Browser 进行在线浏览和检索。

随着结构不断改进,SNOMED CT 已经成为临床上最重要的术语集,主要应用包括为电子健康记录(Electronic Health Record,EHR)的术语标准化提供参考依据,参与构建临床信息系统,与其他国际术语、分类和代码系统进行交叉映射和合作等,以促进不同机构、不同临床系统的语义互操作与信息共享,从而确保医疗服务的质量、一致性和安全性。

（二）SNOMED CT 的构成

SNOMED CT 包括概念（concept）、描述（description）和关系（relationship）三个基本组成单元，其逻辑模型结构见图 2-3。2021 年最新版的 SNOMED CT 包括 350 936 个概念，1521 274 个描述术语，3 091 741 种关系。

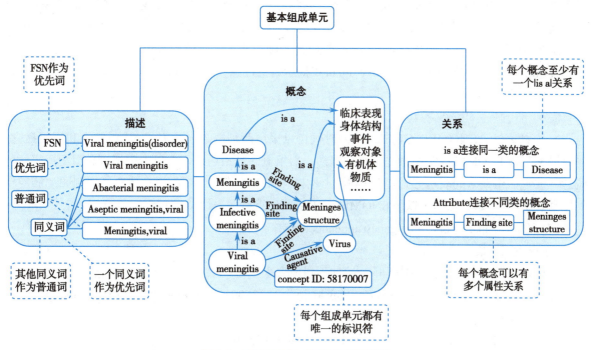

图 2-3　SNOMED CT 逻辑模型结构

1. **概念**　SNOMED CT 是一个概念层级体系，通过对概念的划分，形成顶层概念（top level concept），每个顶层概念再细分形成子级层级结构，通过关系"is a"相连。现用 SNOMED CT 有 19 个顶层概念（见表 2-2）。

表 2-2　SNOMED CT 的 19 个顶层概念

顶层概念	顶层概念
身体结构（Body structure）	限定值（Qualifier value）
临床表现（Clinical finding）	记录人工制品（Record artefact）
事件（Event）	社会环境（Social context）
环境和地理位置（Environment or geographical location）	详细病历（Situation with explicit context）
观察对象（Observable entity）	特殊概念（Special concept）
有机体（Organism）	标本（Specimen）
物理力（Physical force）	分期与分度（Staging and scales）
物理对象（Physical object）	物质（Substance）
药物 / 生物制品（Pharmaceutical/biologic product）	SNOMED CT 模型元数据（SNOMED CT Model Component）
操作（Procedure）	

SNOMED CT 概念是具有明确临床意义的术语的规范表达形式，每个概念都有唯一的标识码（concept ID）。如图 2-3 中，"病毒性脑膜炎（Viral meningitis）"的 concept ID 为 58170007。

2. **描述**　SNOMED CT 描述是指概念的不同表达形式，包括完全指定名称（fully specified name，FSN）和同义词（synonym）两种类型。FSN 代表对概念含义的独特、明确的描述，每个概念只有一个 FSN，但可能有多个同义词。每个概念的 FSN 和最常用的一个同义词被标记为"优先词"（preferred

term），其他同义词标记为普通词（acceptable）。

3．**关系** SNOMED CT 关系表示两个概念之间的关联，包括"is a"关系和"属性关系"（attribute）两类。

"is a"表示同一顶层概念间的上下位关系，概念之间通过"is a"关系建立各类的等级体系。除顶级概念外，每个概念至少有一个"is a"关系与其上位概念关联，一个概念可以有多个"is a"关系与同一顶级概念下多个子类相连。如图 2-3 所示，病毒性脑膜炎→脑膜炎→疾病就形成了一种"is a"关系。

属性关系连接不同顶层概念，每个概念可以有多个属性关系。SNOMED CT 共有 51 种属性关系，如图 2-3 中，病毒性脑膜炎（viral meningitis）是一种由病毒引起的脑膜组织疾病，因此可以用"发现部位（finding site）""病原体（causative agent）"揭示病毒性脑膜炎和脑膜结构、病毒性脑膜炎和病毒之间的属性关系。

（三）概念表达和语义检索

1．**概念表达** SNOMED CT 在使用的时候可以采用两种概念表达方式：先组概念和后组概念。先组概念是指 SNOMED CT 中预先定义的概念。后组概念是指通过两个以上先组概念组配所表达的概念。通过后组概念的表达方式，可以利用上位概念来表达其下位概念的具体含义。例如："腹腔镜阑尾紧急切除术"这一概念可以用 SNOMED CT 中的先组概念表达：

174041007 |laparoscopic emergency appendectomy|

（腹腔镜阑尾紧急切除术）

也可以通过其上位概念"阑尾切除术"的后组概念来表达：

80146002|appendectomy|：260870009|priority|=25876001|emergency|，425391005|using access device|=86174004|laparoscope|

（紧急情况下进行的阑尾切除术 & 使用腹腔镜进行的阑尾切除术）

2．**语义检索** 基于 SNOMED CT 先组概念和后组概念进行语义检索，可以将检索条件转换为查找概念，检索不同条件的数据。例如检索病理形态为良性肿瘤的相关疾病数据时，查找哪些概念的相关形态为良性肿瘤即可（图 2-4 中虚线部分）；检索发病部位在肾脏的相关疾病数据时，查询哪些概念的发生部位在肾脏即可（图 2-4 中蓝色区域）。

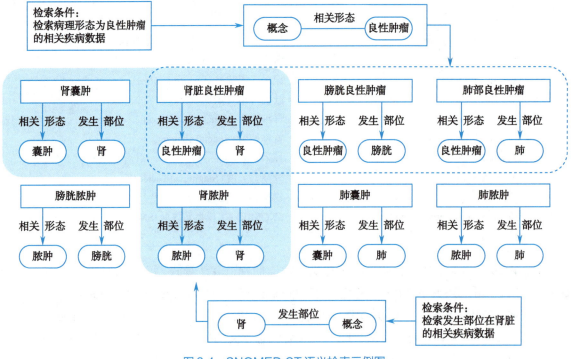

图 2-4 SNOMED CT 语义检索示例图

四、医学主题词表

（一）概述

《医学主题词表》（*Medical Subject Headings*，MeSH）是美国国立医学图书馆（National Library of Medicine，NLM）编制的用于生物医学文献标引、编目和检索的专业受控词表，是目前世界上应用最广泛、最具权威的医学类叙词表。

自 2007 年起，MeSH 词表停止出版印刷版，仅以电子版形式出版。从美国国立医学图书馆网站可以获取 MeSH 词表最新版本及相关信息：①MeSH 词表下载和更新信息；②MeSH 浏览器（MeSH Browser）可供查询的完整电子版 MeSH 词表；③MeSH databases 可查找并选择用于 PubMed 检索的 MeSH 术语；④一体化医学语言系统（Unified Medical Language System）可查找包括 MeSH 在内的一体化医学语言系统超级叙词表。

MeSH 词表不仅用于 MEDLINE/PubMed、中国生物医学文献服务系统、中国医院知识资源总库、万方医学网等国内外著名数据库的文献标引和检索，同时也与 RxNorm（临床药品标准命名术语表）、DailyMed（FDA 批准药品标签信息）、一体化医学语言系统超级叙词表（UMLS Metathesaurus）、美国国立医学图书馆分类法（NLMC）等其他术语系统交叉映射和合作，共同促进生物医学术语的标准化。

（二）概念体系

MeSH 词表的概念体系由主题词、副主题词、款目词和补充概念构成，通过注释、参照系统与树状结构，表达 MeSH 词的历史变迁、主题词的族性类别和属分等级关系等规律，揭示主题词之间的语义关系。

1. **主题词（main heading）**　主题词也称叙词（descriptor），是用于描述生物医学文献中概念的、经过规范化处理并具有独立检索意义的名词术语。MeSH 主题词是由 NLM 做了严格规范化处理的受控信息检索语言，其选取遵循一定的规则，主要体现单一性和动态性两个特点。

主题词以名词为主，可以是单个词或词组。词组形式的主题词一般按自然语言的顺序，如 Mitral Valve，但有时也采用倒置词形，例如 gene，p16、gene，p53 等，其目的是使同属某一概念的文献能按字顺相对集中。

主题词具有单一性，即同一个概念只能用一个主题词表达。例如"lung neoplasms"和"lung cancer"是同义词，词表规定采用前者，凡论及该概念的文献均归入"lung neoplasms"主题词之下。单一性提高文献标引和检索一致性，保证检索准确和全面。

主题词的动态性是指 MeSH 词表每年的增删修订，以及对相关树状结构的调整。其目的是及时反映生物医学及相关领域的最新发展。例如 SARS Virus 于 2003 年收入词表作为主题词。

2. **树状结构（tree structure）**　树状结构是将所有主题词根据学科属性和词义范畴编排而成的等级制分类表。该表共分为 16 个大类，再细分出 116 个二级类目（见附录 1），各二级类目下又层层划分、逐级展开，最多可达 13 级。这种层级结构就像大树的干、枝、叶一样，因此被称为"树状结构"。主题词在树状结构中的位置用树状结构号（tree number）表示，树状结构号反映该词在学科体系中的位置，表示主题词间的族性关系。每个主题词至少有一个树状结构号，有的主题词同属于两个或多个类目，也可以有多个树状结构号，例如"lung neoplasms"有三个树状结构号：

主题树 1

Neoplasms［C04］

　•Neoplasms by Site［C04.588］

　　•Thoracic Neoplasms［C04.588.894］

　　　•Respiratory Tract Neoplasms［C04.588.894.797］

　　　　•**Lung Neoplasms**［**C04.588.894.797.520**］

主题树 2

Respiratory Tract Diseases［C08］

　　•Lung Diseases［C08.381］

　　　•**Lung Neoplasms**［**C08.381.540**］

主题树 3

Respiratory Tract Diseases［C08］

　　•Respiratory Tract Neoplasms［C08.785］

　　　•**Lung Neoplasms**［**C08.785.520**］

树状结构体现主题词的等级隶属关系，可根据检索需要找到比当前主题词更广义或更专指的主题词。例如查找肺肿瘤直接使用主题词"lung neoplasms"，而查找小细胞肺癌应使用更专指的主题词"small cell lung carcinoma"。

3. **副主题词(subheading)**　又称为限定词（qualifier），是对主题词做进一步限定的词，与主题词一起用于标引和编目，本身无独立检索意义。副主题词通常用组配符"/"与主题词一起使用，如肺癌的文献，都标引主题词"lung neoplasms"，再根据不同的内容分别组配不同的限定词"lung neoplasms/diagnosis""lung neoplasms/genetics""lung neoplasms/drug therapy"等，在不增加主题词的情况下，使表达的文献内容更为确切，使检索达到更高的专指度。

副主题词的数量及其可组配的主题词的范围均有严格规定。2021 年 MeSH 词表规定使用的副主题词有 76 个，每个副主题词可以组配的主题词范围详见书后附录 2。

4. **款目词(entry term)**　也称入口词，是主题词的同义词或近义词，其主要作用是将自由词引见到主题词，指导用户使用正式的主题词。例如"cancer of lung see lung neoplasms"，其中"cancer of lung"是款目词，"lung neoplasms"是主题词。

5. **补充概念(supplementary concept)**　又称补充化学物质名称，用于标引 MEDLINE 中出现的化学品、药物和其他概念（治疗方案、病毒和罕见疾病等），每个补充概念都映射到一个或多个主题词，例如"cordycepin"映射到主题词"deoxyadenosines"。补充概念在 PubMed 中按化学物质名称［NM］进行检索。

（三）MeSH 浏览器

MeSH 浏览器（MeSH Browser）是 MeSH 的网络版，提供主题词的搜索和树状结构的浏览，但不能用于 PubMed 检索。

1. **主题词搜索(Search)**　MeSH 浏览器提供两种搜索模式：FullWord Search 仅搜索与输入词匹配的完整词条，SubString Search 搜索与输入词匹配的完整术语或包含输入词的词条、句子。每种搜索模式均可选择 Exact Match（精确匹配）、All Fragments（包含所有检索词）或 Any Fragment（包含至少一个检索词）三种匹配方式。检索时还可以将输入词限定在以下类型来提高检索效率：①主题词、副主题词或补充概念中的某一种或全部；②主题词唯一标识符；③药理作用、化学物质登记号、酶编码、FDA 物质唯一标识和 NCBI（美国国立生物技术信息中心）物种分类号；④自由文本字段（编目标引注释、词义范围注释和 SCR 说明）(图 2-5)。

2. **树形结构导航(Tree View)**　在"Tree View"页面，默认显示主题词的 16 个大类。通过单击"+"以在特定节点展开来浏览 MeSH 树状结构，点击相应主题词即可获取详细信息。

3. **记录显示标签页(Tab)**　MeSH 浏览器的主题词记录包括四种显示标签页：MeSH 主题词详细信息（Details）、副主题词（Qualifiers）、MeSH 树状结构（MeSH Tree Structures）和概念（Concepts）。MeSH 主题词详细信息标签页（图 2-6A）包括树状结构号（Tree Number）、主题词唯一标识符（Unique ID）、NLM 分类号（NLM Classification#）、词义范围注释（Scope Note）、编目标引注释（Annotation）、款目词（Entry Term）和相关参见（See Also）等。副主题词标签页提供每个主题词允许组配的副主题词等（图 2-6B）。MeSH 树状结构标签页显示主题词所在树的位置以及相应的树状结构（图 2-6C）。概念标签页可查看主题词的概念结构，即 MeSH 记录包括的概念和术语（图 2-6D）。

图 2-5　MeSH 浏览器界面

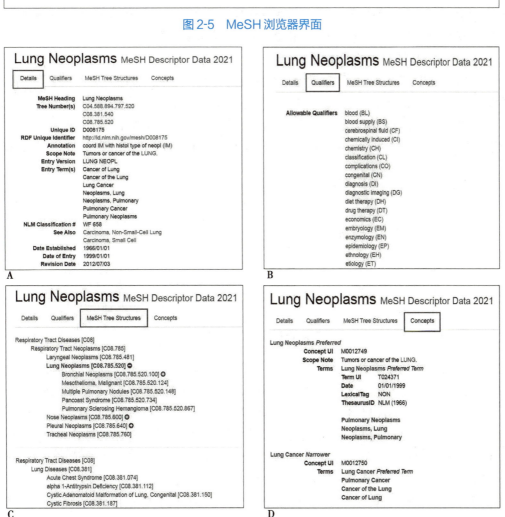

图 2-6　MeSH 浏览器的主题词记录

A. Details；B. Qualifiers；C. MeSH Tree Structures；D. Concepts。

第五节 信息检索技术、途径和步骤

人类的一切活动均有其目的性，满足自身信息需求的信息检索活动亦不例外。正如人们进行物质生产劳动时并不直接作用于自然界，而是通过技术手段的中介作用把人的活动传导到劳动对象上一样，信息检索活动中，作为主体的人和客体的信息之间同样需要一个中间性的媒介，这个媒介就是所借助的一系列技术手段、通过的一系列途径和采取的一系列步骤。

一、信息检索常用数学模型

信息检索的基本原理可以归纳为系统对信息集合与需求集合的匹配与选择。如何更准确、更严密地表达和论证这一原理呢？这离不开数学工具，即需要建立信息检索的数学模型。所谓数学模型，是指为了某种特定目的，对现实世界的某一特定对象做出一些必要的简化和假设，运用适当的数学工具得到的一种数学结构。它或者能解释特定现象的状态和性质，或者能预测它的未来状况，或者能提供处理对象的最优决策或控制。信息检索的数学模型，就是运用数学的语言和工具，对信息检索系统中的信息及其处理过程加以翻译和抽象，表述为某种数学公式，再经过演绎、推理、解释和实际检验，反过来指导信息检索实践。经典的数学模型主要包括集合论检索模型（布尔模型）、代数论检索模型（向量空间模型）以及概率论检索模型（经典概率检索模型）。

（一）集合论检索模型——布尔模型

布尔模型是一种简单的检索模型，它建立在经典集合论和布尔代数的基础上。鉴于集合论中"集合"概念的直观性以及布尔表达式所具有的准确语义，布尔模型非常容易被用户理解和接受。如图 2-7 所示，布尔模型采用布尔代数的方法，用布尔表达式表示用户提问，通过对文献标识与提问式的逻辑比较来检索文献。在传统的布尔模型中，每一篇文献 D 用一组标引词 T 表示，图中 1 表示有，0 表示无。

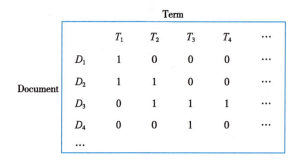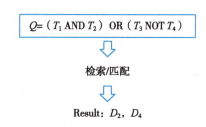

图 2-7 布尔模型图示

例如，对于某一特定文献 D_i，可表示为：$D_i=(T_1, T_2, T_3, \cdots, T_m)$，每个查询则为标引词的布尔组配。例如，特定查询 Q 可表达为：$Q=(T_1 \text{ AND } T_2) \text{ OR } (T_3 \text{ NOT } T_4)$。

系统对查询的响应是输出一个包含有该查询式的组配元且符合组配条件的文献集合。例如，对上述查询提问 Q 来说，系统的响应必须是这样一组文献：它们同时含有标引词 T_1 和 T_2；或者含有标引词 T_3，但不含有标引词 T_4。同时包含 T_1 和 T_2 的文献是 D_2，有 T_3 但排除 T_4 的文献是 D_4，所以命中的文献为 D_2 和 D_4。

该模型具有简单、易理解、易实现以及能处理结构化提问等优点，在信息检索系统中得到了广泛的实际应用。但该模型也存在一些缺陷，比如，采用准确匹配策略、太僵硬、不考虑那些大体能满足提问需要的文献，因此，传统布尔模型后续又有了许多优化和改进。

（二）代数论检索模型——向量空间模型

鉴于布尔模型的缺陷，20 世纪 60 年代末期，信息处理专家、美国著名学者萨尔顿（G.Salton）在其开发的试验性检索系统（System for Mechanical Analysis and Retrieval of Texts，SMART）中最早提出并采用线性代数的理论和方法构建出一种新型的检索模型，这就是后来广为人知的向量空间模型（Vector Space Model，VSM）。

如图 2-8～图 2-10 所示，文献 D 和查询 Q 都可用向量表示。检索过程就是计算文档向量与提问向量之间的相似度；可以根据相似度值的不同，对检索结果进行排序；可以根据检索结果，进一步做相关反馈检索。在向量空间模型中，检索系统中的每一篇文献和每个查询均用向量来表示，例如：$D_i=(T_1,T_2,T_3,\cdots,T_j)$ 式中，D_i 为文献集合中的第 i 篇文献；T_j 表示文献向量或查询向量中的第 j 个分量。

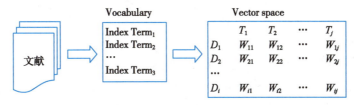

图 2-8　从文本到向量空间

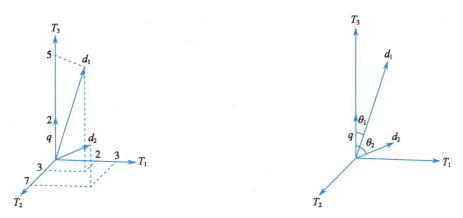

图 2-9　文献的向量表示　　　图 2-10　向量空间文献与查询的相似性计算

如图 2-8 若有 n 个标引词（term），文献 D_i 就可以表示为一个 n 维向量；W_{ij} 表示文献 D_i 的第 j 维的权值，即项目权值（term weight）。

假设有三个标引词：T_1、T_2、T_3，以标引词在文本中的出现次数为项目的权值，见表 2-3，则文献的向量空间表示如图 2-9 所示。

表 2-3　向量空间模型示例

	T_1	T_2	T_3
D_1	2	3	5
D_2	3	7	2
Q	0	0	2

向量空间模型将查询的标引词和文献映射成一个同维数向量，通过计算两向量间的余弦相似度，进而检索出相关的文献。文献集 D_1、D_2，标引词 T_1、T_2、T_3，查询 Q 的值如表 2-3 所示，则向量空间文献与查询的相似性计算演示如式 2-1 和式 2-2 所示，依据计算结果可以得出结论，Q 与 D_1 更相似。

Q 与 D_1 的相似性：

$$\cos(\bar{Q}, \bar{D_1}) = \cos(\theta_1) = \frac{2 \times 0 + 3 \times 0 + 5 \times 2}{\sqrt{2^2} \times \sqrt{2^2 + 3^2 + 5^2}} = 0.81 \qquad 式（2-1）$$

Q 与 D_2 的相似性：

$$\cos(\bar{Q}, \bar{D_2}) = \cos(\theta_2) = \frac{3 \times 0 + 7 \times 0 + 2 \times 2}{\sqrt{2^2} \times \sqrt{3^2 + 7^2 + 2^2}} = 0.25 \qquad 式（2-2）$$

与布尔模型相比，向量空间模型的特色表现在：①采用自动标引技术为文献提供标引词；②文献和查询在系统中被看作是 m 维向量空间中的多维词空间，即表示为 m 维空间中的一个特定位置，其中 m 为标引作业中使用的不同标引词的数量；③假定某一给定向量中所包含的每个词都相互独立（即具有正交性），且全部词均具有同等的重要性（除非是因给每个词加权所引起的差别）；④检索不采用倒排档技术，而是基于聚类，即通过计算文献之间的相似度，使属性相似的文献计量聚拢在一起，以提高检索效率；⑤采用部分匹配策略和排序输出原理，提高了检索的灵活性；⑥通过相关反馈技术自动修正提问向量，改进检索结果。其缺点是：①相似度计算的工作量巨大；②文献向量中各分量的值（标引词权值）较难确定；③对标引词两两正交的假设太僵硬等。

（三）概率论检索模型——经典概率检索模型

概率模型基于概率排序原理，即文献应该根据它们与提问的相关概率来排序输出。所有检索系统都通过处理它们所能获得的、决定哪些文献应被检出的信息来响应提问。在实践中，人们认识到：现有的任何一种检索机制都不理想，一些不相关的文献常常被不适当地检出，而另一些更符合需要的文献却可能漏检了。概率检索理论清楚地认识到这种不确定性，即给定文献与给定提问之间存在某种相关概率。概率检索模型就是利用概率论的原理，通过赋予标引词某种概率值来表示这些词在相关文献集合或无关文献集合中的出现概率，然后计算某给定文献与某给定提问相关的概率，最后系统据此做出检索决策。它基本上是一种基于 Bayes 决策理论的自适应模型。与前两种模型不同的是，它的提问式不是直接由用户编写的，而是由系统通过某种归纳式学习过程（相关反馈）来构造一个决策函数去表示提问。

最早提出排序输出思想的是马龙（M.E.Maron）和库恩斯（J.L.Kuhns），他们在 1960 年提出概率标引理论（probabilistic theory of indexing）。该理论将标引作业描述为这样一个过程：

给定某一特定文献 d，对某个标引词来说，标引员的任务是做出这样的预测：如果某一类型用户 B 判定 d 为相关且在他的提问中只用一个检索词，则他可能选用该词的概率有多大；也就是说，标引员要估计的是：对使用该标引词检索文献的给定用户类型来说，某一给定文献的相关概率或权值。

标引词加权和利用这种权值来计算文献"相关性"（满足给定提问的概率）的方法就是概率标引理论的基础。他们的目标是根据文献与给定提问的相关值来对文献进行排序。

概率模型的主要优点是：①针对检索决策容易出错的问题，采用一种理论上更为严密的方式来进行决策；②容易与加权方法结合起来，为人们提供了一种理论基础；③不涉及布尔算符的使用，回避了构造布尔提问式的困难；④文献可按用户的期望值来排序输出；⑤吸收了相关反馈原理，可开发出理论上更为坚实的方法。缺点是：①布尔关系消失了；②增加了存储和计算资源的开销；③参数估计难度大。

二、信息检索技术

为了满足信息检索的需要，根据检索实践的经验和信息检索的基本原理，人类发明创造了各种手段和方法，其总和可统称为信息检索技术。因为广义的信息检索包括信息的存储和检索两个过程，因此，信息检索技术亦有广义和狭义之分。广义的包括信息组织、数据库建设在内的涉及信息科学、情报学、计算机科学等诸多学科领域的技术方法，而狭义仅指从现有的信息资源中提取相关信息的技术方法。

（一）文本信息检索技术

文本信息检索技术是一种较为简单的准确匹配技术，主要包括以下几种。

1.布尔检索　是计算机信息检索中最常用的检索技术。在文献数据库中，用户的信息需求是通过检索提问式表达的。信息需求可能涉及简单的一个主题概念，或一个主题概念的某一侧面，也可以是由若干个概念组成的复合主题，或一个主题概念的若干侧面。这些概念或其侧面，无疑都需要以一定的词汇或符号来表达，信息检索系统在处理这些较为复杂的词间（或符号间）语义关系时，是借助于布尔算符运算的（图2-11）。

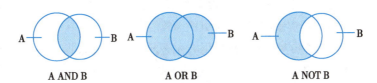

图 2-11　逻辑运算符图示

（1）"逻辑与"：符号为"AND"，表达式为 A AND B，相当于英文词组"Both…and…"所表达的含义，只有同时包含有检索词 A 和检索词 B 的文献记录才是命中文献。该运算符可缩小检索范围，提高查准率。

（2）"逻辑或"：符号为"OR"，表达式为 A OR B，相当于英文"Either…or…"所表达的含义，凡含有检索词 A 或者检索词 B 或同时含有检索词 A 和 B 的记录均为命中文献。该运算符可扩大检索范围，提高查全率。

（3）"逻辑非"：符号为"NOT"，表达式为 A NOT B，要求包含检索词 A 而不包含检索词 B 的文献为命中文献。该运算符可通过从某一检索范围中去除某一部分文献的方式达到缩小检索范围，提高查准率。

一个检索式可以同时使用多个布尔逻辑算符。不同算符的组合，需要注意其运算次序，不同系统对逻辑算符运算次序有不同的规定。如果想改变运算次序，可使用括号。

2.截词检索　西方语言的构成法有一个普遍特征，由词干与不同的前缀或后缀组合可派生出一系列的新词汇，其基本含义相同或相似，只是词性或语法意义有所差异。西方语言的这一特点，在自然语言的检索中，可能因词汇书写形式的变化而出现漏检。截词检索，就是把检索词截断，取其中的一部分片段，再加上截词符号一起输入检索，系统按照词的片段与数据库里的索引词对比匹配，凡是包含这些词的片段的文献均被检索出来。该检索技术能够解决词汇的单复数、相同词干的词尾变化和英美拼写差异等问题，以保证较高的查全率。

按照截断的位置不同，截词检索可分为前截断、中截断和后截断；按照截断的字符数不同，又可分为无限截断和有限截断两种类型。不同的信息检索系统一般会采用不同的截词符号。

（1）无限截断：是使检索词串与被检索词实现部分一致的匹配。如以"*"来表示一串字符，截断形式有前截词（后方一致），如以 *ology 作为检索提问，可以检索出含有 physiology、pathology、biology 等的文献；后截词（前方一致），如以 child* 作为检索提问，可以检索出含有 child、children、childhood 等词的文献；中截词，主要用于英式英语和美式英语的拼写差异，如用 colo*r 作为检索提问，可以将含有 color 或 colour 的文献全部检出，也可用于中文检索，如"急性 * 肝炎"，可检出"急性中毒性肝炎""急性黄疸性肝炎"等。

（2）有限截断：常用以替代一个字符或不替代任何字符。如以"?"代表一个字符，则 h?emorrhage

可检出 haemorrhage、hemorrhage 等。

3. **限制检索**　在检索系统中，通常会提供一些缩小或者约束检索结果的检索技术，称之为限制检索。从本质上说，限制检索仍然属于布尔检索，可以认为是一种受限的布尔检索。限制检索的主要目的是提高或者保证检索的准确率。限制检索的方式主要包括字段限制检索和二次检索。

（1）字段限制检索：字段限制检索是将检索词限制在某一个字段的检索，即指某个词出现在记录的某个特定字段中。不同的信息检索系统，字段限制检索式的输入格式不同，如 PubMed 中采用：检索词[字段标识]；OVID 采用：检索词.字段标识.。例如，在 PubMed 中检索 leukemia[ti]表达的意思就是在文章的标题字段里查找 leukemia 这个词，即命中文献的标题里必须包含 leukemia。目前，常用的数据库在检索的过程中也可以不将字段输入检索式，而是通过字段菜单选择字段。

（2）二次检索：二次检索是几乎所有的检索系统都会提供的一种检索方式，是指在一次检索结果中进一步检索输入的检索词，其实就相当于"AND"运算。

4. **位置检索**　文本信息的布尔检索，是使用布尔逻辑运算符在数据库中对相关文献进行的定性筛选，是一种最基本、最常用的检索技术；截词检索技术并没有改变布尔检索的性质，只是隐含地增强了布尔检索的效果；而通过限定检索词出现字段方式进行的字段检索，虽然能够使检索结果在一定程度上更加符合检索者的意愿，但检索匹配水平仍局限、停留在字段一级，无法深入到自然语言的细节和具体的描述和表达方式上。随着全文数据库的快速发展及基于自然语言的自动标引技术的进步，上述检索技术和方式越来越不能适应并满足用户的查询需要。在这种形势下，各种针对自然语言文本的位置检索技术应运而生，并得到了广泛应用。

位置检索也称为原文检索，是一类针对自然语言文本中检索词与检索词之间特定位置关系而进行的检索匹配技术。该技术通过位置算符来实现，不同的信息检索系统，其采用的位置算符也不尽相同。例如，在 Web of Science 核心合集中，算符 SAME 表示连接的两个检索词在同一句子内，前后顺序没有要求。算法 NEAR/x 表示查找由该运算符连接的检索词之间相隔指定数量的单词记录，用数字取代"x"可指定将检索词分开的最大单词数。

5. **加权检索**　加权检索是一种定量检索技术，同布尔检索、截词检索等一样，也是信息检索的一个基本检索手段，但与它们不同的是：加权检索的侧重点不在于判定检索词或字符串是不是在数据库中存在、与别的检索词或字符串是什么关系，而是在于判定检索词或字符串在满足检索逻辑后对文献命中与否的影响程度。并不是所有系统都能提供加权检索这种检索技术，而能提供加权检索的系统，对权的定义、加权方式、权值计算和检索结果的判定等方面，又有不同的规定。有些检索系统提供的加权检索并不采用上述方式，如 PubMed 对文献标引时，对反映文章主要论点的主题词加"*"号，对反映文章次要论点的主题词则不加"*"号。例如，一篇既探讨乙型肝炎（主要论点）又讨论甲型肝炎（次要论点）的文章，可以用两个主题词"* 乙型肝炎"（主要主题词，MAJR）和"甲型肝炎"标引。在检索的过程中，当选择对"乙型肝炎"主题词进行加权检索时，系统则将该篇文章检出，若对"甲型肝炎"进行加权检索时，则该篇文章不被检出。加权检索能够缩小检索范围，提高查准率。

6. **扩展检索**　将某一主题词（副主题词）及其下位词自动经"逻辑或"合并给出结果。适用于有下位词的主题词或副主题词，有利于扩大检索范围，提高查全率。

（二）多媒体信息检索技术

在计算机发明以前，人们主要借助纸张对信息进行记载，通过索引进行检索。计算机诞生之后，信息开始呈现文本、图像、音频和视频等多模态的存储形式。多媒体信息是互联网的主要信息载体，具有数量庞大的特点。随着互联网技术和计算机技术的蓬勃发展，特别是深度学习技术取得了突破性进展，使得在海量的多媒体数据中获取所需信息成为可能。多媒体信息检索技术主要包括两种类型：基于文本的检索（text based retrieval，TBR）和基于内容的检索（content-based retrieval，CBR）。

1．图像检索技术　基于内容的图像检索（content-based image retrieval，CBIR）技术是多媒体信息检索研究的开端。在传统方法中，利用手工设计的传统图像特征提取方法提取图像的视觉特征，再对特征进行聚类，所有的聚类中心作为视觉词典，使用词袋算法将图片转化为向量，通过对向量间的距离的度量完成相似度计算，从而完成检索任务。近十余年，深度学习技术取得了突破性进展。随着深度神经网络方法的兴起，计算机可以通过深度神经网络自动学习得到图像特征向量。

2．音频检索技术　音频检索技术的发展经历了三个阶段：第一阶段是基于文本的音频检索技术，使用音频元信息（例如流行歌曲，使用歌名、歌唱者、作曲者、歌词等文本信息）建立索引，通过文本检索方法进行音频文件搜索。第二阶段是基于内容的音频检索（content-based audio retrieval，CBAR）技术，通常使用音频的听觉特征（如音调、音色、响度等）、物理信号特征（如频谱、振幅等）、语义特征（如字、词语等）来进行搜索音频文件。第三阶段是基于深度神经网络的音频检索技术，分为两类：一类是采用一定的神经网络取代传统语音识别方法中的个别模块，如特征提取、声学模型或语言模型等；另一类是基于神经网络实现端到端的语音识别。相比于传统的识别方法，基于深度神经网络的语音识别方法在性能上有了显著的提升，在低噪音加近场等理想环境下，当前的语音识别技术研究已经达到了商业需求。

3．视频检索技术　视频检索方法可分为：传统的基于文本关键字的视频检索和基于内容的视频检索（content-based video retrieval，CBVR）。比较知名的基于图像内容的视频检索系统有：美国 IBM 公司的 QBIC 系统，哥伦比亚大学的 VideoQ 系统和 Visual Seek 系统，清华大学的 TV-FI 视频管理系统，微软亚洲研究院的张宏江博士团队的 Ifind 图像检索系统，国防科技大学的 New Video CAR 系统。由于视频数据的复杂性，基于内容的视频检索尚未大范围落地，其核心技术还需要进一步改进。视频检索国际权威评测（TRECVID）致力于研究数字视频的自动分割、索引和基于内容的检索。评测每年举行一次，年初公布会议指南，并且提供大量的测试数据以及评价标准供学者们测试交流，该评测代表了视频检索领域最前沿的研究方向。

三、信息检索途径

信息检索系统对于所收录信息的加工、整序是以其内容和形式特征为依据的。以印刷型文献信息为例，涉及文献内容特征的有论及的主题内容、所属的学科范围；涉及文献外部特征的有著者姓名、载体类型、出版时间等。正是基于这诸多不同的特征，形成了多种相应的倒排文档（或索引），而每一个倒排文档都构成信息检索系统的一个检索途径，常见的有以下几类。

1．主题词途径　根据文献的主题内容，通过规范化的名词、词组或术语（主题词）查找文献信息，其检索标识是主题词。如肝癌，在 MeSH 表中其规范化形式是"肝肿瘤"；艾滋病的规范化形式是"获得性免疫缺陷综合征"。

2．关键词途径　通过从文献篇名、正文或文摘中抽取出来的能表达文献主要内容的单词或词组查找文献的检索途径。因未经规范化处理，检索时必须同时考虑到与检索词相关的同义词、近义词等，否则容易造成漏检。如检索"土豆"时需要考虑其学名"马铃薯"。

3．分类途径　所谓分类途径，是指从学科专业的角度，借助于一定的分类表和分类目录（或分类索引）查找某一类文献的路径。以科学分类为基础，结合图书资料的内容和特点，运用概念划分的方法，将知识（文献资料）分门别类组成层层划分的等级制分类表。如《中国图书馆分类法》和《医学主题词表》。

4．著者途径　根据文献上署名的著者、译者、编者的姓名以及专利发明人，专利权人或团体、机构名称查找文献的检索途径，这也是目前常用的一种检索途径，当需要查找某人发表的论文，而且又知道其姓名的确切书写形式(包括中文的同音字、英文的拼法等)时,利用著者索引是最快捷、准确的方式。

5.**题名途径**　根据书名、篇名、刊名的字顺或音序查找文献的检索途径。

6.**序号途径**　利用文献的各种代号编制而成的检索途径。如专利号、标准号、国际标准刊号(ISSN)、国际标准书号(ISBN)等。

7.**引文途径**　利用文献引证关系检索相关文献的途径,用户可以从被引文献的线索(作者、题名、出处、出版年等)入手查找引用文献。

8.**其他途径**　许多信息检索提供利用各种专用索引来检索的途径,如 SciFinder 的分子式索引、Biosis Preview 提供的生物体索引等。

四、信息检索步骤

文献检索的步骤,因检索课题、检索人员的不同,以及使用检索系统的不同而不尽一致,但一般来讲,均遵循如下工作程序。

(一)分析拟检课题,明确检索要求

首先要分析、确定拟检课题涉及几个概念,这些概念的内涵和外延如何,这些概念之间的联系或关系是什么。在此基础上,明确检索的内容、目的、要求,从而确定检索的学科范围、文献的类型、回溯的年限等。

对检索课题的分析,实际上是一个对检索需求认识的不断深化过程。从信息需求到满足其需求的信息检索行为,即从动机的产生到行为的实现,有一个发展演化过程。人们的信息需求可以分为四个层次,即潜在的真实信息需求(real information need,RIN)、感知到的信息需求(perception information need,PIN)、表达出来的信息需求(request)和提问(query)。将信息需求清晰化是非常重要的,因为当前的信息检索系统只能针对清晰表述的信息需求提供相应的检索服务。

(二)选择检索工具,确定检索方法

从两个方面来考虑这一问题,一是用户本身及其需求的特点,二是所处的信息环境。从用户的角度来看,从事科学研究工作与从事临床实践工作对信息需求的内容与层次有所不同。就从事科研工作而言,基础研究与临床应用研究对信息的侧重点也有差别。从事同一项工作的同一职业群体中的不同个体,因其知识背景、技能水平、学术素养等不尽一致,也表现出对信息需求的诸多差异。即便是同一个体,从事同一项工作(如科研工作)的不同阶段,其信息需求也在不断地发展和变化。从所处信息环境来看,每一个信息检索系统都有其收录范围、编排结构、提供的检索途径和检索功能等诸多方面的自身特色。

能否以认识自身需求为基础,以熟悉信息检索系统的特点为前提,从上述两个方面综合分析,选择适当的检索系统和检索方法,最大限度地满足自身的检索要求,是信息素养的一种具体体现。

(三)确定检索途径,编写检索策略表达式

根据信息需求或检索课题的已知条件和检索要求,以及所选定的信息检索系统所提供的检索功能,确定适宜的检索途径,如主题途径或关键词途径等。

检索途径确定后,编写检索策略表达式,即将选择确定的作为检索标识的作者姓名、主题词、关键词,以及各种符号如分类号等,用各种检索算符(如布尔算符、位置算符等)组合,形成既可为计算机识别又能体现检索要求的提问表达式。

检索策略表达式的质量,直接影响到检索结果和效果,是检索成败与否的最关键环节,因而成为学术界研究的一个重点领域。当前,学界围绕其构成因素、构建模式、动态变化规律、反馈调节机制等多方面进行了系统而深入的研究,并提出了诸如积木型策略、引文珠形增长策略、逐次分馏型策

略、最专指面优先型策略等不同的构成思路和模式化结构。

从系统论的角度来看，检索策略表达式的编制是对多领域知识和多种技能的全面、系统的综合运用。例如，涉及专业背景知识的主题分析、涉及检索语言知识的概念与语言转换、涉及信息检索原理与系统性能的多种检索技术，以及涉及逻辑思维规则的各种组配形式等。其中任何一个环节的微小失误或不当，都会产生"东边微风西边雨"的蝴蝶效应，而影响到检索质量。所以，这一环节是检索者信息素养、检索能力、知识水平的最集中体现。

（四）评价检索结果，修正检索策略式

采用已拟定的检索策略式，进行尝试性检索，并根据对检索结果的评价与筛选，不断修改、调整检索策略式（如调整词间关系、增加或减少限定因素等），直至检索到满意的结果为止。

从检索策略表达式的编制过程不难看出，虽然遵循一定的科学程序和规则，但其构成带有明显的先验性和预测性，需要在实际的检索操作中，根据检索结果的提示予以反馈调整和完善。反馈，作为控制论的核心思想之一，是将已经施行的控制作用的效果（与预期目标间误差变化状态）作为决定或修改下一步控制的依据。这一思想同样适用于信息检索，不仅在于表达式的优化和修正这一表层意义，更重要的是通过检索结果的提示，可以激发潜在需求的转化，并使之发生跳跃式的发展，更可以促进对需求的确切语言表达和规范化转换。因此，反馈调整，实际上体现着信息检索的一种思维模式。从这个意义上说，文献检索是一个不断探索、调整、改进的渐进完善过程，而不是一蹴而就的，更不是一劳永逸的。

（向　菲　虢　毅　张云秋）

思 考 题

1. 除了信息的特点之外，医学信息还有哪些特点？

2. 信息资源根据不同的分类标准会产生不同的分类结果，请尝试寻找本书未提及的其他分类标准进行分类。

3. 试简述信息检索在生活中的应用实例及意义。

4. 常用的信息检索技术有哪些？

5. 请简述信息检索步骤。

第三章

医学文摘数据库检索

学习目标 》》

　　掌握国内外生物医药最知名的 5 个文摘数据库 SinoMed、PubMed、Embase、BIOSIS Previews 和 SciFinder 的特色功能及检索方法；熟悉它们的检索规则；了解各个数据库的收录范围。

第一节　中国生物医学文献服务系统

一、简介

　　中国生物医学文献服务系统（SinoMed），由中国医学科学院医学信息研究所开发研制。该系统是对中国生物医学文献数据库（CBM）原有检索系统的全面继承和发展，2008 年首次上线服务，整合了包括 CBM、中国生物医学引文数据库（CBMCI）、西文生物医学文献数据库（WBM）、北京协和医学院博硕学位论文库（PUMCD）及中国医学科普文献数据库（CPM）在内的多种资源，是集文献检索、引文检索、期刊检索、开放获取、原文传递及个性化服务于一体的生物医学中外文整合文献服务系统。

　　SinoMed 涵盖资源丰富，专业性强，是综合性生物医学文献服务平台。其中，CBM 收录 1978 年以来国内出版的生物医学学术期刊 2 900 余种，文献题录 1 220 余万篇；CBMCI 收录 1989 年以来国内生物医学学术期刊文献的原始引文 2 530 余万篇，归一化处理后引文总量达 860 余万篇；WBM 收录世界各国出版的重要生物医学期刊文献，部分期刊可回溯至创刊年，全面体现中国医学科学院医学信息研究所 / 图书馆悠久丰厚的历史馆藏；PUMCD 收录 1981 年以来北京协和医学院的博硕论文，内容前沿丰富；CPM 收录 1989 年以来国内出版的医学科普期刊 130 余种，重点突显养生保健、心理健康、生殖健康、运动健身、医学美容、婚姻家庭、食品营养等与医学健康有关的内容。

　　SinoMed 注重数据的深度揭示与规范，与 PubMed 检索系统具有良好的兼容性。CBM 严格依据美国国立医学图书馆（NLM）的医学主题词标引规则，采用 NLM 的《医学主题词表》（MeSH）中译本、中国中医科学院中医药信息研究所的《中国中医药学主题词表》进行主题标引，采用《中国图书馆分类法·医学专业分类表》进行分类标引，以更加深入、全面地揭示文献内容。另外，CBM 细化标识第一作者、通讯作者及所在机构，对作者、机构、期刊、基金等进行规范化处理。CBMCI 对所有期刊引文进行归一化处理，并与其原始文献建立关联。

　　SinoMed 持续优化拓展系统功能，日趋智能易用。系统不断提升跨库检索、快速检索、高级检索、智能检索、主题检索、分类检索、多维限定检索、多维筛选过滤等文献检索功能，丰富拓展通讯作者 / 单位及被引文献主题、作者、机构、基金等引文检索功能，通过智能提示、检索表达式实时显示编辑等功能,使检索过程更快、更便捷、更高效,检索结果更细化、更精确;整合 URL、DOI 等多种原文链接信息,建立与编辑部网站及中华医学期刊全文数据库、维普网、万方数据等平台的全文链接,提供全文在线直接获取及索取服务。

二、检索功能

(一)检索规则

1. **逻辑组配检索** 支持利用布尔逻辑算符"AND"(逻辑与)、"OR"(逻辑或)和"NOT"(逻辑非)进行检索词或代码的逻辑组配检索,空格表示"AND"逻辑组配关系。逻辑运算符优先级顺序为:( )>NOT>AND>OR。

2. **截词检索** SinoMed 允许使用单字通配符(?)和任意通配符(%)进行截词检索,如:输入"血?动力",可检索出含有"血液动力""血流动力"等字符串的文献。

3. **模糊检索和精确检索** 模糊检索亦称包含检索,即在返回的检索结果中包含输入的检索词。与精确检索(检索词与命中检索字符串完全等同)相比,模糊检索能够扩大检索范围,提高查全率。如无说明,SinoMed 默认的是模糊检索。

4. **短语检索** 又称词组检索,即对检索词用英文半角双引号进行标识,SinoMed 将其作为不可分割的词组短语在数据库的指定字段中进行检索,便于检索含"-""("等特殊符号的词语,如:"1,25-(OH)2D3""hepatitis B virus"。

5. **字段检索** SinoMed 采用英文半角中括号标识字段名形式,支持指定字段检索,具体格式为:检索词[字段名称]。如:"肺肿瘤"[中文标题]、"肺肿瘤"[摘要]等。

(二)检索方法

SinoMed 聚焦收录资源特点,提供文献、期刊、引文三大维度检索。其中文献检索包括多资源的跨库检索和仅在某一资源的单库检索,均支持快速检索、高级检索、主题检索和分类检索,同时,将智能检索、精确检索、限定检索、二次检索等功能融入相关检索过程中。这里如无特殊说明,均以 CBM 为例图示说明。

1. **跨库检索** 同时在 SinoMed 系统集成的所有资源库进行检索。首页默认是跨库快速检索,右侧是跨库高级检索,如图 3-1 所示。跨库高级检索提供多个检索入口,默认智能检索;可支持年代限定和二次检索。

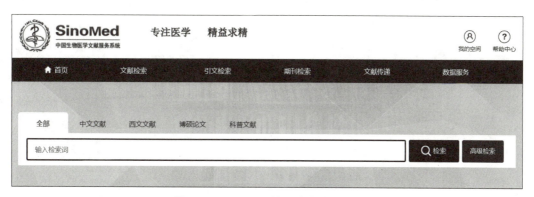

图 3-1 SinoMed 首页跨库检索界面

2. **智能检索** 基于词表系统,将输入的检索词转换成表达同一概念的一组词的检索方式,即自动实现检索词及同义词(含主题词、下位主题词)的同步检索,是基于自然语言的主题概念检索。系统将智能检索融入快速检索和高级检索中,如在快速检索框中输入"艾滋病",系统自动检出全部字段中包含"艾滋病""AIDS"或"获得性免疫缺陷综合征"的所有文献,输入多个检索词时,支持检索词同时进行智能检索。

3．**快速检索** 首页默认跨库快速检索，在"文献检索"下拉菜单或检索框上可选择各单库快速检索。默认在全字段内执行智能检索。

4．**高级检索** 跨库检索和单库检索均提供高级检索，支持多个检索入口、多个检索词之间的逻辑组配，同时支持限定检索和实时编辑功能，方便构建复杂检索表达式。相对而言，单库高级检索设置更加丰富的检索字段。CBM 高级检索新增核心字段、通讯作者 / 通讯作者单位字段检索，并针对特定字段设置智能提示功能，如图 3-2 所示。WBM 增加刊名智能提示功能。

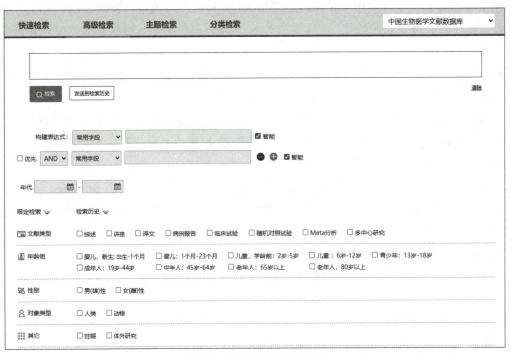

图 3-2 CBM 高级检索界面

特色功能包括①通讯作者 / 通讯作者单位检索：新增标识 CBM 中 2015 年以来发表的文献通讯作者及其机构信息，方便进行通讯作者 / 通讯作者单位检索。②智能提示：CBM 在作者单位、第一作者单位、通讯作者单位、刊名、基金字段支持规范名提示，在作者、第一作者、通讯作者字段支持所在机构规范名提示，如图 3-3 所示。WBM 支持刊名规范名提示。③限定检索：可以对文献语种、类型、年龄组、性别、研究对象等特征进行限定。

图 3-3 CBM 作者 - 规范机构关联检索界面

5．**主题检索**　主题检索是基于主题概念检索文献,能有效提高查全率和查准率,各库均支持主题检索。通过查找主题词和主题导航两个途径可以定位主题词,如图3-4所示;支持主题词注释信息和树形结构浏览,如图3-5所示;支持加权检索、扩展检索、主题词和副主题词组配检索。

图3-4　CBM主题检索界面

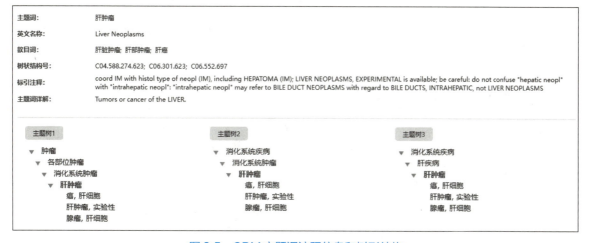

图3-5　CBM主题词注释信息和树形结构

特色功能:①加权检索:表示仅对加星号(*)主题词(主要概念主题词)检索,非加权检索表示对加星号和非加星号主题词(非主要概念主题词)均进行检索。默认非加权检索。②扩展检索:是对当前主题词及其下位主题词进行检索,非扩展检索则仅限于对当前主题词进行检索。默认扩展检索。当一个主题词分属几个不同的树时,可以选择对其中任何一个树进行扩展检索。③副主题词组配检索:指用副主题词来对主题词进行限定,使检出的文献限于主题词概念的某一方面或某几个方面,以提高检准率。④副主题词扩展检索:在副主题词列表中,选择后面有"(+)"的副主题词,会自动扩展当前副主题词及其下位副主题词进行检索;其他则仅限于对当前副主题词进行检索,如图3-6所示。

6．**分类检索**　指从文献所属的学科角度进行检索,具有族性检索的功能。各库均支持分类检索。检索过程与主题检索类似,可支持扩展检索和复分组配检索。

图 3-6　CBM 主题加权扩展组配检索界面

特色功能：①扩展检索：表示对该分类名及其全部下位类名进行检索，不扩展则表示仅对该分类名进行检索；②复分组配检索：在复分类名列表中，系统自动将能够与分类名组配的复分类名列出，选择某一复分类名，表示仅检索当前分类名与该复分类名组配的文献，如图 3-7 所示。

图 3-7　CBM 分类扩展组配检索界面

7. 期刊检索　支持对中文学术期刊、科普期刊及西文学术期刊进行一站式整合检索，中文学术期刊可通过刊名、出版地、出版单位、期刊主题词、ISSN 检索入口查找期刊，也可通过"首字母导航"浏览查找期刊信息，中文学术期刊检索结果页提供"核心期刊"标识，用于遴选高质量期刊。其中，"[中信所]"表示《中国科技期刊引证报告》收录期刊，"[北大]"表示《中文核心期刊要目总览》收录期刊。在期刊详细页选择任意年份的任一期或全部期进行文章浏览,如图 3-8 所示。同时支持在指定卷期内查找特定内容的文献,也可在"含更名"期刊范围内的所有卷期进行特定内容检索。

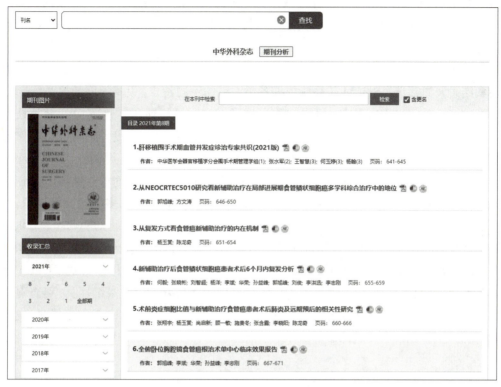

图 3-8 CBM 期刊详细信息界面

8.引文检索 支持被引文献常用字段、题名、主题、作者 / 第一作者、出处、机构 / 第一机构、基金入口查找引文;支持被引文献机构 / 第一机构、基金规范名提示,被引文献作者 / 第一作者所在机构规范名提示;支持作者 / 第一作者、被引文献出处精确检索;支持发表年代、施引年代的限定检索;支持从发表时间、期刊、作者、机构、期刊类型维度对检索结果进行聚类筛选;支持对重复施引文献自动去重;支持生成引文分析报告和查引报告,如图 3-9 所示。

图 3-9 CBM 引文检索界面

三、检索结果处理与个性化服务

SinoMed 系统依据文献相关特征,结合用户浏览检索结果的普遍需求,设置丰富的检索结果聚类过滤维度和与多种文献管理工具兼容的文献输出格式,提高系统的易用性。同时,为用户提供个性化服务定制,满足用户的特定需求。

(一)检索结果处理

1. 检索结果聚类筛选　SinoMed 系统依据各类文献的不同特点,设置不同的聚类维度:CBM 设置包括主题、学科、时间、期刊、作者、机构、基金、地区、文献类型、期刊类型等 10 个聚类维度;WBM 设置包括主题、学科、时间、期刊、作者、文献类型 6 个聚类维度;CBMCI 设置时间、期刊、作者、机构、期刊类型等 5 个聚类维度;CPM 设置主题、学科、时间、作者、地区 5 个聚类维度。点击每个维度右侧"+",展示具体的聚类结果,可勾选一个或多个聚类项进行过滤操作,再次对检索结果进行筛选精炼。

2. 检索结果处理　在文献检索结果概览页,系统支持对检索结果的多维度分组显示。CBM 重点对核心期刊、中华医学会系列期刊、循证文献分组集中展示;WBM 重点对免费全文、北京协和医学院图书馆馆藏、SCI 收录、F1000 及循证文献分组集中展示;CBMCI 重点对不同文献类型分组集中展示。对所有的检索结果,可以设置检出文献的显示格式、显示条数和排序方式,可以在当前页或跨页标记题录,显示或保存被标记的题录。如图 3-10 所示。文献检索结果细览页,可查看文献的详细信息,链接施引文献、共引相关文献、主题相关文献、作者相关文献,对文献进行保存、发送电子邮件、保存到我的空间、创建引文追踪器等操作。

图 3-10　CBM 检索结果概览界面

3. 全文链接　在检索结果概览页和细览页,对于有全文链接的文献,均在文献标题后或"原文链接"处显示全文链接图标,包括 PDF 图标、DOI 链接图标或各数据库服务商图标,点击全文链接图标可获取全文。

4. 检索结果输出　在检索结果页面,可根据需要灵活输出检索结果,通过设置不同的输出方式、输出范围、保存格式,达到与各类常用文献管理软件的兼容。

（1）输出方式：提供 SinoMed、NoteExpress、EndNote、RefWorls、NoteFirst 5 种输出格式。

（2）输出范围：可选择标记记录、全部记录（最多 500 条）、当前页记录、指定记录号。

（3）保存格式：可提供题录、文摘、参考文献、查新、自定义 5 种输出格式。

（二）个性化服务

SinoMed 为用户提供个性化服务定制，点击主页上"我的空间"，免费注册并登录我的空间后，就可享有检索策略定制、检索结果保存和订阅、检索内容主动推送及邮件提醒、引文跟踪等个性化服务。

1．我的检索策略　登录"我的空间"后，在检索历史页面可勾选最终结果对应的检索表达式或任意一个或多个检索表达式，保存为一个检索策略。保存成功后，在"我的空间"里对检索策略提供"重新检索""导出"和"推送到邮箱"等功能。通过重新检索，可以查看不同检索时间之间新增的数据文献。

2．我的订阅　在检索历史页面，可以对历史检索表达式进行邮箱订阅。邮箱订阅是将有更新的检索结果定期推送到用户指定邮箱，可以设置每条检索表达式的推送频率，并可浏览和删除任意记录的邮箱推送服务。

3．我的数据库　在检索结果页面，可以把感兴趣的文献添加到"我的数据库"，在"我的数据库"中，可以按照标题、作者和标签查找文献，并且可以对每条记录添加标签和备注信息。

4．引文追踪器　引文追踪器用于对关注的论文被引情况进行追踪。当有新的论文引用此论文时，用户将收到邮件提醒。对于单篇文献，在登录"我的空间"后，可以"创建引文追踪器"，并发送到"我的空间"，追踪该文献的最新被引情况。

5．我的反馈　用户可以在"我的反馈"中提交使用过程中的相关疑问和需求，回复结果可在"我要查看"页面进行查询和浏览。

第二节　PubMed

一、简介

（一）PubMed 概述

PubMed 是美国国立卫生研究院（National Institutes of Health，NIH）所属的国立医学图书馆（National Library of Medicine，NLM）的国立生物技术信息中心（National Center for Biotechnology Information，NCBI）开发和维护的生物医学与生命科学文献检索系统。PubMed 通过互联网向公众免费开放。

截至 2021 年 12 月，PubMed 数据库已收录了 3 300 多万篇生物医学文摘信息，每条 PubMed 记录都有一个唯一识别符——PubMed 标识符（PubMedIdentifier，PMID）。该数据库本身不收录期刊全文，但可通过其他来源如出版商网站或 PubMed Central（PMC）的全文链接获取全文信息。此外，PubMed 还可通过数据链接提供 NCBI 开发的其他数据库信息，如文献涉及的基因、蛋白序列与结构等，以及通过 LinkOut 链接至与 PubMed 收录文献相关的其他数据库。

（二）收录范围

PubMed 中的文献内容主要涵盖生物医学和健康领域及相关领域，如生命科学、行为科学、化学科学和生物工程等相关学科。PubMed 收录的文献主要来自三个组成部分：MEDLINE、PubMed Central（PMC）和 Bookshelf。

MEDLINE 是 PubMed 最主要的组成部分，包含生命科学领域的期刊文献，主要集中在生物医学方面。收录年限从 20 世纪 40 年代末到现在，也有一些较早的材料。期刊的遴选由 NIH 特许建立的文献挑选技术审查委员会（Literature Selection Technical Review Committee，LSTRC）完成。MEDLINE 收录的新文献是从出版商处以电子方式接收，数据每日更新。MEDLINE 收录的文献都会标引医学主题词（MeSH），并标注有资助来源、基因、化合物和其他元数据。如果要把搜索限制在 MEDLINE 的文献范围内，用户要在搜索中添加"medline[sb]"。

然而，并非所有出版社提供的文献都会被 MEDLINE 收录。PubMed 包括一些未被 MEDLINE 索引的 MEDLINE 收录期刊的文献，如某一期刊被选入 MEDLINE 之前刊登的文章；某些 MEDLINE 收录期刊（主要是普通科学和化学期刊）刊登的生物医学范围之外的文章（如关于板块构造学或天体物理学的文章），等等。

PubMed Central（PMC）自 2000 年 2 月开放使用，是 PubMed 第二大组成部分。PMC 是一个提供有关生命科学与生物医学领域的回溯性电子期刊全文数据库，目前已收录来自数千个期刊的近 800 万篇文献全文（自 17 世纪末至今），其中包括 NLM 审查和挑选的用于全文归档的期刊文章，以及按照资助政策要求归档的文章。自 2020 年 6 月起，PMC 也收录由 NIH 资助的研究成果的预印本。

PubMed 的另一个主要组成部分是 Bookshelf。Bookshelf 主要收集生物医学、健康和生命科学领域的书籍、报告、数据库和其他文献的全文。PubMed 包括 Bookshelf 提供的书籍和一些章节的全文。

（三）检索入口

PubMed 是完全对外开放使用的，可以在任何有网络的环境下进入 PubMed 主页，如图 3-11 所示。最新版 PubMed 主页中含有一个基本检索框，检索框下方为高级检索入口（Advanced），以及对 PubMed 收录文献的领域和数量的简要说明。下方含有高级检索（Advanced Search）、临床问题查询（Clinical Queries）、单篇文献匹配器（Single Citation Matcher）、批量文献匹配器（Batch Citation Matcher）、期刊（Journals）以及医学主题词数据库（MeSH Database）入口等。

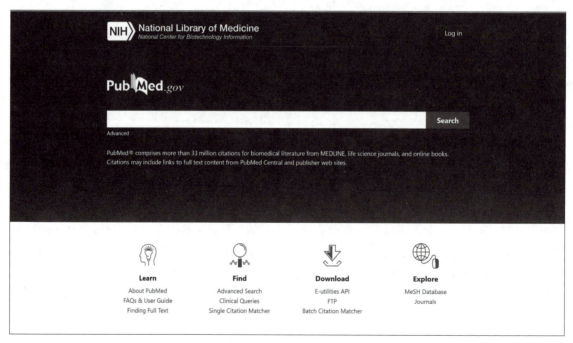

图 3-11   PubMed 主页界面

二、数据库检索

（一）检索规则

1. **布尔逻辑运算**   检索词与检索词之间存在一定的逻辑关系，可通过布尔逻辑运算符将检索词进行组配后再实施检索。PubMed 的布尔逻辑运算符为：“AND”“OR”“NOT”，分别代表前后两个检索词检索结果的交集、并集或前者排除后者。布尔运算从左至右优先运行，可以通过圆括号“（ ）”来改变优先运算顺序。

2. **截词检索** 截词检索是保留检索词的一部分，加上通配符一起进行检索，通配符可指代检索词的单复数词尾差异、同根词词尾不同变形等。

PubMed 的截词检索只能用在词尾，不能用在词头和单词中间，且前面至少需保留 4 个字母以上的词根。使用截词检索功能时，系统会自动关闭词汇自动转换匹配功能。

PubMed 中截词检索可用的通配符为 *，它代表 0 或 1 个以上字母，即任意多个字母。如：cell* 可指代 cell、cells、cellular 等以 cell 为词干的多个检索词；bacter* 可以指代以 bacter 为词干的单词 bacteria、bacterium 等。对一个词组进行截词检索有三种方法：使用双引号，例如 "breast feed*"；使用字段限定，例如 breast feed*[tiab]；使用连结号，例如 breast-feed*。

3. **字段限定检索** 字段限定检索，既可以在检索词后面加上字段标识符来指定检索词所在的字段，也可在高级检索中选定字段再输入检索词，从而限定检索词在文献中出现的字段位置。常用的检索字段见表 3-1。

表 3-1　PubMed 中的字段及含义

字段全称	字段缩写	字段中文含义
Affiliation	[AD]	作者机构
All Fields	[ALL]	所有字段
Article Identifier	[AID]	文献标识符
Author	[AU]	作者
Author Identifier	[AUID]	作者标识符
Book	[BOOK]	书籍
Comment Correction Type	无	评论与勘误类型
Completion Date	[DCOM]	完成日期
Conflict of Interest Statement	[COIS]	利益冲突声明
Corporate Author	[CN]	团体著者
Create Date	[CRDT]	创建日期
EC/RN Number	[RN]	化学物质登记号或酶标记号
Editor	[ED]	编辑
Entry Date	[EDAT]	录入日期
Filter	[FILTER][SB]	过滤器子集
First Author Name	[1AU]	第一作者姓名
Full Author Name	[FAU]	全部作者姓名
Full Investigator Name	[FIR]	全部研究者姓名
Grant Number	[GR]	资助项目编号
Investigator	[IR]	研究者
ISBN	[ISBN]	国际标准书号
Issue	[IP]	期
Journal	[TA]	期刊
Language	[LA]	语种
Last Author Name	[LASTAU]	最后一个作者姓名
Location ID	[LID]	地点标识符
MeSH Date	[MHDA]	MeSH 建立日期
MeSH Major Topic	[MAJR]	MeSH 主要主题词

续表

字段全称	字段缩写	字段中文含义
MeSH Subheadings	[SH]	MeSH 副主题词
MeSH Terms	[MH]	MeSH 主题词
Modification Date	[LR]	修改日期
NLM Unique ID	[JID]	NLM 唯一识别码
Other Term	[OT]	其他术语
Owner	无	所有者
Pagination	[PG]	页码
Personal Name as Subject	[PS]	个人姓名作为主题词
Pharmacological Action	[PA]	药理作用
Place of Publication	[PL]	出版地点
PMCID and MID	无	PMC 或 NIH 稿件唯一标识符
PMID	[PMID]	PubMed 标识符
Publication Date	[DP]	出版日期
Publication Type	[PT]	文献类型
Publisher	[PUBN]	出版商
Secondary Source ID	[SI]	第二来源标识
Subset	[SB]	子集
Supplementary Concept	[NM]	增补概念
Text Words	[TW]	文本词
Title	[TI]	标题
Title/Abstract	[TIAB]	标题/摘要
Transliterated Title	[TT]	标题音译
Volume	[VI]	卷

4. 强制检索 强制检索通过给检索词加入双引号而实现。通常情况下,在检索框中输入短语或不同单词的任意组合时,在不加任何逻辑运算符的情况下,系统默认以"AND"连接各单词,输入的任一单词出现在任何字段均满足检索条件。如需检索出含有固定词组或短语的文献,则需将词组或短语用英文输入半角双引号进行限定。例如在检索框中输入 single cell 两个单词,默认 single 和 cell 两个单词分别出现在文献中的不同字段均符合检索条件,如需检索单细胞相关的文献,则需加上双引号,将两个单词合并为一个不可分割的词组,即 "single cell"。

此外,强制检索时,PubMed 会关闭词汇自动转换匹配功能。例如:输入检索词 single cell,PubMed 系统通过自动匹配将检索式变为("single person"[MeSH Terms]OR("single"[All Fields]AND "person"[All Fields])OR "single person"[All Fields]OR "single"[All Fields]OR "singles"[All Fields])AND("cells"[MeSH Terms]OR "cells"[All Fields]OR "cell"[All Fields]),引入大量与原来想检索单细胞相关内容不符的内容;而输入 "single cell" 时,系统关闭自动匹配,执行的检索为 "single cell"[All Fields],查询的结果更为准确。

5. 词汇自动转换匹配 词汇自动转换匹配(Automatic Term Mapping)功能是 PubMed 特有的功能。在检索词不带任何限制条件的情况下,即不加截词符或不加双引号强制检索等,PubMed 系统会自动将检索词与多种转换表或索引进行匹配,主要包括以下 4 种转换表,且匹配顺序依次进行:主题转换表(包括医学主题词 MeSH 术语)、期刊转换表、作者索引和研究者(或合著者)索引。在转换表中找到相应的术语或短语时,匹配过程完成,不会继续与下一个转换表进行匹配。在高级检索的检索历史中,通过 Details 可以查看检索词是如何转换的。

（1）主题转换表（Subject Translation Table）：包括英式和美式不同拼写，单数和复数词形、同义词和其他密切相关术语，药品商品名到通用名的转换，MeSH 主题词，MeSH 主题词的款目词（Entry Terms），副主题词，文献类型，药理作用术语（Pharmacologic Action Terms），来自统一医学语言系统（UMLS）的术语。这些术语在英文中具有相同的同义词或词汇变体，增补概念（或物质）名称及其同义词。

如果系统在该表中发现了与检索词相匹配的词，则该检索词将被作为医学主题词 MeSH（包括 MeSH 术语和在 MeSH 层次结构中的下位词），并在所有字段中进行检索。例如，在检索框中输入 child rearing，PubMed 会将此检索式转换为："child rearing"[MeSH Terms]OR（"child"[All Fields]AND "rearing"[All Fields]）OR "child rearing"[All Fields]。

如果输入的检索词也是一个药理作用术语，PubMed 会将该检索词转换为[MeSH Terms]、[Pharmacologic Action]和[All Fields]字段进行检索。

当输入的检索词为款目词（又称入口词）时，系统将转换为对应的主题词检索和相关款目词在[All Fields]字段的检索。如以 odontalgia 作为检索词时，由于 odontalgia 是 MeSH 主题词 toothache 的款目词，匹配到 MeSH 主题词后，除了相应的主题词，主题词对应的其他款目词也可纳入检索式，因此检索式被转换为："toothache"[MeSH Terms]OR "toothache"[All Fields]OR "odontalgia"[All Fields]OR "odontalgias"[All Fields]OR "toothaches"[All Fields]。

用户输入的检索词组中有单独的数字或字母时，如 Vitamin C、PD 1，系统不会进行拆分检索。例如输入 IL-22，转换匹配后的检索式不会包括 IL[All Fields]AND 22[All Fields]；再如输入 Vitamin C，系统转换匹配后的检索式也不会包括 Vitamin[All Fields]AND C[All Fields]。

（2）期刊转换表（Journals Translation Table）：包括期刊名全称、期刊名缩写和 ISSN 号，系统将自动匹配到 PubMed 中期刊名缩写形式和所有字段检索。例如，查找 endocrine pathology，系统将其转换为 "Endocr Pathol"[Journal]OR（"endocrine"[All Fields]AND "pathology"[All Fields]）OR "endocrine pathology"[All Fields]。

当期刊名称可匹配到 MeSH 主题词时，则期刊名在转换为 MeSH 主题词和所有字段检索，而不再到期刊转换表中进行匹配。如输入检索词 cell，系统优先通过主题转换表匹配 MeSH 主题词 "cells"，不再查找期刊中的匹配内容，检索式转换为 "cells"[MeSH Terms]OR "cells"[All Fields]OR "cell"[All Fields]。

（3）作者索引（Author Index）：如果在上述转换表中没有找到检索词匹配的内容，而且不是一个单一的词汇，PubMed 将在作者索引表中查找是否有匹配内容。作者索引包括作者姓名和首字母缩写，以及 2002 年以后发表的文章的作者完整姓名。

通过作者的姓名进行检索时，PubMed 自动对姓名进行截词，用于对应多个不同的姓名缩写，例如以 O' brien J 可检索到 O' brien JA、O' brien JB、O' brien JC，以及 O' brien J 等。

在对多个作者同时进行检索时，为了避免将多个不同作者的名字组合错误地匹配为一个作者全名，可使用[au]字段标记不同的作者姓名，例如需要检索姓名中含有 ryan 或 james 的作者时，可表示为 ryan[au]james[au]，代表检索式 ryan[Author]AND james[Author]。

按自然序或倒序输入一个完整的作者姓名，如 James Tom 或 Tom James，都可执行检索。如果在姓氏后加一个逗号，可更有效地区分姓和名，使检索结果更准确。例如以"James, Tom"检索，仅会检出 James 为姓、Tom 为名的作者或研究者（或合著者）的结果，转换后的表达式为"james, tom[Author]OR james, tom[Investigator]"。

[AU]字段和[FAU]字段可将作者限定为作者或作者全名，在不加限定的情况下系统会自动匹配作者索引和研究者（或合著者）索引，例如输入 James Lu，系统转换后的检索表达式为"lu, james

[Author]OR lu，james[Investigator]"。

（4）研究者（或合著者）索引（Investigator or Collaborator Index）：当检索词在主题词转换表、期刊转换表、作者索引都未找到匹配项时，并且检索词不是一个单一的词汇，PubMed则会在研究者（合著者）索引表中查找匹配项。

若以上均找不到匹配项，PubMed会将检索词分为单个单词后再进行自动词汇转换，各单词匹配转换结果以"AND"进行连接组合检索式。若仍找不到匹配项，则在全部字段中检索。

（二）检索方法

在PubMed中，常用的文献检索的方式有以下几种：基本检索、高级检索、主题词检索、期刊检索、临床问题查询、单篇文献匹配器等。

1. **基本检索**   基本检索是PubMed最常用的检索方式。在基本检索框中输入检索词，点击"Search"按钮或按回车键，PubMed则自动开始检索，并呈现检索到的相关条目。在进行基本检索时，可以在检索词后加上截词符号、字段标识符或布尔逻辑符等进行精确检索。例如，需要检索标题中含有"gene therapy"的文献（图3-12），可在"gene therapy"后加[TI]或[Title]，用于限定检索文章标题。

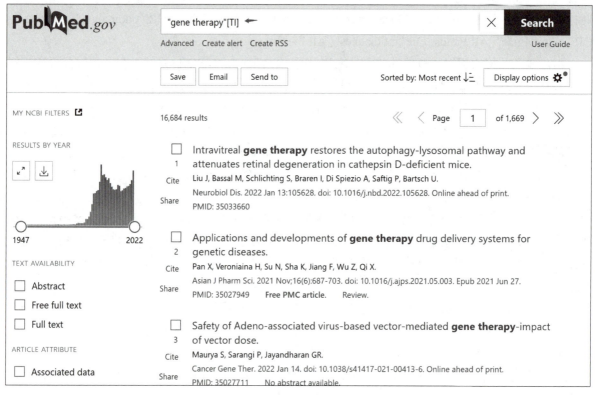

图3-12   PubMed基本检索的限定字段检索

2. **高级检索**   基本检索只适用于简单的检索需求，如果需要更准确地定位所需的文献，需要通过高级检索来完成。高级检索也是限定检索，可以限定作者、期刊、语种、文献类型等。通过点击基本检索框下方的Advanced或Advanced Search可进入高级检索界面（图3-13）。

切换到高级检索页面后，上方检索框前方可选择字段，如标题（Title）、标题或摘要（Title/Abstract）、期刊（Journal）、作者单位（Affiliation）等。检索框用于输入相应的检索词。检索框右侧可点击"ADD"添加逻辑运算符"AND""OR""NOT"。在选择不同的字段，输入检索词，并选择逻辑运算符后，下方的"编辑框"（Query box）中将自动呈现字段限定内容并进行组配。默认按照从左至右的先后顺序计算逻辑运算优先顺序，如需要改变优先顺序，则需要通过添加英文状态下的圆括号"（）"来实现。

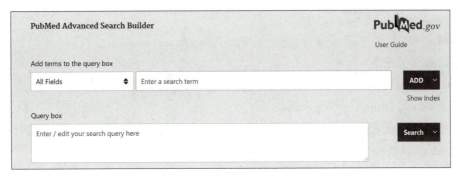

图 3-13　PubMed 高级检索界面

　　在高级检索页面下方，可查看检索历史，并可对检索历史进行重新组合形成新的检索式。检索历史（History and Search Details）从左至右显示内容为：检索序号、可操作项（Actions）、检索式扩展信息、检索式、检索结果记录数和检索时间。要查看检索历史中之前已完成检索的记录结果，直接点击检索结果记录数（Results）列的数字即可进入检索结果列表。"History and Search Details"中，可以将不同的检索式用逻辑运算符连接起来再进行检索。如：在编辑框（Query box）中输入 #1 AND #2，然后点击 Search 按钮，也可如图 3-14 所示，通过点击 Actions 列中的"…"后，第一个检索式用"Add query"加入编辑框，后续检索式选择"Add with AND""ADD with OR""ADD with NOT"与前面的检索式进行组配，再执行新的检索。

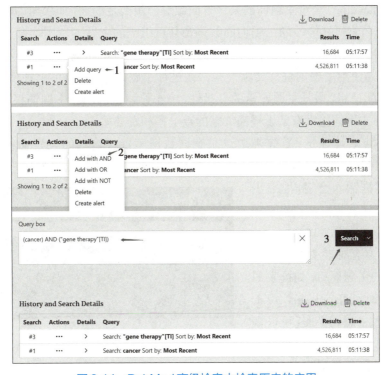

图 3-14　PubMed 高级检索中检索历史的应用

　　注意事项：PuMed 最多可保留 100 个检索式，超过 100 个时自动删除最早的检索式；检索历史有效保存时间是 8h。

　　3. 主题词检索　主题词（heading）是将文献中的自然语言进行规范化处理后，用于描述文献的重点内容的词语。主要主题词是可指代文章核心内容的主题词。PubMed 中主题词为医学主题词（Medical Subject Headings，MeSH）。

　　医学主题词共分为 16 个类别，每个类别下均有多个子类，以及逐级细分，各自形成树状结构。

16个类别如下,二级类目请见附录1。

A. Anatomy(解剖)

B. Organisms(有机体)

C. Diseases(疾病)

D. Chemicals and Drugs(化学品和药物)

E. Analytical, Diagnostic and Therapeutic Techniques and Equipment(分析、诊断及治疗技术和设备)

F. Psychiatry and Psychology(精神病学和心理学)

G. Phenomena and Processes(现象与操作)

H. Disciplines and Occupations(学科和职业)

I. Anthropology, Education, Sociology and Social Phenomena(人类学、教育学、社会学与社会现象)。

J. Technology, Industry, Agriculture(技术、工业、农业)

K. Humanities(人文科学)

L. Information Science(信息科学)

M. Named Groups(命名群体)

N. Health Care(卫生保健)

V. Publication Characteristics(出版物特征)

Z. Geographicals(地域)

副主题词(Subheading)是对主题词的某一方面做进一步限定的词,如疾病的病因、诊断、药物治疗、外科手术、相关药物研究等。副主题词的数量及其可组配的主题词范围均有严格规定。2021年MeSH词表规定使用的副主题词有76个,每个副主题词可以组配的主题词范围详见附录2。

主题词检索即为使用主题词进行文献检索。在进行主题词检索时,可单独使用主题词,也可主题词与副主题词搭配使用,增强主题检索的专指性,缩小检索范围。副主题词根据需要可以添加多个,也可以不添加。主题词检索有助于提高文献的查全率和查准率。

医学主题词的检索途径是:首先需通过主题词数据库查找输入的检索词相关的主题词。如图3-15所示,在PubMed检索框右下角点击"MeSH Database"进入主题词数据库。

在MeSH检索框输入检索词,点击"Search"按钮,即可进入与输入的检索词相关的主题词结果界面(图3-16)。

每个主题词下方有对该主题词含义的解释,点击选中的主题词后,如检索词Cancer对应的主题词为Neoplasms,点击Neoplasms链接进入主题词界面,可以查看该主题词的详细信息,包括主题词的含义说明、可勾选的副主题词列表、该主题词代表的相关输入词(Entry Terms)、主题词所在的主题树状结构等。

找到输入词相关的主题词后,根据检索目的,通过适当的组配对主题词进行进一步限定并执行检索。步骤为:①通过复选框勾选副主题词,也可不选择副主题词,代表检索主题词相关的所

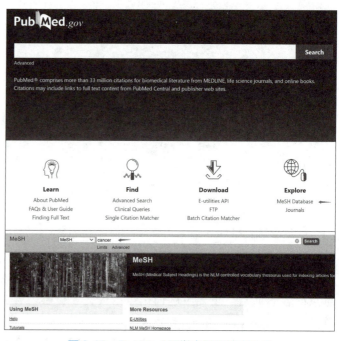

图 3-15   PubMed 医学主题词检索入口

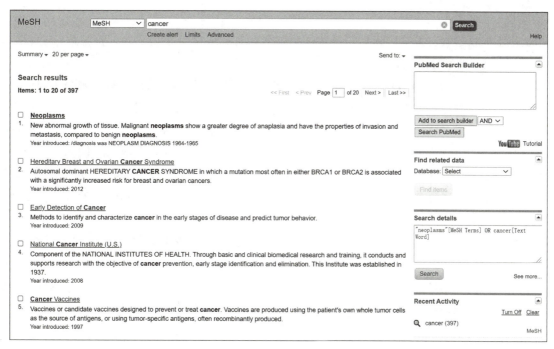

图 3-16　PubMed 医学主题词查找结果列表

有方向；②选择是否限定为主要主题词检索，即加权检索；③选择是否对主题词进行扩展检索，即是否包括该主题词的下位词；④点击 Add to search builder 将主题词和副主题词、加权检索与扩展检索的选择添加至检索框，如仍需组配其他主题词，在右侧选择逻辑运算符"AND""OR""NOT"，再查找另一个主题词，重复上述步骤，生成检索式，可根据需要在编辑框修改检索式；⑤点击 Search PubMed 执行检索。

　　例如：点击选择 Neoplasms 作为主题词（见图 3-16），在图 3-17 所示界面选择 etiology、genetics 两个副主题词，也可在副主题词下方选择是否加权检索和扩展检索，如选择加权检索，即检索 Neoplasms 为主要主题词的文献。点击右侧的 Add to search builder 将主题词和副主题词的组合添

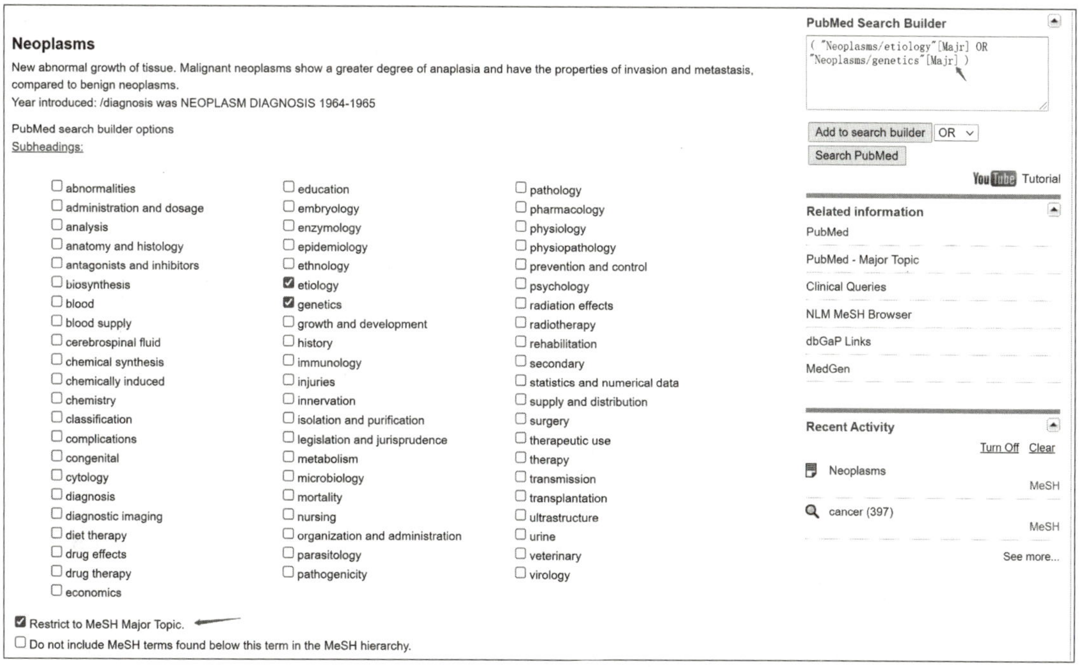

图 3-17　PubMed 医学主题词检索过程

加至检索框（选择多个副主题词后，主题词与副主题词的组合之间自动以"OR"连接），点击 Search PubMed 即可加权检索肿瘤病因或遗传学相关的文献。加权限定至主要主题词检索后，与普通主题词检索相比，检索结果更准确。

需要注意的是主题词检索也有其劣势：PubMed 数据库中只有 MEDLINE 数据源有主题词，因此主题词检索只对来源于 MEDLINE 的文献记录有效。另外，由于主题词的加工需要一个过程，新出现的名词术语及概念入选有时滞，因此可能漏检较新的重要文献。例如：由于新型冠状病毒感染疫情快速产生的大量文献，即使研究性论文很多，但疫情发生后，数据库尚未完成主题词加工过程，短时间没有新型冠状病毒感染相关的主题词，而是以补充概念主题词（Supplementary Concepts）的形式存在，后续才得以逐渐完善并加入主题词列表。在这种情况下，为减少漏检，可使用补充概念主题词，或结合非主题词检索的方法，完善检索结果。

如果还需要加入其他检索条件，可以利用历史检索模块，进行逻辑组配再检索，或直接组配其他检索词。

4. 期刊检索 以查找癌症相关期刊为例（图 3-18），获取其中一份期刊的创刊年、出版商、该期刊发表的所有文献等信息，在期刊检索框属于癌症相关检索词"cancer"，得到癌症相关的期刊共 756 种：

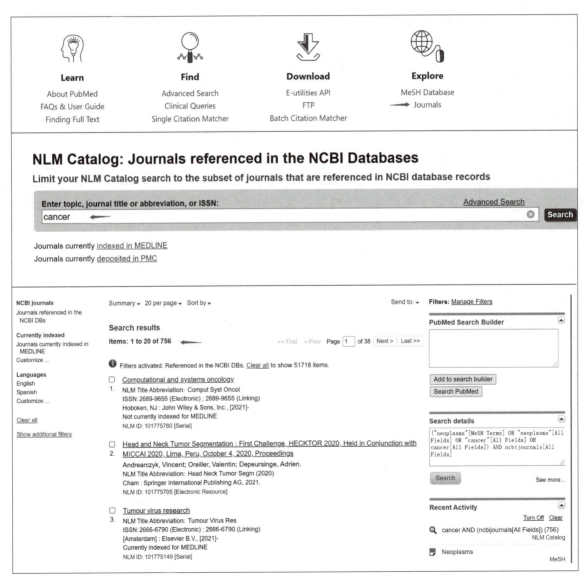

图 3-18 PubMed 期刊检索界面

选择一种期刊，可查看其创刊年、ISSN、发表周期、语种等详细信息。也可将期刊添加至检索框，检索在该期刊发表的文献，如图3-19所示。

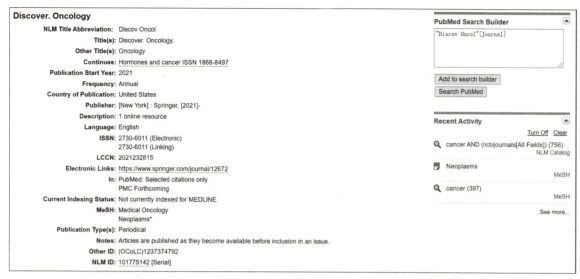

图 3-19 PubMed 以期刊检索文献

5. 临床问题查询　临床问题查询（Clinical Queries）是 PubMed 用于查找与临床密切相关的文献信息的检索入口。PubMed 通过临床问题查询可对检索结果进行分类筛选，分为治疗（Therapy）、诊断（Diagnosis）、病因（Etiology）、预后（Prognosis）和临床预测指南（Clinical Prediction Guides）5 个方面，且只能在这 5 个方面进行选择检索。通过点击 PubMed 首页下方的"Clinical Queries"可进入临床问题查询界面。此外，还设有两个 Scope 可选：broad 和 narrow。选择 broad 将获得较高灵敏度的检索结果，数量相对多而全，选择 narrow 将获得专指性更强的检索结果，数量相对少而精确度高。

6. 单篇文献匹配器　在已知单篇文献基本特征信息，需查找指定文献的情况下，可使用单篇文献匹配器（Single Citation Matcher）检索该文献。

例如：查找 Matthew H Porteus 2016 年在 *Nature* 杂志发表的一篇论文，则可在相应输入框输入已知信息，点击"search"，即可检索到相关的那篇文献。

三、检索结果处理与个性化服务

（一）检索结果处理

1. 检索结果显示　检索结果默认以最佳匹配（best match）顺序和摘要（summary）格式排列，每页显示记录数默认值为 10。可通过 DISPLAY OPTIONS 功能键下拉菜单修改显示格式、排列顺序和每页显示记录数。显示格式可选项为 Summary、Abstract、PubMed 和 PMID，其中 Abstract 格式下可显示全文链接；排列顺序可选项为 Best match、Most Recent、Publication date、First author 和 Journal，每页显示记录数可选项为 10、20、50、100 和 200 条。

2. 全文下载　PubMed 记录包含引文信息（如标题、作者、期刊、发表日期）和已发表的文章和书籍摘要。PubMed 平台不包含期刊论文全文，但在可用的情况下，PubMed 可通过出版商网站或 PMC 数据库全文链接下载全文。全文期刊网站可能需要收费或订阅，但电子期刊有时会提供免费访问入口，也可能通过所在的医学图书馆购买后提供给用户。

获得文献全文的方式有：①在筛选边栏上，点击 Free full text 将检索结果限定为可免费获取的资源，包括 PubMed Central、Bookshelf 和出版商网站。也可在检索时，在检索式中加入 free full text[Filter]。②当全文被收录于 PubMed Central（PMC）时，引文摘要处会显示"Free in PMC"图标，点击图标可查看 PMC 中的全文。③期刊出版社或相关组织可为特定注册用户免费提供全文获取途径，也可以缴费后提供全文。当由出版商或其他组织提供时，在引文摘要视图下的 Full Text Links 和 / 或 LinkOut 通过链接跳转到全文获取页面。④隶属于医院、大学或其他机构的人员，可通过文摘视图上的图书馆的图标链接至全文，或通过馆际互借获取全文。

3. **结果保存与输出**　需要保存结果用于分析或阅读时，可点击检索结果页面（图 3-12）的"Save"按钮保存检索结果。PubMed 系统允许一次最多保存 10 000 条记录。导出保存结果时，需注意从 Selection 选择导出的范围，从 Format 改变导出的格式。如需导出检索到的所有结果至 EndNote 文献管理软件，需选择"All results"和 PubMed 格式。也可通过点击 Send to 按钮，选择"Citation manager"将结果以文献管理软件可识别的数据集的形式保存，再用 EndNote 等文献管理软件直接打开。

4. **查全率和查准率判断与调整**　在进行文献检索前，需要明确文献检索的目的：是希望查出来的文献更全，尽量无遗漏；还是希望查出来的文献更准确，相关性更强。以上两个方面涉及文献的查全率和查准率问题。一般在查全率较高的情况下，查准率会有些损失，反之亦然，查全率与查准率的详细介绍详见第八章第一节中的"检索策略的优化"。

（1）提高文献查全率的方法：发现检索词的各种不同表达形式。如检索精准医学相关的论文，在精准医学的概念出现之前，它是以个体化医学的概念进行表述的。如果仅用"precision medicine"表述，有可能会遗漏"personal medicine"相关的文献。此外，需熟悉同一概念的不同表达形式，如胃癌的英语表达有"gastric cancer""stomach cancer"等，如果仅用其中一种表述方式，也会造成遗漏。一般情况下，PubMed 中的医学主题词（MeSH）对重要医学概念的不同表达形式已经进行了规范化处理，在有 MeSH 的情况下，可结合主题词检索，帮助增加检索的查全率，标注有 MeSH 的文献，准确性也相对较高。

通过添加截词符"*"，也可将不同词尾的相关检索词均纳入检索式，提高查全率。由于一个数据库的收录期刊与其他数据库存在大量重复的同时，也存在一些差异，因此还可以检索不同的数据库来获得更多的文献，提高查全率。此外还可减少修饰或限定词的组配，如用"back pain"替代"low back pain"。

（2）提高文献查准率的方法：查全率高代表检索结果多而全，尽量不遗漏；查准率高则代表检索结果与检索目的相关性高，数量较少而准确性高，不相关文献少。提高文献查准率的方法有：增加字段组配，如通过[TI]、[AU]限定标题检索或作者检索等；使用双引号进行强制检索；不使用截词符或在使用截词符时增加保留的词干；使用主题词检索时，在主题词中添加限定具体方向的副主题词来缩小检索范围等；增加限定修饰词，如用"low back pain"替代"back pain"，等等。

5. **结果筛选与精炼**　完成检索式的编写及执行检索后，即进入检索结果页面（见图 3-12）。在页面的左侧有可供筛选结果的过滤器（FILTERS），如结果年份选择（RESULTS BY YEAR）、全文可获取性（TEXT AVAILABILITY）、文献类型（ARTICLE TYPE）、出版日期（PUBLICATION DATE）等限定条件。也可根据需要通过点击 Additional Filters 获取更多的限定条件，包括文献类型（ARTICLE TYPE）、种群（SPECIES）、语种（LANGUAGE）、性别（SEX）、期刊（JOURNAL）和年龄（AGE）。

除了在检索页面可直接选择的过滤器之外，PubMed 也可自定义过滤器。在自定义之前，需先注册一个 NCBI 账号，也可通过其他账号登录 My NCBI 界面。注册和登录后，从 Dashboard 进入 My NCBI 界面（图 3-20）。在 My NCBI 中点击 Filters 模块下的 Manage Filters 即可进入管理过滤器界面。

在管理过滤器界面（图 3-21）中，左侧可通过 Create custom filter 建立自定义过滤器，如建立可在检索结果中筛选出 *Nature*、*Cell*、*Science* 三个著名综合类期刊的文献的过滤器，需在 Query terms 中输入 Science[Journal] OR Nature[Journal] OR Cell[Journal]；点击 Test This Query 验证该检索式是否成立，即是否表达正确和可检索出结果；再点击 Save filter as 后面的方框，则出现推荐的自定义过滤器名称，也可自行修改；点击 Save Filter 则保存了自定义的过滤器。保存后必须勾选过滤器名称之前的可选框，将该过滤器激活，自此，在 PubMed 检索结果界面就出现了自己设定的自定义过滤器。

图 3-20 PubMed 管理过滤器界面入口

图 3-21 PubMed 自定义过滤器设置界面

　　此外,在管理过滤器界面的右侧可添加或减少 PubMed 已设立的过滤器。特别是通过 LinkOut,可建立 PubMed 与外部数据库的关联链接过滤器,外部关联数据库分为化学信息(Chemical Information)、图书馆(Libraries)、文献(Literature)、医学资源(Medical Resources)、分子生物学数据库(Molecular Biology Databases)、研究材料(Research Materials),以及其他链接(Miscellaneous)。

　　如 PubMed 与 Faculty Opinions 数据库(一个基于 PubMed 收录的文章,由基础研究学者与临床专家对生物医学论文进行分类及评估,可反映生物学与医学领域中重要的论文及动向的数据库)建有链接关联,但在检索结果界面没有该链接显示,在图 3-22 所示界面可通过检索框检索到该外部数据库后,勾选数据库名称前 Filter 和 Link Icon 可选框激活过滤器,使该过滤器呈现在检索结果界面(图 3-23)。

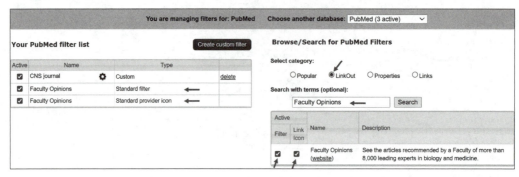

图 3-22　PubMed 外部链接过滤器设置界面

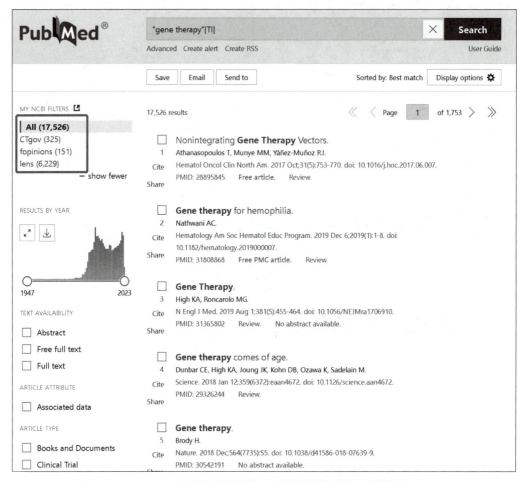

图 3-23　PubMed 设定自定义过滤器和外部链接过滤器后结果显示界面

（二）个性化服务

PubMed 除了提供文献检索功能外，还可通过邮箱推送持续追踪同样检索式的文献，比如以检索式 "gene therapy"[TI] 完成文献检索后，可通过创建引文跟踪（Create alert），将相同检索式条件下的最新文章自动发送至个人邮箱，供阅读参考，可设定发送的频率、制定周期、格式、条数（图 3-24）。此功能需登录 NCBI 账号后使用。

PubMed 中还提供了创建订阅源（RSS Feed）的功能。运行搜索后，点击检索框下方的"Create RSS"，搜索的检索式将显示在 RSS Feed 的名称框中，可以编辑源名称并更改要显示的项目数。点击下方的"Create RSS"蓝色按键可创建 RSS 链接，将这个链接复制到 RSS 阅读器中，则可在 RSS 阅读器中收到更新的文献（图 3-25）。使用 RSS 阅读器并不需要注册 PubMed 账号，但是需要下载 RSS 阅读器。

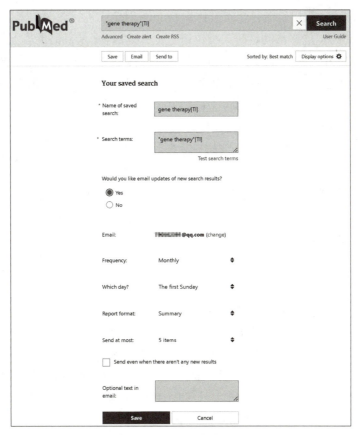

图 3-24 PubMed 创建邮件推送界面

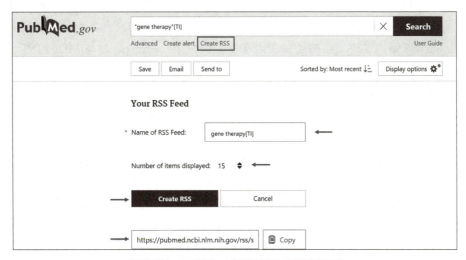

图 3-25 PubMed 创建 RSS 订阅源界面

第三节 Embase

一、简介

(一) 概况

Embase（Excerpata Medica Database）是 Elsevier（爱思唯尔）公司旗下的生物医学文献数据库，包

含全面的期刊和会议报道,采用生命科学索引体系 Emtree 对全文进行深度的索引与概念关联,利用多元化与模块化的搜索引擎,能够帮助科研人员快速定位关键内容,是目前世界上常用的生物医学文献数据库之一。截至 2021 年 4 月,Embase 收录的期刊数量已超过 8 100 种,包括 2 900 余种独有期刊,并完全覆盖 MEDLINE 中的所有内容;期刊来源中 51% 为欧洲国家、31% 为北美国家、11% 为亚洲国家;涵盖自 2009 年至今的超 11 500 场会议资料;包括超过 4 000 万条记录,其中会议论文超过 400 万篇。

Embase 专注于生物医学与健康领域的内容,包含的主要学科有:药理学、毒理学、临床医学、遗传学、生物化学与分子生物学、神经病学、行为医学、微生物与传染病学、心脏病学、血液病学、精神病学、肿瘤学、卫生政策与管理、免疫学、儿科学、内分泌学、妇产科学、生物医学工程与器械、麻醉与重症监护学、肠胃病学、呼吸病学、肾脏病学、泌尿学、皮肤病学等。Embase 突出药物文献和药物信息,具体体现在:①收录药物文献多:数据库中 40% 以上记录与药物有关;②药物副主题词多:药物副主题词占副主题词总数的大半;③提供药物信息的字段多:有药物叙词字段(DRM 和 DRR)、药物分类名字段(EL)、药物制造商名字段(MN)、化学物质登记号字段(RN)、药物商品名字段(TN)。

(二)标引

Embase 生命科学索引体系和搜索引擎强大,具有内容广泛、深度索引、精准搜寻等特点。Embase 采用 Emtree 词表进行全文深度索引,将疾病、药物和不良反应进行有机的结合,精确地描述了三者之间的关系,利于结果的判断。Emtree 是对生物医学文献进行主题分析、标引和检索时使用的权威性词表。Emtree 使用自然语言术语取词,包括超过 86 000 个推荐词条、超过 410 000 个同义词汇,便于检索;包含所有的 MeSH 主题词;包括超过 31 000 个药物和化合物首选词汇(FDA、EMA 和 WHO)、超过 3 000 个设备和医疗设备专属词汇(如 endoscopes、catheters、prostheses),以及数千个医疗过程相关词汇(如 endoscopy、catheterization);每年 3 次更新最新的药物、疾病、生物体以及医疗过程的索引,包括所有的 FDA 以及 EMA 记录的药物名称和 WHO 从 2000 年起记录的所有国际非专利名称(INNS)。

Embase 将全部主题词称为优先词(preferred terms),将它们按词义和学科属性在主类目、次级类目下,从高级到低级,编排成树状结构的分类表和受控词汇表。Embase 对与 MDELINE 重复的 2 000 多种期刊也进行了 Emtree 索引。

1. Emtree 的取词规则

(1)自然词语序:如"恶性高血压"用"malignant hypertension",而不用 MeSH 中的倒置形式 "hypertension,malignant"。

(2)单数名词形式:如"胃肿瘤"用"stomach tumor",而不用"stomach neoplasms"。

(3)用美式拼法而不用英式拼法:如"胎儿"用"fetus",而不用"foetus"。

(4)少用缩写:如"核磁共振"用"nuclear magnetic resonance",而不用"NMR"。

(5)希腊字母用罗马字母拼写:如"肾上腺素能 α 受体"用"alpha adrenergic receptor",而不用"α adrenergic receptor"。

(6)无连字符、省略号、逗号(化学物质除外):如"帕金森综合征"用"Parkinson syndrome";二甲苯异丙胺用"4-ethyl-2,5-dimethoxyamphetamine"。

2. 主题词和副主题词　Embase 的副主题词也称为连接词,Embase 的主题词与副主题词的组配,形成专指的检索标引词。疾病副主题词用于疾病主题词的限定,药物副主题词用于药物主题词的限定,二者不可混用。组织器官、生物体、分析/诊断/治疗技术、设备等方面的主题词无相应的副主题词。

3. 药物索引　Emtree 药物索引包括根据世界卫生组织国际命名标准而确定的药物及化学物质首选名称。其中,药物一般名称包括实验室代码、商品名称、各种拼写方式、外来名称、化学复合物名称及 MeSH 主题词。

这些首选药物和化学物质名称包括在 Embase 中的 DRM 和 DRR 字段,商品名称在 TN 字段。用户可以通过相应的字段检索药物索引中药物和化学物质的首选词。

4．Emtree 的作用　查找扩展词，防止漏检，在 Emtree 里，每个主题词都有其同义词和近义词列表或索引。非主题词等会通过同义词或近义词等索引指引匹配到对应的主题词。浏览扩展词的下位词：在 Emtree 里，每个优选术语都有其上位词或下位词。

二、数据库检索

（一）检索规则

1．**逻辑运算符**　系统使用"NOT""AND"和"OR"作为布尔逻辑运算符。

2．**词组检索**　使用自然语言检索，可用单词或词组进行检索，检索词组时需加单（双）引号。词序无关，且检索不分大小写。如 'heart infarction' 为词组检索，而 heart infarction 按 heart AND infarction 进行检索。

3．**截词检索**　Embase 的截词符有两种：* 和 ?。* 代表零或多个字符，? 代表 1 个字符，如 sul*ur 可检出 sulfur、sulphur；sulf?nyl 可检出 sulfonyl、sulfinyl。

4．**位置检索**　*n 表示两个检索词之间可间隔 n 个词。如 'acetylation *5 histones' 可检出 '…acetylation of various kinds of Xenopus histones…' 等。

（二）检索方法

Embase 提供多个检索途径，包括关键词检索、主题词检索、期刊检索等。不同的检索途径提供多种检索方法。

1．**关键词检索（Search）**　提供快速检索、高级检索、药物检索、疾病检索、器械检索、文章检索、作者检索等。

（1）快速检索（Quick Search）：快速检索是 Embase 默认检索方式（图 3-26），可以输入任意的单词、词组（需加单引号）或检索表达式，支持截词和布尔逻辑运算，系统默认执行扩展检索，即可获得查全率高的检索结果。此外通过精确选定检索词，结合布尔逻辑运算符、截词符和邻近符控制检索词之间的相关性，同时根据限制选项限制检索结果，还可以限制检索到的文献记录的出版时间。另外还可按相关性或出版年对检索结果排序。每次检索系统会给出一个序号，检索式序号之间可运用逻辑运算符组配检索（如：#1 and #2），检索式序号也可与检索词直接组配检索（如：#1 not Japan）。

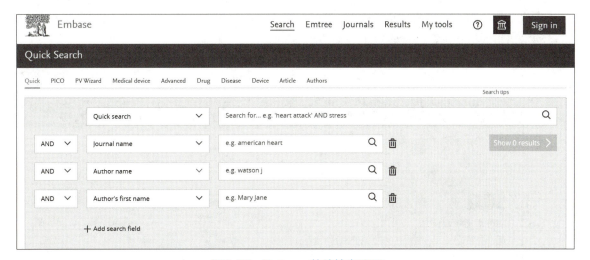

图 3-26　Embase 快速检索界面

（2）高级检索（Advance Search）：高级检索可设置检索条件，通过 Embase 的分类进行检索范围的限定。通过主页"Advanced"进入高级检索界面（图 3-27）。高级检索默认提供对检索词的 5 个限定检索：①术语对照检索（Map to preferred term in Emtree）：输入检索词后，系统会自动转换该词为主题词进行检索；②自由词检索（Search also as free text in all fields）；③可扩展下位词及派生词检索（Explode using narrower Emtree terms）：可通过选择该限定，对输入检索对应的主题词的下位词及派生词进行扩展检索，提高查全率；④拓展检索（Search as broadly as possible）：该项限定用来提高查全率；⑤主题词加权检索（Limit to terms indexed in article as 'major focus'）：该项限定用来提高查准率。

图 3-27　Embase 高级检索界面

此外，高级检索还另外提供多项限定检索，包括出版时间（Date）、记录来源（Sources）、字段（Fields）、快速限定（Quick limits）、循证医学（Evidence Based Medicine，EBM）、出版类型（Publication types）、语种（Languages）、性别（Gender）、年龄（Age）和动物研究类型（Animal study types），可根据具体检索需求，点击"+"，逐级展开，选择具体限定内容。

（3）药物检索（Drug Search）：与其他数据库相比，药物检索是 Embase 的特色检索。药物检索的检索字段为药物名称（商品名与通用名）。Embase 提供如药物不良反应、临床试用、药物分析等药物专题检索，及包括口服、肌内注射、静脉注射等给药途径的检索。限制选项包括出版日期、是否为英文文献、是否带有文献、是否选自主要期刊等。

点击图 3-28 的"Drug"进入药物检索界面，在检索词输入框内输入药物名称，可以是单个药物、一组药物或者化合物，点击"Search"或回车即可。系统对输入的药物名称进行术语匹配的同时，默认使用自动术语扩展检索。药物检索提供与高级检索类似的限定检索。

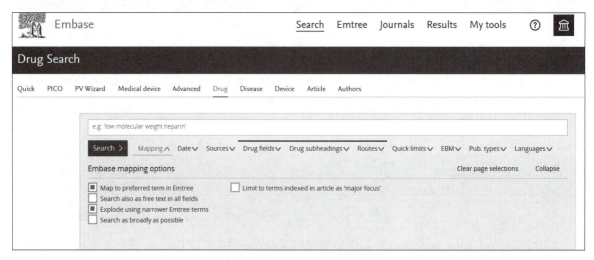

图 3-28　Embase 药物检索界面

　　药物检索还提供其他限定检索，其中包括66个药物副主题词（Drug Subheadings）来增强索引的深度，提高查准率。药物副主题词是对药物某些方面做进一步限定，检索时可以选择多个副主题词，并使用布尔逻辑运算符"AND"或"OR"连接选中的副主题词。

　　（4）疾病检索（Disease Search）：疾病检索可通过输入疾病名称或与疾病相关的检索词进行检索，如并发症、耐药性、流行病学、放射疗法、（疾病）恢复、（疾病）副作用、外科手术、（疾病）治疗等，用以更精确地检索疾病的相关信息，提高查准率。可以选择多个副主题词，也支持使用布尔逻辑运算符"AND"或"OR"连接选中的疾病副主题词。

　　点击"Disease"进入疾病检索界面，在检索词输入框内输入疾病名称，点击"Search"或回车即可。系统提供与高级检索类似的限定检索。

　　（5）器械检索（Device Search）：器械检索的检索字段为器械名称。Embase提供如器械不良反应、器械对比、器械经济学、临床试验等的器械副主题词检索。

　　（6）文章检索（Article Search）：文章检索利用已知文献的一些信息，如作者姓名、期刊名称等，来迅速查找该篇文献。可供检索的字段有作者、期刊名称、期刊缩写、ISSN号、CODEN号码、期刊卷、期号及文章首页数。同时提供时间范围限定检索。

　　（7）作者检索（Authors Search）：点击"Authors"进入作者检索界面，可根据作者的姓名查找相应记录。姓前名后，姓为全称，名为缩写，姓与名之间加一个空格，如Badry K。当作者姓名较长或不确定时，可检索前半部分主要词根，以获得更多的检索结果。

　　2. **主题词检索（Emtree）** Emtree是Embase标引和检索所收录的文献信息的重要工具，包括8.6万多条主题词，同时整合了PubMed中所有的MeSH主题词。Emtree主题词检索是Embase常用的检索途径，主要提供3种检索功能（图3-29）。

图3-29　Emtree检索界面

　　（1）构建检索式（Query Builder）：主题词或者主题词/副主题词组合检索，按照Embase检索规则构建检索式，可点击Search直接显示检索结果；也可根据检索需求，将构建好的检索式填入检索框后，点击Take to Advanced Search，检索式跳转到高级检索后显示检索结果。此外通过精确选定检索词，结合布尔逻辑运算符、截词符和邻近符控制检索词之间的相关性，同时根据限制选项限制检索结果，还可以限制检索到的文献记录的出版时间。另外还可按相关性或出版年对检索结果排序。每次检索系统会给出一个序号，检索式序号之间可运用逻辑运算符组配检索（如：#1 and #2），检索式序号也可与检索词直接组配检索（如：#1 not Japan）。

（2）查找术语（Find Term）：显示有关被检索术语的记录，将检索术语与其他查询词通过逻辑运算符进行组配检索；显示有关该术语本身在树状结构中的位置及其同义词。如输入 hypertension，点击 Find Term，系统则按字顺显示包含 hypertension 的款目和主题词，其中黑色字体的词为款目词，蓝色字体带有超链接的为主题词，点击任一主题词可打开新的页面，显示该主题词的 Emtree 树状结构和具体注释。

（3）浏览术语（Browse by Facet）：点击"Browse by Facet"选项后（图 3-30），显示出 Emtree 14 个大类和相应文献记录条数，再点击任意所需浏览的术语，将进一步显示该术语的下位类，可层层点击浏览。有两种查看该术语检索结果的方式：一种是选定术语后，可直接点击该术语进行扩检或专指检索，也可将该数据发送到高级检索中进一步修饰和限定，显示结果；另一种是点击该术语后的相应文献记录条数，直接显示检索结果。

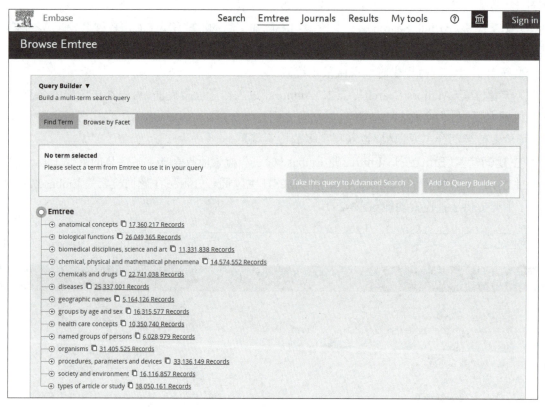

图 3-30　主题词检索浏览术语界面

3. **期刊检索（Journals）**　期刊浏览提供期刊浏览查找功能，包括 Embase 收录的期刊，不含 MEDLINE 单独收录的期刊。点击页面上方的"Journals"进入期刊浏览界面，利用出版物名称字母 A～Z 字顺首先查找到对应期刊，然后点击"about"，出现该期刊概况后，点击"View Volumes"打开该期刊卷期浏览界面，查找浏览具体卷期的文献信息来浏览文献。

三、检索结果处理与个性化服务

在检索结果界面（图 3-31），上端为检索历史界面，显示已进行检索的检索策略和结果。检索式按照时间顺序从上到下依次显示，可对检索式进行保存、删除、打印、导出和发送邮件。若要编辑检索式，点击检索式后"Edit"即可，此外还可以发送检索式到邮箱并进行检索式 RSS 跟踪操作。也可以对多个检索式进行组配，选择预组配的检索式，选择逻辑运算符，点击"Combine"即可。在检索结果界面，下端为检索记录结果显示区域。

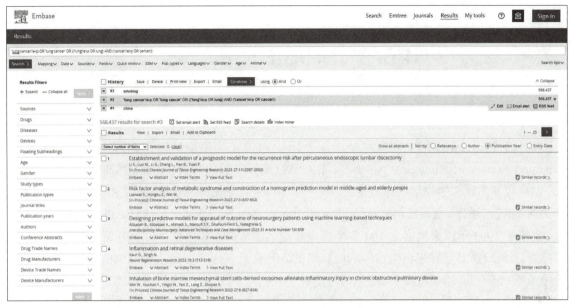

图 3-31　Embase 检索结果界面

（一）检索结果处理

1. **检索结果显示**　显示区域分为两栏，左侧为过滤器栏（Results Filters），可对检索结果进一步地分析和提炼，包括多个过滤器：来源（Sources）、药物（Drugs）、疾病（Diseases）、器械（Devices）、游离副主题词（Floating Subheadings）、年龄（Age）、性别（Gender）、研究类型（Study types）、出版类型（Publication types）、期刊名称（Journal titles）、出版年代（Publication years）、作者（Authors）等。右侧为显示检索结果记录区。

（1）结果显示区排序：默认按文献出版年代排序，也可选择按相关性、作者和入库时间排序。

（2）显示格式：在检索结果界面，默认显示格式为题录格式，提供文献的篇名、作者、期刊名称、出版年代、卷期页码、来源数据库等内容。点击每条文献下"Abstract"可显示该篇文献的摘要内容，点击"Index Terms"可查看该篇文献主要标引词，点击"View Full Text"可查看该文献的全文链接情况，也可直接点击文献篇名查看该文献的全记录格式，显示全部字段信息，并提供相关文献链接。

2. **检索结果的导出、保存与共享**　导出前应先对检索结果进行选择，即点击检索结果标题左侧的复选框进行标记或者通过 Selected 功能直接选中记录条数，最大可选择 60 000 条记录。

（1）点击"Print"按钮，选择打印格式（同显示格式），点击"Click to Print"按钮即可。

（2）点击"Export"按钮，选择导出相应的文献管理软件支持的格式，如 RIS format（Mendeley、EndNote）、RefWorks Direct Export、CSV-Fields by Row、CSV-Fields by Column、Plain Text、XML、MS Word 等，还需要选中记录输出的格式，包括题名格式（Titles only）、引文格式（Citations only）、引文和摘要格式（Citations and abstracts）、引文摘要和标引词格式（Citations，abstracts and index terms）、全记录格式（Full record）、指定字段（Specify fields to be exported）这 6 种，点击"Export"按钮即可。

（3）点击"Email"按钮，输入 E-mail 地址，选择输出 E-mail 格式（HTML 或 Text）和内容格式（同显示格式），点击"Send"按钮即可。

（4）点击"Add to Clipboard"将选中的检索结果存放到剪贴板中。

（二）个性化服务

用户注册后可以使用个性化服务。主要包括：保存检索历史和剪贴板的记录，对保存过的内容进行编辑加工；使用信息推送服务，通过设置电子邮件提示，获取历史检索的最新检索结果；也可以通过使用 Embase 提供的 RSS feed 服务，来跟踪了解定制课题的最新进展。

第四节 BIOSIS Previews

一、简介

BIOSIS Previews（BP）数据库是由原美国生物学文摘生命科学信息服务社（Biosciences Information Service of Biological Abstracts，BIOSIS）编辑出版的文摘、索引型数据库，是世界上规模较大、影响较深的著名生物学信息检索工具之一。由《生物学文摘》（*Biological Abstracts*，BA）和《生物学文摘/报告、述评、会议资料》（*Biological Abstracts/Report, Reviews and Meetings*，BA/RRM）组合而成，收集了 1969 年以来世界上 100 多个国家和地区的 6 000 多种生命科学方面的期刊和 1 650 多个国际会议、综述、书籍和来自美国专利商标局的专利信息。内容涉及生命科学的所有领域，主要包括传统领域（分子生物学、植物学、生态与环境科学、医学、药理学、兽医学、动物学）、跨学科领域（农业、生物化学、生物医学、生物技术、实验临床兽医药学、遗传学、营养学、公共卫生学）和相关领域（仪器、试验方法等）。数据每周更新，最早回溯至 1926 年。

BP 作为专业的生物学文献数据库，标注了很多特色字段，主要包括：

1. **主要概念（major concepts）** 是涉及生命和生物科学领域的相关词汇。

2. **概念代码（concept code）** 用一个 5 位数字的代码反映文献的学科主题，相当于主要概念之下的次级概念。

3. **分类数据（taxonomic data）** BP 采用自然分类系统反映每种生物体的生物分类信息。在自然分类系统中，最上位的类目分为微生物界、植物界、古生物界及动物界等 4 个大类，大类之下再分为门、纲、目、科等，均采用拉丁学名。分类数据包括：①SUPER TAXA：生物分类中较高级别的生物分类拉丁学名，一般按照从低级分类到高级分类显示；②分类注释（taxa notes）：上位生物分类的别名；③生物体分类［生物物种分类代码］（organism classifier）：上位生物分类之下更具体的生物分类拉丁学名及相应的生物物种分类代码；④生物体名称（organism name）；⑤不同形式（variant）：生物物种名称的不同形式、其他常见名称或物种名称；⑥详细信息（details）：生物体的其他更为详细的信息，如生物的性别、发育阶段和作用。

4. **疾病数据（disease data）** 文献涉及的疾病信息，用 MeSH 主题词的标引，包括疾病名词、MeSH 主题词、疾病类型（disease affiliation，疾病上位词）、疾病详细信息（一般为副主题词）。

5. **化学数据（chemical data）** 文献涉及的化学和生物物质（包括药物）信息，一篇文章最多标引 20 种化学和生物物质，包括化学名称、化学名称的不同形式、化学物质 CAS 登记号（CAS registry No.）、药品限定词（drug modifier，用于定义文献中涉及的化学物质的治疗作用，一般是比较宽泛的概念）、酶学委员会（化学物质的酶学委员会编号）、化学详细信息等。

6. **基因名称数据（gene name data）** 文献涉及的基因信息，包括基因名称、不同形式、详细信息等。

用户可通过不同的检索平台检索 BP，现以 Web of Science 检索平台为例进行介绍。

二、数据库检索

（一）检索规则

1. **不区分大小写** 检索词的英文字母可使用大写、小写或混合大小写进行检索，如 AIDS、Aids 及 aids 检索结果相同。

2．逻辑运算 布尔逻辑检索运算符（"AND""OR""NOT"）不区分大小写，在"出版物标题"或"来源出版物"字段中不能使用"AND"。

3．位置限定运算 "NEAR/x"，表示由该运算符连接的检索词之间相隔指定数量的单词的记录，该规则也适用于单词处于不同字段的情况，但在"出版年"字段中不能使用。系统的另一个位置运算符是"SAME"，用"SAME"运算符，要求两个检索词必须出现在同一个句子里，但在句子中的顺序是任意的，主要用于地址字段检索中。

4．截词检索 所有可使用单词和短语的检索字段均可使用截词符，截词符可以出现在单词的词头、词尾或中间。星号"*"表示 0 到多个字符，例如输入 *oxide，系统可以检出 dioxide、oxide、monoxide、peroxide 等；问号"?"表示任意一个字符；"$"表示零或任意一个字符，对于查找同一单词的英式拼写和美式拼写非常有用。使用截词检索的时候需要注意：单词开头处的截词符后必须至少有一个字符，其中主题字段或标题字段的检索需要至少 3 个字符，作者字段检索需要至少 2 个字符；单词尾部使用的截词符，前面必须至少有一个字符，其中主题字段、标题字段检索需要至少 3 个字符。

5．短语检索 加半角引号可进行精确短语检索，输入以半角连字号、句号或逗号分隔的两个单词，词语也将视为精确短语。两种方法的不同之处在于，使用引号将关闭词形归并功能（lemmatization，自动查找与输入检索词相同词根的词或单复数形式，并以"OR"组配），而后者不关闭，所以用连字号、句号或逗号进行的精确短语检索，检索结果可能会多于使用引号的精确短语检索。

6．优先顺序 运算符的运算优先顺序是（）> NEAR/x >SAME > NOT> AND >OR，可利用圆括号来提高运算优先级。

（二）检索方法

进入 Web of Science 平台，选择进入 BP 数据库检索界面（图 3-32）。

图 3-32 BIOSIS Previews 检索界面

1．基本检索 进入 BP 数据库即可进入基本检索界面（见图 3-32），在该界面可进行单一检索，也可进行组合检索。检索步骤：①输入检索词或检索式；②选择检索字段：点击展开下拉列表，选择检索字段名；③点击展开下拉列表，选择逻辑运算符；④限制检索时段；⑤点击"检索"进行检索。

2．高级检索 点击图 3-32 界面的"高级检索"进入高级检索界面（图 3-33）。高级检索提供更灵活的组合查询条件,使文献的检索定位更加准确。检索步骤:①在检索框直接输入由逻辑运算符、检索字段简称和检索词构成的检索表达式;②限制检索时段、检索字段等;③点击"检索"进行检索。

图 3-33 BIOSIS Previews 高级检索界面

3. 检索的辅助索引 在基本检索和高级检索页面都提供了作者索引、团体著者索引、出版物名称索引、分类数据索引、主要概念索引和概念代码索引等检索字段,以作为检索辅助工具。

使用方法:①在检索和高级检索页面点击进入检索辅助工具;②点击字母列表浏览检索词或者直接输入检索词的词干、词组和检索式;③点击将该检索词加入检索中,同时该词还会显示在屏幕下方的栏目中;④点击返回到检索界面。

4. 二次检索 通过检索、高级检索及检索的辅助索引,在这些检索结果上还可以继续进行二次检索。在检索结果界面(图 3-34)左侧菜单栏"精炼检索结果"下面的输入框中输入检索词,点击"精炼"完成检索。

图 3-34 BIOSIS Previews 检索结果界面

三、检索结果处理与个性化服务

（一）检索结果处理

1. **精炼检索结果**　在检索结果界面（图 3-34）首先设置主要概念（Subject Concept）、文献类型（Document Types）、作者（Author）、团体作者（Group Authors）、编者（Editors）、来源出版物（Source Titles）、研究方向（Research Areas）、出版年（Publication Years）、专利权人（Assignees）、概念代码（Concept Codes）、生物学分类（Super Taxa）、语种（Languages）、文献类型（Literature Types）和国家 / 地区（Countries/Territories）等的下级复选框，然后点击即可实现对检索结果进行精简，达到缩小检索范围的目的。

2. **分析检索结果**　在检索结果界面点击"分析检索结果"查看系统对检索结果的分析，可以发现某研究领域的发展趋势，把握学科领域的最新动态，了解某特定课题在不同学科的分布情况和获取某学科领域的核心研究人员的信息。

3. **检索结果排序**　通过"排序方式"旁下拉列表中选择排序方式，可限定检出文献按出版日期（降序、升序）、入库日期（降序、升序）、相关性、第一著者（降序、升序）、来源出版物（降序、升序）、会议标题（降序、升序）等方式排序。

4. **检索结果的显示**

（1）简要记录显示：每页以题录格式（包括著者、题名、出处）显示 10 条记录。可对需要的文献做标记，也可标记全部检出文献。点击按钮可查看摘要。

（2）全记录显示：点击文献题名，可浏览该文献全记录（包括摘要等所有字段），并可标记文献或清除标记。若订购了 Web of Science，就可以直接连接到这篇记录的参考文献、施引文献和相关记录。

5. **检索结果的导出**

（1）选择需要输出的记录：①选择当前页面上的记录（使用复选框选择记录）；②选择当前页面上的所有记录；③选择一定范围内的记录。

（2）选择需要导出的记录内容：提供 3 种记录内容格式。第一种：包括作者，标题、来源出版物；第二种：包括作者，标题、来源出版物和摘要；第三种：完整记录。

用户可将检索结果中的文献添加至标记结果列表，方便以后的查阅应用。

（二）个性化服务

用户注册后，个性化服务能够帮助用户管理信息并节省很多时间。可以保存检索式和建立各种跟踪服务，如定题跟踪服务和引文跟踪服务（追踪某一篇文献的最新被引用情况），还可以利用免费的文献管理工具 EndNote Web（使用方法详见第八章第三节）来管理检索结果。

用户在任意 Web of Science 页面顶部菜单栏中点击"历史"链接即可进入检索历史页面。在此页面可对之前的检索表达式进行编辑，也可将检索历史保存为跟踪服务，用户可以通过页面顶部菜单栏中的"跟踪服务"链接随时更改跟踪服务设置。

第五节　SciFinder

一、简介

SciFinder 是美国化学学会旗下的化学文摘社（Chemical Abstract Service，CAS）所出版的《化学文摘》（*Chemical Abstract*，CA）的在线版文献检索系统。《化学文摘》是化学和生命科学研究领域中重要的参考和研究工具。CAS 收录的文献类型包括期刊、专利、会议论文、学位论文、图书、技术报告、评论和网络资源等。SciFinder 整合了 MEDLINE 医学数据库、欧洲和美国等 50 多家专利机构的全文专利资料，以及《化学文摘》自 1907 年至今的所有内容。除化学外它还涵盖生物医药、工程、材料科学、食品科学、农业科学等多学科的科技信息领域。因而它是全球化学及其相关领域学者进行课题研究、成果查阅、学术期刊浏览以及把握科技发展前沿的核心工具。CAS 提供若干信息数据库，其中两个最基本的数据库是 CAplus 和 CAS REGISTRY。通过 SciFinder 可检索的数据库如下（收录涵盖的数据量截止到 2021 年 9 月）。

1. CAplus　收录了 180 多个国家、50 多种语言、约 5 万多种期刊的文献和 50 多个国家的专利。覆盖 1907 年至今的所有文献以及 1907 年以前的 44 000 多条期刊记录，包括期刊、专利、科技报告、论文、会议摘要、网络预出刊等，涵盖分析化学、应用化学、化学工程、生物化学、有机化学和高分子化学等相关领域。有超过 5 460 万条文献记录且每天更新。用户可以通过研究主题、著者姓名、机构名称、文献标识号等对 CAplus 进行检索。

2. CAS REGISTRY　化合物信息数据库，是查找结构图示、CAS 化学物质登记号和特定化学物质名称的有效工具。该数据库包含：1.4 亿多种有机化合物和无机化合物，如合金、配合物、矿物质、混合物、聚合物、盐等；7 100 多万个 DNA 序列；相关的计算性质和实验数据；从 19 世纪初至今的特定的化学物质且每天更新，每种化学物质有唯一对应的 CAS 注册号。可通过化学名称、CAS 化学物质登记号或结构式检索。

3. CHEMCATS　化学品商业信息数据库，该库涵盖数百万个化学品商业信息，可用于查询化学品提供商信息、定价条款、运送方式，物质的安全和操作注意事项等产品和服务信息。记录内容还包括目录名称、定购号、化学名称和商品名称、等级信息、CAS 登记号、结构式等，该库每周更新。可通过结构式、CAS 化学物质登记号、化学名称和分子式检索。

4. CASREACT　化学反应数据库，收录信息有有机合成研究，包括金属有机化合物、天然产物全合成、生物转化反应等。提供 CA 收录的有机化学期刊及专利，收录从 1840 年至今的 100 多万条记录，超 1 亿条化学反应，包括单步、多步反应及合成制备信息，数据每天更新。记录内容包括反应物、产物、试剂、溶剂、催化剂的 CAS 登记号，反应产率，反应说明及反应物和产物的结构图。可通过结构式、CAS 化学物质登记号、化学名称和分子式检索。

5. CHEMLIST　管控化学品信息数据库，是查询全球被管控化学品信息（化学名称、别名、物质身份信息、库存状态、信息来源、监管信息等）的工具。数据库目前收录从 1980 年至今的近 40 万种备案或被管控物质，且每周更新。可通过结构式、CAS 化学物质登记号、化学名称和分子式检索。

6. MEDLINE　美国国立医学图书馆建立的数据库，主要收录了 20 世纪 40 年代以来 80 多个国家 5 600 多种期刊的生物医学文献共 3 000 万条记录，且每天更新。可通过研究主题、作者姓名、机构名称等方式检索。

7. MARPAT®　马库什（Markush）结构专利信息数据库，MARPAT 收录了自 1961 年以来 100 多万条可检索的马库什结构。可查询近 50 万篇含有马库什结构的专利信息，数据每天更新。可利用物质检索中的 Markush 检索。

二、数据库检索

（一）注册和登录

用户使用 SciFinder 之前必须先用邮箱注册建立自己的 SciFinder 账户，注册后系统将发送链接到该邮箱中，用户在 48h 内激活链接完成注册。注册成功后登录系统即可开始检索。

注册要求：①用户名唯一，长度为 5～15 个字符。由字母、数字和特殊字符组成。特殊字符包括:"——(破折号)"、"_(下划线)"、".(句点)"、@。②密码长度为 7~15 个字符,且必须同时包含以下字符中的任意 3 种:字母、混合的大小写字母、数字、非字母数字的字符(如 @、#、%、&、*等)。

（二）检索方法

在 SciFinder 登录成功后,出现图 3-35 所示主界面。该界面 Explore 栏提供了 3 种检索模式。REFERENCES 对书目库中的期刊、会议录、图书、专利、报告、学位论文等提供检索。SUBSTANCES与 REACTIONS 分别对化合物数据库和化学反应数据库提供检索。

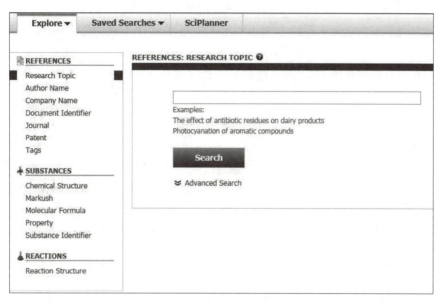

图 3-35 SciFinder 主界面

1. 文献检索(REFERENCES) REFERENCES 主要对 CAplus 和 MEDLINE 两个书目数据库提供检索。REFERENCES 检索提供 6 种检索途径,具体检索方式如下。

(1)研究主题检索(Research Topic):如果用户有关注的主题和概念,采用这种检索方式能很方便找到需要的文献。其检索步骤为:①在图 3-35 左侧点击"Research Topic"进入研究主题检索界面;②在检索对话框输入需要检索的关键词或者主题词;③点击"Search"检索;④检索成功后,页面会列出所有检索结果及检索到的文献数量;⑤选择需要的结果,单击"Get References"获取文献。

研究主题检索的检索规则包括:①逻辑运算符:使用"NOT""AND""OR"作为逻辑运算符。②词组检索:对话框中输入的检索词可以有一个或多个,它们之间可以使用(of、with、to、in)等进行连接,不区分大小写。③截词检索:系统截词检索支持 * 和?。* 号代表 0 或者多个字符,? 代表一个字符。④SciFinder 不支持位置检索。SciFinder 提供的检索方式多样,检索规则依检索方式的不同而有差异。新旧平台也有差异。

(2)作者检索(Author Name):可检索到著者、编者以及专利发明人。检索步骤:①在图 3-35 点击"Author Name"进入作者检索界面;②输入作者姓名,其中 Last Name 为必输项;③点击"Search",系统会弹出跟用户输入模糊匹配的"Author Candidates"对话框复选项;④选择作者姓名,单击"Get References"获取文献。

(3)公司名检索(Company Name):可检索发表文献的机构名称、专利受让人。检索步骤:①在图 3-35 左侧点击"Company Name"进入检索界面;②输入公司名;③点击"Search"检索。系统还会自动对输入的检索词的单词缩写、首字母缩写和同义词等进行检索。

(4)文献标识号检索(Document Identifier):可获得有收录号、文献号、专利号、PubMed ID、数字对象识别号等标识号对应的文献。检索步骤与公司名检索类似:①在图 3-35 点击"Document

Identifier"进入检索界面;②输入文献标识符(如果有多项标识符需分行输入);③点击"Search"检索。

(5)期刊检索(Journal):可检索到某期刊发表的文献。检索步骤:①在图3-35左侧点击"Journal"进入期刊检索界面;②输入出版物名称、出版时间、出版作者、卷、期、页码等信息;③点击"Search"检索。

(6)专利检索(Patent):可检索专利文献。检索步骤与期刊检索类似:①在图3-35点击"Patent";②输入专利号、专利名称、作者和时间等;③点击"Search"检索。

2. 物质检索(SUBSTANCES) SUBSTANCES主要对CAS REGISTRY数据库提供检索。该数据库能提供化合物及其相关信息。系统为SUBSTANCES检索提供5种检索途径,具体检索方式如下。

(1)化学结构检索(Chemical Structure):能检索到与用户输入的结构式相同或相似的物质、立体异构体物质、互变异构体物质(包括酮-烯醇)、自由基或自由基离子、配位化合物、带电荷化合物、同位素和聚合物的单体等。检索步骤:①在图3-35中点击"Chemical Structure"进入化学结构检索界面,在该界面点击"Structure Editor"进入绘画编辑窗口(图3-36),窗口内有结构式和反应式两种绘画所需要的元素、菜单和工具,在窗口右上角选择不同的绘画类型,出现的界面元素略有不同,结构检索需选择"Structure"。②利用绘画工具在窗口绘出需要检索的化学结构式。③化学结构检索提供完全相同结构检索(Exact Structure)、亚结构检索(Substructure)和相似结构检索(Similarity)3种类型供用户选择,3种类型在检索结果上有所不同(表3-2)。④点击"Research"查看检索结果。"Advance Search"包含物质特性(Characteristics)、物质类型(Classes)和研究内容(Studies)3个选项,可以根据检索需求进行多项选择来缩小检索范围。

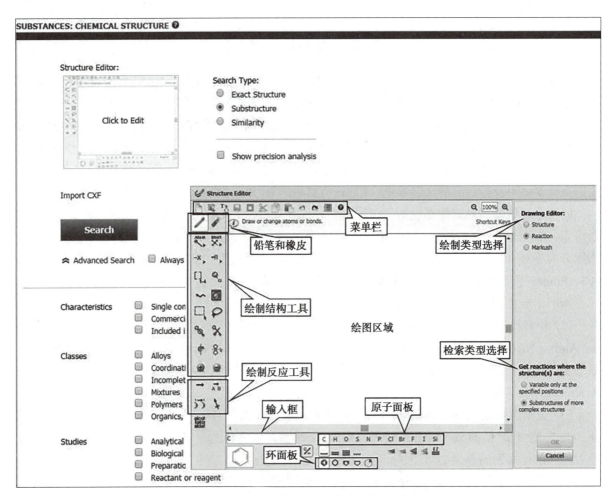

图3-36 化学结构检索界面与绘画编辑窗口

表 3-2　完全相同结构检索、亚结构检索和相似结构检索的比较

检索类型	完全相同结构检索 （Exact Structure）	亚结构检索 （Substructure）	相似结构检索 （Similarity）
能检索得 到的结果	与检索的结构完全相同，以及其多元物质（盐、聚合物、化合物）；互变异构体	与检索的结构完全相同以及其多元物质（盐、聚合物、化合物）；互变异构体；含取代基的物质；含部分检索物质的环结构；能完全覆盖完全相同结构检索	与检索的结构完全相同以及其多元物质（盐、聚合物、化合物）；相似结构的物质，但其元素成分、取代基和其位置与检索的结构不同，或只有部分相符；与检索结构相似，但环结构大小不同
检索要求	原结构既不能修改也不能修饰	原结构须存在，不能修改，但可以修饰	原结构可以修改，也可以修饰，可以通过相似度来控制检索结果

（2）分子式检索（Molecular Formula）：分子式检索能获取与输入的分子式完全相同的物质相关信息。有 CAS 注册号、化学名称、商业来源、管理信息等。检索步骤：①在图 3-35 左侧点击"Molecular Formula"进入分子式检索界面；②输入分子式：严格区分大小写，建议用空格分隔不同元素，多组分物质采用半角句号分隔，相同结构重复出现可以用小括号括起来，原子排列无序；③点击"Search"检索。

（3）物质标识符检索（Substances Identifier）：可以通过 CAS 登记号或者完整的化合物名称（通用名、商品名或首字母缩写）来检索物质。检索步骤：①在图 3-35 左侧点击"Substances Identifier"进入物质标识符检索界面。②输入化学物质的化学名、通用名、商品名、首字母缩写词或 CAS 登记号。需要输入多个物质标识符时，一行只能输入一个标识符，最多 25 个标识符，每个标识符不超过 200 个字符。不区分大小写，也可以包括空格和 / 或标点符号。③点击"Search"检索。

（4）马库什结构检索（Markush）：检索专利文献中的马库什结构，包括专利号、结构的位置（专利权号），以及构建马库什结构所用的 G- 基团或 R- 基团。马库什结构检索步骤和过程与化学结构检索类似，但在马库什结构检索中输入的结构式是与专利中的通式结构进行匹配，获取到的检索结果也是专利文献。

（5）物理性质检索（Property）：可以根据实验或预测的物理性质数据来检索物质。检索步骤：①在图 3-35 左侧点击"Property"进入物理性质检索界面；②选择性质："Experimental"或"Predicted"，并从下拉列表中对具体性质进行选择，然后在对应文本框输入数值或者数值范围；③点击"Search"检索。

3. 反应检索（REACTIONS）　REACTIONS 主要对 CASREACT 数据库提供检索。可检索到与绘制的反应物、试剂或产物结构能匹配的反应。同时还提供指定物质的制备方法、反应物质的商业来源和物质的管制化合物列表等信息。检索步骤：①在图 3-35 点击"Reaction Structure"进入反应检索界面。②在化学结构检索界面点击"Structure Editor"进入结构式绘画窗口（见图 3-36），可以在该窗口利用面板工具绘出需要检索的结构式，也可以点击"Import CXF"导入原有的 CXF 格式的结构式，通过结构式画反应，并指定反应物角色：反应物、试剂或产物。③可以指定检索类型 Variable only at the specified positions（仅查询完全一致的结构）或 Substructures of more complex structures（查询包括所有原子和键都开放的更加复杂的结构）。④点击"OK"确认结构式。⑤点击"Search"检索。用户可以使用"Advance Search"对话框进一步筛选，根据需要选择某个或某类溶剂（Solvents）、某个或某类不能参与反应的官能团（Non-participating Functional Groups）、限定反应步骤数量（Number of Steps）、反应分类（Classification）、选择文献类型（Sources）和出版物年份（Publication Years）等。设定条件完成后，点击"Search"检索。

三、检索结果处理与个性化服务

（一）检索结果处理

SciFinder 对检索结果会根据匹配度给出多个备选项供选择。用户可以根据需要选择多个备选结

果,然后点击"Get References"获取结果集。

1．分析检索结果 该功能为用户提供课题方向的研究动态。操作过程：①在检索结果界面（图 3-37）点击"Analyze"框；②在"Analyze by"下拉列表可选择作者名、CAS 登记号、CA 学科分类、公司机构名、数据库、文献类型等 12 个选项进行分析。比如选择"作者名",则根据发文数量对作者进行按字母顺序排序。

图 3-37　检索结果集界面

2．细化检索结果 可实现对检索结果进行限定以得到更精确的子集。操作过程：①在检索结果界面（图 3-37）点击"Refine"框；②在"Refine by"下拉列表选择研究主题、作者、公司名、文献类型等 7 个选项,在检索框输入相应的检索词；③最后点击"Refine"按钮。

3．文献结果进行分类 可以对文献结果依学科方向分类。操作过程：①在检索结果界面（图 3-37）点击"Categorize"框；②在对话框"Category Heading"下选择一级目录,"Category"中可以看到它的二级目录,在"index Terms"中选择感兴趣的索引词,"Selected Terms"显示选择的索引词的汇总；③点击"OK",仅显示包含被选术语的文献。

4．检索结果的显示、保存、打印与输出 检索结束后,检索结果如图 3-37 形式显示。可以点击"Display Options"对显示结果的摘要显示方式和每页显示记录数量按照个人喜好更改。点击"Save"按钮,在弹出保存对话框中选择要保存的记录范围,然后对保存文件命名并输入文件描述后保存。如果需要打印检索结果,点击"Print"按钮,弹出打印对话框,选择要打印的记录范围、显示格式完成打印。点击"Export"按钮,弹出"Export"对话框,用户设置需要输出的记录范围、输出格式等生成输出文件。

5．获得物质和反应 可以在单篇或者多篇文献中获取其报道的物质和反应。点击"Get Substances",如果需在多篇文献获取物质,在"Get Substances"对话框可以选取部分或者全部文献,并选择限定检索的条件,然后点击"Get",生成一个新的结果集。同样,可以获取文献报道中的反应。其检索方式与获取物质类似,通过点击"Get Reactions"完成选择。不管是获取物质还是获取反应,其产生的结果集由物质或反应构成而不是文献。

6．MethodsNow 与 PatentPak 有些 REACTIONS 检索结果的"Analyze"分析列表下有"MethodsNow"选项（图 3-38）,点击"MethodsNow"选项可以获取该反应的详细实验信息。MethodsNow 集分析和合成方法一体,包括实验用设备、条件、操作步骤、有效数据、实验材料等有用信息。PatentPak 提供来自全球多家专利授权机构的专利 PDF 全文、专利族、阅读分析工具等。该工具能为科研人员对化学专利分析节省大量时间。在检索结果文献的"Quick view"窗口点击"PatentPak"，就可以获取（图 3-39）。MethodsNow 与 PatentPak 均已经整合到 SciFinder。

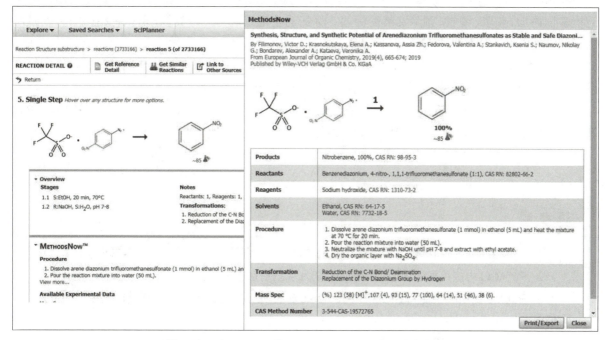

图 3-38　SciFinder 中用 MethodsNow 获取信息界面

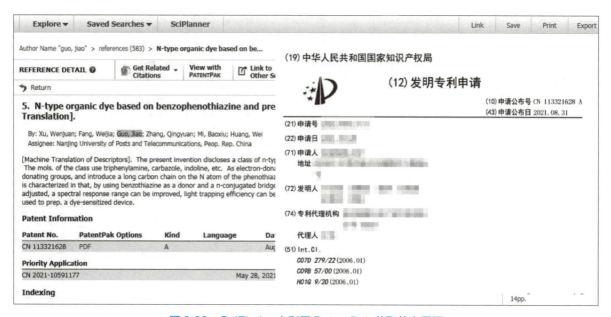

图 3-39　SciFinder 中利用 PatentPak 获取信息界面

（二）个性化服务

个性化服务能够帮助用户管理信息并节省检索时间。在获取到所需文件后，可以保存检索结果以备后续使用，或与其他用户分享检索结果等。

1. 分享　在图 3-37 页面点击某一文献，出现文献详情页面，点击"Reference Detail"，然后点击"Link"，或者在结果集旁点击"Link"图标，都可以生成一个当前检索结果的链接，用户可以分享该链接给其他用户。

2．评论和标记文献 在文献详情页面可以添加、查看、编辑、删除对文献的评论。在单篇文献底部，有标记为"Add Comment"的文本框，可以输入评论，再点击"Save"保存评论，随即评论在"Add Comment"上方出现，点击"Edit""Delete"可以对评论进行编辑和删除。系统允许对评论使用自定义的检索词添加、获取、编辑、删除文献的标签。标签的使用方法与评论类似，可以将相同的标签添加到多篇文献中。评论不能被检索，但标签可以。

3．即时提醒 在图 3-37 文献检索结果集界面有"Create Keep Me Posted Profile"选项，该功能可以设置提醒的主题、频率、截止日期等，方便用户了解感兴趣领域最新的研究动态。

值得注意的是，当前，SciFinder 的新平台 SciFinder^n 在国内已经开始上线。新平台在 PatentPak 等工具的使用方面更加便利；在文献、物质、反应信息的检索上更加精准。

（唐小利　黄利辉　郑先容）

思 考 题

1. CBM 在哪些方面提供了基于规范表的检索方式？基于规范表的辅助检索有何优点？

2. PubMed 中应用医学主题词检索的优势和劣势有哪些？

3. PubMed、Embase 和 BIOSIS Previews 是世界上知名的生物医学文摘数据库，请简述它们各自的特点。

4. SciFinder 数据库有何特点？

第四章

医学全文数据库检索

学习目标 »

　　掌握中国知网、万方数据、维普期刊、ClinicalKey、SpringerLink、Wiley Online Library 等常用中外文全文文献数据库的收录资源范围以及检索方法；熟悉全文文献获取的途径与方法；了解各数据库检索结果的处理与个性化服务。

第一节　中国知网中国学术期刊（网络版）

一、简介

　　中国知识基础设施工程（China National Knowledge Infrastructure，CNKI）亦简称为中国知网、知网，始建于 1999 年，是以实现全社会知识信息资源共享为目标的国家信息化重点工程，目前已经发展成为社会各界依赖的一种专业化提供知识生产、传播、扩散与增值服务的知识基础设施。

　　2020 年，升级后的新平台命名为 CNKI 中外文文献统一发现平台，又名全球学术快报 2.0，深度整合海量的中外文文献，包括 90% 以上的中国知识资源，以及来自 65 个国家和地区、600 多家出版社的 7 万余种期刊、百万余册图书等，累计中外文文献量逾 3 亿篇。其文献资源体系包括学术型研究成果（期刊、博士／硕士论文、会议论文、报纸）、事实型资料（年鉴信息、统计资料、概念图表）、技术性成果（标准、科技成果、专利）、国际文献信息（外文文献）。其主要数据库包括学术期刊库［中国学术期刊（网络版）、国际期刊题录］、学位论文库（中国博士学位论文全文数据库、中国优秀硕士学位论文全文数据库）、会议论文库（中国重要会议论文全文数据库、国际会议论文全文数据库）、专利库［中国专利全文数据库（知网版）、海外专利摘要数据库（知网版）］、中国重要报纸全文数据库、中国年鉴网络出版总库等。

　　《中国学术期刊（网络版）》（*China Academic Journal Network Publishing Database*，CAJD）是以全文数据库形式大规模集成出版学术期刊文献的电子期刊，其出版内容以学术、工程技术、政策指导、高级科普、行业指导及教育类期刊为主，收录自 1915 年至今出版的国内学术期刊 8 530 余种，全文文献总量 5 780 余万篇，部分期刊回溯至创刊（数据统计截至 2021 年 8 月 15 日）。因知网总库平台升级后提供中英文整合检索，该库默认的检索结果包含知网合作的国外期刊题录数据，只有"中文文献"分组项内的条目是该库的全文数据。其分类系统以学科分类为基础，是知网基于《中国图书馆分类法》（以下简称《中图法》）而独创的学科分类体系，兼顾用户对文献的使用习惯，将数据库中的文献分为 10 个专辑（基础科学、工程科技Ⅰ辑、工程科技Ⅱ辑、农业科技、医药卫生科技、哲学与人文科学、社会科学Ⅰ辑、社会科学Ⅱ辑、信息科技、经济与管理科学），每个专辑下进一步分为 168 个专题。

知网服务模式有云租用、云托管、云机构馆托管、本地镜像等。其中云租用、云托管、云机构馆托管3种服务模式实时发布，镜像版每月10日出版。用户可通过知网主页或镜像站点登录，也可通过手机端进行登录，购买了使用权的单位可免费检索和下载资源。个人用户通过购买阅读卡，注册后可下载资源。

二、数据库检索

（一）检索规则

知网支持逻辑运算，逻辑与使用"AND"或"*"运算符，逻辑或使用"OR"或"+"运算符，逻辑非使用"NOT"或"−"运算符。输入运算符"*""+""−"时，前后要空一个字节，优先级用英文半角括号"（）"确定。若检索词本身含空格或"*""+""−""（）""/""%""="等特殊符号，进行多词组合运算时，为避免歧义，须用英文半角单引号、英文半角双引号对检索词进行标识。

（二）检索方法

1. 一框式检索　知网基本检索界面为一框式检索，可进行跨库检索和单库检索，跨库资源类型选择可通过首页勾选和检索设置中删除或添加两种方式实现（图4-1）。

图4-1　知网跨库检索实现方式

在首页选择检索范围、检索项，在检索框中输入检索词，点击检索按钮，界面会显示出检索结果，这是最简单的检索方式。文献检索默认检索范围包括学术期刊、学位论文、会议、报纸、图书、标准、成果等多个库。每个库的检索方式大同小异，本节以CAJD为例介绍知网检索方法。

点击基本检索界面中检索范围处的"学术期刊"链接进入CAJD界面，提供一框式检索、高级检索、专业检索、作者发文检索、句子检索等检索方式。默认为一框式检索界面（图4-2）。

平台将检索功能浓缩至"一框"中，根据不同检索项的需求特点采用不同的检索机制和匹配方式，体现智能检索优势，操作便捷。检索流程如下。

图 4-2　知网一框式检索界面

（1）选择检索项：平台提供的检索项见表 4-1，可根据需要选择合适的检索项，默认为主题。根据检索项的特点，检索项采用不同的匹配方式，其中主题、篇关摘、篇名、全文、摘要、小标题、参考文献、文献来源采用相关度匹配，根据检索词在该字段的匹配度，得到相关度高的结果。关键词、作者、第一作者、通讯作者采用精确匹配；作者单位、基金、分类号、DOI 采用模糊匹配。

表 4-1　知网一框式检索的检索项列表

检索项类别	检索项名称
篇章信息	主题、篇关摘、篇名、关键词、摘要、小标题、全文、参考文献、基金、中图分类号、DOI
作者 / 机构	作者、第一作者、通讯作者、作者单位
期刊信息	期刊名称、ISSN、CN、栏目信息

（2）输入检索词：在检索框内输入检索词，支持多词组合表达式，输入的内容不得超过 64 个汉字 /100 个英文字母。主题、篇关摘等检索项支持用空格隔开的多词输入，默认为"逻辑与"连接，作者、基金等不支持，可通过"在结果中检索"实现二次检索或多次检索，需要限制多个检索条件的检索也可使用高级检索或专业检索。

平台提供检索时的智能推荐和引导功能，根据输入的检索词自动提示，可自动补全检索主题词。用作者检索时，自动引导作者单位。除此之外，还有基金引导、文献来源引导等。用户可根据提示进行选择，可更便捷地得到精准结果。使用推荐或引导功能后，不支持在检索框内进行修改，修改后可能得到错误结果或得不到检索结果。

（3）结果中检索：在上一次检索结果的范围内按新输入的检索条件进行检索。输入检索词，点击"结果中检索"，执行后在检索结果区上方显示检索条件，与之前的检索条件间用"AND"连接。

（4）执行检索：点击"检索"按钮或键盘 Enter 键执行检索，查看检索结果，检索结果突出中外文整合，包括中文文献和外文文献，根据需要浏览或下载。

2. 高级检索　当有更多的检索要求时，可以通过首页检索框右侧的高级检索入口进入到高级检索页面，高级检索支持多字段逻辑组合，并可通过选择精确或模糊的匹配方式、检索控制等方法完成较复杂的检索，得到符合需求的检索结果。

（1）高级检索页界面：在首页点击"高级检索"或在一框式检索结果页点击"高级检索"进入高级检索页，界面可分为 5 部分（图 4-3）：①上部的检索方式切换区：通过点击标签可切换至高级检索、专业检索、作者发文检索、句子检索，也可切换至一框式检索。②左侧的文献分类导航区：默认为收起状态，点击展开后勾选所需类别，可缩小和明确文献检索的类别范围，CAJD 高级检索提供 168 个专题导航。③中部的检索区：主要分为两部分，上半部分为检索条件输入区，下半部分为检索控制区。④右侧的检索说明 / 检索推荐 / 引导功能区：与一框式检索的智能推荐和引导功能类似，主要区别在于，高级检索的主题、篇名、关键词、摘要、全文等内容检索项推荐的是检索词的同义词、上下位词或相关词；高级检索的推荐引导功能在页面右侧显示，勾选后进行检索。例如：输入"人工智能"，推荐相关的弱人工智能、商业智能、人工智能应用等，可根据检索需求进行勾选，检索结果为包含检索词或勾选词的全部文献。类似功能还有作者引导、基金引导和文献来源引导。⑤下部的数据库切换区：点击库名，可切至学术期刊、学位论文等单库高级检索。

图4-3　知网高级检索界面

（2）检索流程：检索条件输入区默认显示主题、作者、文献来源3个检索框，可自由选择检索项、检索项间的逻辑关系（"AND""OR""NOT"）、检索词匹配方式（精确、模糊）。

1）选择检索项：检索项与一框式检索相同（见表4-1）。进行全文和摘要检索时，可选择词频辅助优化检索结果。选择词频数后进行检索，检索结果为在全文或摘要范围内，包含检索词，且检索词出现次数大于等于所选词频的文献。

2）输入检索词：在相应检索框内输入检索词，与一框式检索同样支持同一检索项内输入运算符进行多个检索词组合运算，除主题检索项外，其他检索项均可进行检索词精确或模糊两种匹配方式。点击检索框后的"+""–"按钮可添加或删除检索项，最多支持10个检索项的组合检索。

3）逻辑关系选择：多个检索条件间可以选择不同的逻辑关系（"AND""OR""NOT"）进行组合检索。它们的优先级相同，即多字段组合检索的运算优先级，按从上到下的顺序依次进行。

4）检索控制：通过检索控制区的控制条件、时间范围、来源类别等选项对检索结果进行限定。控制条件包括：出版模式（网络首发、增强出版）、基金文献、检索扩展（中英文扩展、同义词扩展）等，检索时默认进行中英文扩展，如果不需要中英文扩展，则手动取消勾选。时间范围包括限定起始年、结束年及更新时间（不限、最近一周、最近一个月、最近半年、最近一年，今年迄今、上一年度）。来源类别包括：全部期刊、SCI来源期刊、EI来源期刊、北大核心期刊、CSSCI、CSCD。

5）执行检索：添加完所有检索条件后，点击"检索"按钮执行检索。

6）结果中检索：同一框式检索。

高级检索中的不同检索条件在检索过程中具有不同的价值和作用，将其合理利用，可以全面地利用各种检索条件构造检索式，提高查准率。

3．专业检索　在高级检索页切换"专业检索"标签，可进行专业检索，专业检索界面结构与高级检索相同。专业检索用于图书情报专业人员查新、信息分析等工作，使用运算符和检索词构造检索式进行检索。点击检索式的输入框，知网提供智能提示功能，可根据需要选择检索字段。如果对于检索式构建不是很确定，可以点击右侧专业检索使用方法了解检索字段、匹配运算符、比较运算符等的说明和运用示例。

检索步骤包括：①选择检索范围；②填写检索条件，构建检索式；③进行检索控制；④点击检索按钮进行检索。

专业检索表达式的一般式：<字段><匹配运算符/比较运算符><检索值>，需要注意：①检索字段的代码如表 4-2 所示，同一个检索字段可以有几个检索词，它们之间用复合运算符"*"（并且包含，逻辑与）、"+"（或者包含，逻辑或）、"−"（不包含，逻辑非）连接。例如，检索表达式 SU=（'经济发展'+'可持续发展'）*'转变'−'泡沫'，可检索出主题包含"经济发展"或"可持续发展"有关"转变"的信息，并且去除与"泡沫"有关的内容。②匹配运算符/比较运算符：不同检索字段适用不同的运算符，见表 4-3。③多个检索项连接：适用多个检索项的检索表达式可使用"AND""OR""NOT"逻辑运算符进行组合，构建如下的检索式：<字段><匹配运算符/比较运算符><检索值><逻辑运算符><字段><匹配运算符/比较运算符><检索值>，可自由组合逻辑检索式，优先级需用英文半角圆括号"（）"确定。例如，检索表达式 SU='北京'*'奥运' and FT='环境保护'，可以检索到主题包括"北京"及"奥运"并且全文中包括"环境保护"的信息。④所有符号和英文字母，都必须使用英文半角字符。⑤"*""+""−"用于同一个字段内检索的逻辑组配，"AND""OR""NOT"用于 2 个及以上字段检索的逻辑组配，运算符前后要空一个字节。

点击专业检索页右侧的专业检索使用方法右箭头链接，可以在打开的新页面中了解运算符、逻辑符等语法的详细说明。

表 4-2　检索字段代码对照表

代码	字段	代码	字段	代码	字段
SU%	主题	FI	第一作者	CLC	中图分类号
TKA	篇关摘	RP	通讯作者	DOI	DOI
TI	篇名	AF	作者单位	CF	被引频次
KY	关键词	LY	期刊名称	SN	ISSN
AB	摘要	RF	参考文献	QKLM	栏目信息
FT	全文	FU	基金	FAF	第一单位
AU	作者	CN	CN	CO	小标题

表 4-3　运算符与使用字段对照表

运算符类型	运算符符号	功能	适应字段
匹配运算符	=	='str' 表示检索与 str 相等的记录	KY、AU、FI、RP、JN、AF、FU、CLC、SN、CN、IB、CF
		='str' 表示包含完整 str 的记录	TI、AB、FT、RF
	%	%'str' 表示包含完整 str 的记录	KY、AU、FI、RP、JN、FU
		%'str' 表示包含 str 及 str 分词的记录	TI、AB、FT、RF
		%'str' 表示一致匹配或与前面部分串匹配的记录	CLC
	%=	%='str' 表示相关匹配 str 的记录	SU
		%='str' 表示包含完整 str 的记录	CLC、ISSN、CN、IB
比较运算符	BETWEEN	BETWEEN（'str1', 'str2'）表示匹配 str1 与 str2 之间的值	YE
	>	大于	YE
	<	小于	CF
	>=	大于等于	
	<=	小于等于	

4. **其他检索**　知网还提供作者发文检索、句子检索,在高级检索页切换相应标签,可进行相应检索。

(1)作者发文检索:通过输入作者姓名及其单位信息,检索某作者发表的全部文献及被引下载等情况。提供作者、第一作者、通讯作者、作者单位等不同的检索字段,可以在检索框中按照实际需要输入作者姓名和作者单位,或者在输入作者姓名后通过作者引导功能选择作者及其单位,然后进行相应检索。最多可设置 5 个作者或作者单位限定条件。

(2)句子检索:通过关键词的组合来快速定位到含有多个关键词的句子,以及句子来源、作者信息等。句子检索支持同句或同段的组合检索,例如在全文范围检索同一句中包含"人工智能"和"深度学习",并且同一段中包含"互联网医疗"和"风险"的文章。检索到的结果显示该检索条件下的文献以及文献题名、作者、来源等信息。在句子检索中需要注意的是其不支持空检,同句、同段检索时必须输入 2 个检索词。

5. **期刊导航**　不同行业都有各自比较关注的领域内出版物,在知网首页点击出版物检索可进入出版来源导航页面,在出版来源导航的下拉菜单中,可发现知网提供期刊导航、学术辑刊导航、学位授予单位导航、会议导航、报纸导航、年鉴导航、工具书导航等不同性质出版物的导航方式。

利用期刊导航可以帮助我们了解专业领域内的学术期刊。点击 CAJD 一框式检索框右侧的出版物检索或学术期刊个性化检索界面左侧的期刊导航按钮可进入期刊导航界面。

期刊导航将期刊作为检索对象,让用户从不同角度对期刊进行检索,提供的检索方法有:学科导航、卓越期刊导航、数据库刊源导航、主办单位导航、出版周期导航、出版地导航、核心期刊导航等多种导航方式。同时,还提供根据检索项[刊名(曾用刊名)、主办单位、ISSN 或 CN]进行检索。

三、检索结果处理与个性化服务

(一)检索结果处理

1. **分组**　检索结果及分组筛选界面如图 4-4 所示,检索结果界面上显示出检索范围、检索项、检索结果数量,可通过"主题定制""检索历史""导出与分析"等按钮继续进一步操作。

在检索结果页面左侧为检索结果进一步分组筛选区,从多个维度揭示检索结果内容分布,可通过分组筛选区进一步限制条件对检索结果进行分组,以便快速、高效地找到所需文献。具体可以从主题、学科、发表年度、研究层次、期刊、来源类别、作者、机构、基金等分组维度进一步筛选;也可以从科技、社科两个研究领域或中文、外文两个角度分别进行细分:从科技、社科两个研究领域或中文角度可以从主题、学科、发表年度、研究层次、期刊、来源类别、作者、机构、基金等分组维度进一步筛选,从外文角度可以从学科、发表年度、文献类型、语言、作者、关键词、期刊等分组维度进行筛选。同时可进行分组跨项筛选,在每个筛选维度下,可点击展开按钮查看更多子项,进行进一步限制。其中主题分组细化为主要主题、次要主题,依据某主题词在文献中所占的分量划分;作者、机构分组细化为中国、国外,分别指中文文献的作者/机构和外文文献的作者/机构,作者分组按作者 H 指数(详细内容详见第五章第五节)降序排列,将 H 指数高的作者排在前面,作为筛选权威性文献的参考;期刊分组将中外文期刊统一按 CI 指数(学术期刊影响力指数)降序排列,便于按照期刊质量筛选好文献。

各分组维度名称右侧有可视化图标,提供可视化分析功能,点击可直观查看检索结果某个分组类别的文献分布情况。

2. **排序**　检索结果可以按照相关度、发表时间、被引(次数)和下载(次数)以及综合 5 种方式进行排序,每种方式可选升序、降序两种排列顺序。

(1)相关度排序:综合检索词的发表时间、被引频次及下载频次等计量指标,利用知网特有算法得出数值,按照数值的高低变化进行排序,降序排列排在最前面的文章与检索词的关注度最高。

图 4-4　知网学术期刊检索结果及分组筛选界面

（2）发表时间排序：通过发表时间排序可以帮助用户找到最新发表的论文，实现学术发展跟踪，进行系统调研。

（3）被引（次数）和下载（次数）排序：通过被引（次数）和下载（次数）排序可以帮助用户找到引用或下载较多的优秀论文。被引或下载频次最多的论文往往是传播最广、最受欢迎的，相对来说论文价值也较高。

3．显示

（1）每页显示条数：提供每页显示 10、20、50 三个选项，默认为 20。

（2）显示格式：显示格式分为详情显示和列表显示，默认为列表显示。主要差别在于相较于列表显示，详情显示增加作者单位、摘要及关键词显示。

4．导出与分析

（1）导出文献：选择文献（全选、单选、多选、清除）→点击"导出与分析"→导出文献，选择想导出的引文格式→进入文献导出格式页面→可以根据需要选择输出方式，提供的选项有复制到剪贴板、打印、xls 及 doc，同时可进行按发表时间或被引频次升降序排序，且可实现批量下载。

（2）可视化分析：选择要分析的文献→点击"导出与分析"→已选结果分析或全部结果分析→进入"计量可视化分析——已选文献"页面或全部结果分析页面，页面包含的具体内容见表 4-4。

在"关系网络"可视化页面上，光标停放在原始文献节点上，文献节点旁会显示该文献的题名及被引频次，参考文献及引证文献节点仅显示被引频次；在信息提示框中会显示该文献节点的文献信息，包括题名、作者、被引频次、文献来源、出版时间等。双击该节点，在新的窗口中打开该文献的文献知网节。光标停放在关键词节点上，节点旁的信息提示框中会显示该关键词信息及出现频次。光标停放在任意节点上，会高亮显示与当前节点有共现关系的所有节点。光标停放在作者节点上，节点旁的信息提示框中会显示该作者姓名（单位）[发文数]，该发文数为在知网文献库中的总量。光标停放在任意节点上,会高亮显示与当前节点有合作关系的所有节点。光标放在任意两个节点的连线上,在信息提示框中显示作者合作关系。

"分布分析"从不同角度展示文献的主要分布情况,计算方式为某一项的文献数占已选文献总数的比例,包括资源类型分布、学科分布、来源分布、基金分布、作者分布和机构分布。

表4-4　可视化分析内容

类型	分析维度	具体指标/说明
已选结果分析	指标	文献数、总参考数、总被引数、总下载数、篇均参考数、篇均被引数、篇均下载数、下载被引比。
	总体趋势	年度发文量变化趋势折线图、柱状图展示。
	关系网络	文献互引网络、关键词共现网络、作者合作网络。
	分布	资源类型、学科、来源、基金、作者、机构。
全部检索结果分析	总体趋势	年度发文量变化趋势折线图、柱状图展示。
	分布	主要主题、次要主题、学科、研究层次、期刊、来源类型、中国作者、海外作者、机构、基金。
	比较分析	点击任意分布中柱状图中柱形或饼状图中扇区,添加该项分组数据作为比较项。

5. **全文下载及浏览**　为适应不同用户的阅读习惯,CAJD 允许授权用户收藏、浏览和下载全文数据。在检索结果页面,点击相关图标可以收藏、下载或在线预览全文,在文献知网节中间部分,提供了 CAJ 下载和 PDF 下载两种方式。

点击文献的标题,将链接到这篇文献的知网节页面,知网节以一篇文献作为其节点文献,其内容包括节点文献的基本信息及引文网络外,同时提供相关推荐及分享按钮,这些链接信息对研究节点文献的关系、文献功能、文献传播有重要意义。在文献的知网节中,除显示文献的题录摘要信息之外,学术期刊文献知网节的页面为三栏结构,从左到右分别为文章目录、题录摘要信息和引证文献。

6. **知网节**　知网节功能可以发掘有价值文献。知网节是以揭示不同文献或知识之间的关联关系为目标,以某篇文献或者某个知识点为中心的知识网络。将文献、作者、机构、学科、基金、关键词、刊物等通过概念相关、事实相关的方法进行知识关联,达到知识扩展的目的,形成了文献知网节、作者知网节、基金知网节、机构知网节等,构建了系统的知识网络和内容解释体系,学会使用知网节有助于新知识的学习和挖掘。例如文献知网节,我们已知一篇文献,可通过查看参考文献,了解前人的研究脉络;通过查看引证文献,了解后续研究和最新进展。

文献主题脉络图显示节点文献的主题词,最多可以显示 9 个主题词。研究起点是二级参考文献的主题词,研究来源是参考文献的主题词,研究分支是引证文献的主题词,研究去脉是二级引证文献的主题词,均按主题词出现频次由多到少遴选,最多显示 10 条。将光标移入主题词,可以显示出该主题词来源文献的篇名,点击篇名,链接到该篇文献的知网节页面。

文献知网节也提供相似文献、读者推荐、相关基金文献、关联作者、相关视频等相关推荐。

此外,还可以通过分别点击该文献知网节中的作者、机构、基金、关键词进入作者知网节、机构知网节、基金知网节、关键词知网节等界面。这些知网节功能将文献相关的信息由点及面扩展开,帮助挖掘知识的关联性,有利于开展深度学习。

7. **检索历史**　每完成一次检索、下载或预览,系统都会生成检索历史记录,用户可以点击"检索历史"进行查看,也可通过选择删除部分或全部检索历史。

（二）个性化服务

1. **个人/机构馆**　知网提供个性化服务,用户登录平台后可以利用个性化服务平台创建自己的机构/个人数字图书馆。点击主页的"个人/机构馆",进入页面后在"数字图书馆登录"一栏点击"立即创建"即可根据指引创建个人数字图书馆。

机构/个人馆可以按照机构/个人的个性化知识需求,定制并自动推送相关的各类文献知识资源和科研情报信息。根据服务模式的不同,CNKI 机构数字图书馆分为网络版和镜像版。镜像版还可将机构的自建资源和引进资源整合到机构馆中进行统一检索使用。CNKI 机构数字图书馆采取一级机构馆、子机构馆(二级、三级机构馆等)、个人馆逐级连通的形式服务于机构的不同专业部门和研究人员的个性化知识需求。机构馆的管理员可对子机构馆和个人馆进行创建、审批等管理工作,并可通过机构馆提供的资源统计功能,全面掌握机构内学者、部门的资源使用情况。

个人数字图书馆是个人用户为充分实现对文献、信息、知识的个性化服务需求而创建的数字图书馆。个人数字图书馆创建成功后,可按需定制出版平台出版的各类资源、功能和服务,按需配置显示模板和显示方式;也可以通过创建自定义栏目,引进、发布个人计算机上的自有资源和互联网上的免费资源。个人馆提供了超越一般的资源订阅方式,提供个性化、交互式学习研究的空间。

在资源方面,平台支持对数据库专辑、学科专业、整刊资源以及各种类型单篇文献的定制,使个人可以按不同需要定制网络出版总库的资源,在个人数字图书馆建构个性化资源馆。个人馆默认包含了功能强大的检索平台,可对馆内文献使用多种检索方式进行检索,并通过文献出版统计报表了解馆内各专业文献的出版现状和每日新增文献,还可根据自己的需要对检索平台的资源及检索方式进行个性化配置。个人数字图书馆提供了多种个性化服务栏目,可定制学者、机构、学术出版物、科研项目、检索式、投稿信息、学术论坛、学术趋势等,个人馆根据定制自动推送一系列相关的情报信息。个人馆也根据个体需求不断推出更多个性化的服务栏目,全面满足个性化学科调研及情报分析的需求。个人馆中的每个栏目都提供了多种显示方式,可根据自身的需求创建不同类型的个人馆并选择个性化的模板,全面满足了个性化需求。

2. 个性化推荐系统　个性化推荐系统集我的关注、精彩推荐和热门文献于一体,版面占据总库平台及各单库的首页,与个人账号关联,满足用户个性化需求。

(1)我的关注/我的收藏/我的订阅:在文献知网节、作者知网节、期刊导航等页面点击关注/收藏/订阅按钮后,可通过个性化首页"我的关注"或"我的 CNKI"中的"我的关注""我的收藏""我的订阅"来查看用户关注/收藏/订阅的个性化的内容,以获取感兴趣的文章、作者、期刊的最新动态。

(2)相关推荐:个性化首页"精彩推荐""热门文学"和"我的 CNKI"中的最新推荐、最近精选、相关期刊、相关学者、全网热门等提供热点和相关推荐,平台根据用户浏览、下载、检索等个人行为推荐最新的相关的文献、出版物和检索词,也提供全网或关注的相关主题的热门推荐,供用户选择使用。

(3)个人书房:个人书房是面向个人的文献管理服务,在登录个人账号后才可进入个人书房,具备收藏文献、保存历史、主题定制、引文跟踪、成果管理等个性化功能,实现网络版与手机版用户数据的跨平台同步。

用户在个性化首页、检索结果页、知网节等页面收藏的论文、出版物可在个人书房"我的收藏"中查看。可查看个人的检索、下载和浏览历史,即使不同设备登录也可查看,且可按周或按月统计用户累计检索次数、与全网用户的对比以及日平均检索次数等。用户定制的检索式可在"我的订阅"板块查看。引文跟踪可实时关注添加论文的被引用情况。"我的成果"板块展示个人资料及成果统计。另有回收站模块,回收各板块删除的内容,并可进行还原和彻底删除。

3. CNKI E-Learning　CNKI 提供了一个名为 E-Learning 的探究式学习工具,通过 E-Learning 可展现知识的纵横联系,洞悉知识脉络。E-Learning 提供学习单元、检索工具、文献题录、文献附件、文献阅读、记录笔记、参考文献的格式化、写作和投稿、下载等功能来帮助用户对学习资料进行有效管理,可进行多种格式文件的管理、阅读、记录笔记等一站式服务,可构建便利的文献阅读和笔记管理平台,且提供各种写作辅助工具,进而帮助用户进行更为高效的学习和写作。

第二节　维普中文科技期刊数据库

一、简介

1989 年,中国第一家进行中文期刊数据库研究的机构,前身为中国科技情报研究所重庆分所数据库研究中心,自主研发并推出了中文科技期刊篇名数据库,2000 年建成维普资讯网。

目前维普资讯网已经成为全球著名的中文专业信息服务网站,陆续建立了与谷歌学术搜索频道、百度文库、百度百科的战略合作关系,其产品主要有中文科技期刊数据库、中国科技经济新闻数据库、中文科技期刊数据库(引文版)、外文科技期刊数据库、中国科学指标数据库、智立方文献资源发现平台、中文科技期刊评价报告、中国基础教育信息服务平台、维普-Google 学术搜索平台、维普考试资源系统、图书馆学科服务平台、文献共享服务平台、维普期刊资源整合服务平台、维普机构知识服务管理系统、文献共享平台、维普论文检测系统等,其核心产品中文科技期刊数据库被纳入国家长期保存数字战略计划,成为中国学术文献资源保障体系的重要组成部分,分为全文版、引文版。本节主要介绍中文科技期刊数据库(全文版)。

中文科技期刊数据库(全文版)是一个功能强大的中文科技期刊检索系统,收录 1989 年至今15 000 余种期刊(现刊 9 000 余种)刊载的 7 000 余万篇文献,涵盖医药卫生、农业科学、机械工程、自动化与计算机技术、化学工程、经济管理、政治法律、哲学宗教、文学艺术等 35 个学科大类,457 个学科小类,资源覆盖公开期刊、特色内刊以及 OA 期刊(详见第七章第四节)。每篇文献归类时以文献内容特征为依据,按《中国图书馆分类法》做人工标引,科学准确,保证查全率和数据统计准确性。

维普资讯网以灵活专业的检索应用,实现了文献资源的快速发现与轻松获取,提供精准化知识匹配、全方位资源保障和便捷式衍生服务,兼具资源保障价值和知识情报价值。目前提供镜像安装、网上包库和网上免费检索流量计费下载等多种使用方式,供用户或单位进行选择,数据每日更新。

用户通过维普中文期刊全文数据库主页或镜像站点登录,也可以通过手机端登录,购买了使用权的单位可直接登录,不需输入用户名和密码,可免费检索和下载维普资源。个人用户可通过第三方支付或银行卡支付方式对注册账号进行充值,成功后可下载相应资源。某些机构或高校图书馆维普的镜像站点操作界面可能有少许差异,检索分类也不尽相同,但检索方法大同小异。

二、数据库检索

(一)检索规则

系统支持逻辑运算,逻辑与使用"AND"或"*"运算符,逻辑或使用"OR"或"+"运算符,逻辑非使用"NOT"或"-"运算符。"AND""OR""NOT"可兼容大小写,逻辑运算符优先级为:( )>NOT>AND>OR;所有运算符号必须在英文半角状态下输入,前后须空一格,英文半角""表示精确检索,检索词不做分词处理,作为整个词组进行检索,以提高准确性。

如果表达式中的检索内容包含 AND/and、NOT/not、OR/or、*、+、- 等运算符或特殊字符检索时,需加半角引号单独处理。如:"multi-display""C++"。

(二)检索方法

1. **基本检索**　在期刊文献检索方面,检索功能简洁而强大,支持多种检索方式,如基本检索、高级检索等。默认检索页面为基本检索方式,基本检索简单便捷,适合初学者或者检索诉求比较简单的情况。

（1）基本检索流程：①选择检索条件：检索条件可以是任意字段、题名或关键词、题名、关键词、文摘、作者、第一作者、机构、刊名、分类号、参考文献、作者简介、基金资助、栏目信息等字段信息。②检索框内输入检索词：通过检索词智能提示及主题词扩展功能，反复修正检索策略，从而获得最佳检索结果。基本检索的检索框中输入的所有字符均被视为检索词，不支持任何逻辑运算；如果输入逻辑运算符，将被视为检索词或停用词进行处理。③点击"检索"按钮执行检索。

（2）二次检索：当得到大量检索结果时，可通过检索结果页面左侧的"二次检索"功能在已得到的检索结果基础上再进行检索，包括"在结果中检索"和"在结果中去除"两个选项。根据需要选择合适策略进行再次检索，以便缩小检索范围，获得准确有效的结果。"在结果中检索"表示检索结果中必须出现所有检索词，相当于布尔逻辑的"与"、and、*；"在结果中去除"表示检索结果中不应该出现包含某一检索词的文章。相当于布尔逻辑的"非"、not、-。

（3）检索历史：系统自动记录每次检索过程，检索历史包括：检索序号、检索结果、检索表达式，点击检索式可完成重新检索。

2. 高级检索　高级检索是一种更为专业高效的检索方式，能通过各种条件的限定快捷定位所需文献，对有一定使用基础的用户体验更佳。高级检索界面提供向导式检索和检索式检索两种检索方式。向导式检索难度不大，检索式检索有一定专业度，适合图书情报专业相关的用户使用。

（1）向导式检索：①选择检索字段：系统提供的检索字段同基本检索。②输入检索词：选择检索字段后，在相应项内输入检索词，支持逻辑运算。③选择检索词的匹配方式：精确或模糊。④选择组配方式：多个检索条件之间合理选择逻辑关系（与、或和非）进行组合检索。⑤执行检索：当检索条件有多个时，点击右侧的加号按钮添加检索行，添加完所有检索条件后，点击按钮执行检索。一次高级检索可以提供最多5个检索字段。如果检索行太多，可以点击右侧的减号按钮减少检索行。

高级检索的向导式检索提供了一些特殊功能按钮：①查看分类表：选择分类号检索条件时，检索框右侧会出现查看分类表，点击查看分类表，可选择要检索的分类号。②同义词扩展：选择题名或关键词、题名、关键词、文摘检索条件时，检索框右侧会出现同义词扩展，点击同义词扩展，会弹出输入检索词的同义词列表，可根据需要选择。检索中使用同义词功能可提高查全率。

（2）检索式检索：在检索框中直接输入逻辑运算符、字段标识符和检索词以构成检索式，点击"检索"按钮完成检索。这种检索方式功能强大，适合复杂检索，但要求用户了解检索式的构造规则，因此适合图书馆工作的专业人员。

实现检索式检索最主要的是要了解检索式的构成，检索式检索页面上有检索式构成的范例，仅含单项检索字段的检索式的构成为"检索字段标识符（表4-5）=检索词"。如果检索字段为题名或关键词，检索词为"卫生政策"，可在检索文本框直接输入：M=卫生政策。如果检索项有多个，几个检索项之间需要用逻辑运算符"与、或、非"进行连接，如检索题名或关键词为卫生政策，且机构是国家卫生健康委员会。可在检索文本框中输入：M=卫生政策 *S=国家卫生健康委员会。

表4-5　检索字段标识符对照表

代码	字段	代码	字段	代码	字段
U	任意字段	S	机构	L	栏目信息
M	题名或关键词	J	刊名	I	基金资助
K	关键词	F	第一作者	Z	作者简介
A	作者	T	题名	Y	参考文献
C	分类号	R	文摘		

注：字段标识符必须为大写字母，每种检索字段前，都须带有字段标识符，相同字段检索词可共用字段标识符，例：K=CAD+CAM。

高级检索每次调整检索策略并执行检索后,均会在检索区下方生成一个新的检索结果列表,方便对多个检索策略的结果进行比对分析。

高级检索也可通过二次检索进行更为准确的检索,还可查看检索历史。

(3)限定条件:高级检索执行检索前后,可通过选择时间、期刊来源、学科限定等检索条件对检索范围进行限定或筛选,从而得到最优的检索结果。

1)时间范围:可以选择检索自"收录起始年至 2022 年"任意一段时间范围内已发表的文献,或者选择一段时间内更新的文献,提供一个月内、三个月内、半年内、一年内、当年内 5 个选项。

2)期刊范围:提供全部期刊、北大核心期刊、EI 来源期刊、SCI 来源期刊、CAS 来源期刊、CSCD 来源期刊、CSSCI 来源期刊等 7 个选项进行期刊来源范围限定。

3)学科范围:提供 35 种学科供选择且可多选,每一个学科分类都可按树形结构展开,利用导航可以缩小检索范围,提高查准率和查询速度。

3.期刊导航

(1)期刊检索:提供刊名、任意字段、ISSN、CN、主办单位、主编、邮发代号等 7 种检索字段。在检索入口点选检索字段,然后在检索式输入框中输入检索词,点击"期刊检索"即可。

(2)按刊名查找:按期刊名首字母字顺进行查找,点击 A~Z 的任一字母,系统列出以该字母开头的所有刊物,如果该刊物是核心期刊则在刊名下标注出来。

(3)浏览导航:包括按期刊学科分类导航、核心期刊导航、国内外数据库收录导航、期刊地区分布导航和期刊主题分布导航。若在期刊学科分类导航中点击任一学科类别,就可以查看到该学科所涵盖的所有期刊。选择核心期刊导航则能够缩小检索范围,快速检索到权威、专业、重要的文章。

在期刊导航页面,检索到某一期刊后,可根据该期刊的刊期查看该刊收录的文章。用户可对期刊逐期浏览,还可以进行刊内文献检索,查看期刊的评价报告、发文分析等。

4.作者导航　作者导航以中文科技期刊数据库收录的期刊论文为数据基础,聚合出 1 000 万余位成果产出作者。从每一位作者的作品集合出发,聚类分析该作者的研究领域、研究主题、供职机构、基金资助、合作作者、发文期刊等信息,揭示出作者的学术研究概貌。

作者导航页默认按学科分类逐层展开浏览作者,也可通过作者、机构、主题、期刊、学科、地区、任意字段等 7 个检索字段进行作者检索。两种方式都可从左侧的机构、学科、基金、期刊、地区、主题、职称等 7 个维度进一步限定,缩小浏览或检索范围。

5.机构导航　机构导航以中文科技期刊数据库收录的期刊论文为数据基础,聚合出近 18 万个科研机构。通过机构的作品整理和分析,揭示机构的研究领域、研究主题、研究人员、基金资助、发文期刊分布等信息,帮助用户快速构建对机构的中文期刊学术论文产出的概貌性认识。

机构导航页默认按地区逐层展开浏览机构,也可通过机构、作者、主题、期刊、学科、地区、任意字段等 7 个检索字段进行机构检索,与作者导航相同,可从左侧的分组进行进一步筛选,提供地区、机构层级、机构类别、学科、主题、基金、期刊等 7 个维度进一步限定,缩小浏览或检索范围。

三、检索结果处理与个性化服务

(一)检索结果处理

检索结果界面(图 4-5)上显示出检索字段与检索词、分面聚类、检索结果数量、排序方式、显示方式等,可通过导出题录、检索历史、引用分析、统计分析等按钮继续进一步操作。

1.分面聚类　检索结果页面左侧为检索结果分面聚类区,聚类面板支持年份、学科、期刊收录、主题、期刊、作者、机构多类别层叠筛选,通过点击即可得到筛选结果,易于初学者使用。通过聚类面板,根据检索需求选择聚类项,逐步缩小检索范围,达到精确检索的目的。

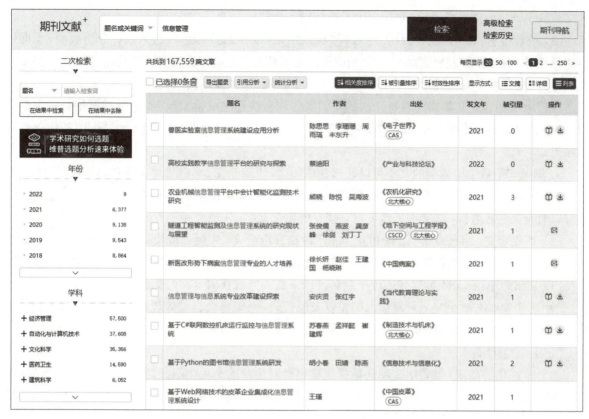

图4-5　维普中文期刊服务平台检索结果界面

2. 结果排序　检索结果可以按照相关度、被引量、时效性3种方式进行排序，每种方式可选升序、降序两种排列顺序。

3. 显示

（1）每页显示条数：每页显示篇数可选20、50、100，默认为20。对于检索结果中的文章，可逐页翻阅，也可用跳转功能跳转至需要阅读的页码。

（2）显示格式：检索结果显示格式分为文摘、详细、列表3种，默认显示方式为文摘。①文摘：显示信息包括题名、作者、出处（刊名、出版年、期、页码）、摘要和关键词，但不对各信息单元做导引，摘要显示2行，其余内容需通过点击"展开更多"按钮才可完整显示。②详细：显示信息与文摘相同，但各信息单元前冠以题名、作者、出处（刊名、出版年、期、页码）、摘要和关键词等信息单元说明，且摘要完全显示。③列表：显示信息包括题名、作者、出处（刊名）、发文年、被引量。

点击题名进入全记录显示，其内容包括：题名、作者、机构地区、出处（刊名、出版年、期、页码）、摘要、关键词、分类号、基金项目等详细信息，且可进行收藏、分享、导出操作。此外，页面显示内容还包括引文网络及相关文献，列出参考文献、二级参考文献、共引文献、同被引文献、引证文献、二级引证文献，供用户进行相关研究脉络分析。

4. 导出与分析

（1）导出题录：选择文献（全选、单选、多选、清除）→点击"导出题录"→选择想导出的引文格式，提供的文献导出格式有参考文献、文本、查新格式、XML、NoteExpress、Refworks、EndNote、NoteFirst、自定义导出及 Excel 导出，其中自定义导出是根据需要选择要导出的著录项目，点击"导出"即弹出记事本，可复制后使用，Excel 导出是直接下载 Excel 文件，其他格式均在当页显示，可通过复制按钮复制或导出按钮导出相应格式文件。

（2）引用分析：选择要分析的文献→点击"引用分析"→选择"参考文献"或"引证文献"→进入参

考文献或引证文献的汇总页面,页面显示及操作同一般检索界面。

(3)统计分析:点击"统计分析"→选择"检索结果"或"已选文献"→进入统计分析页面,页面内容包括概述(检索条件及检索结果)、学术成果产出分析(年度发文量与被引量及趋势图)、主要发文人物分析、主要发文机构统计分析、文章涉及主要学科统计、主要期刊统计分析。

维普中文期刊全文数据库对每一次的检索操作均可快速生成检索报告,系统性概括检索主题全貌,并能按照标准检索报告格式生成报告文档供下载使用,可通过点击"保存检索报告"按钮保存分析结果。

5. 浏览与下载 检索到的文章可以通过在线阅读、下载全文、文献传递3种方式来获得全文。

(1)在线阅读:在线阅读功能比较强大,包括:①文章缩微图可以快速切换不同页面;②查找功能可以对全文进行查找;③文本工具可以直接复制原文文字;④放大缩小方便进行文字阅读。

(2)下载全文:通过点击"下载PDF按钮"轻松获取全文,实现一键快捷下载,所下载文章均为PDF格式,可使用主流的软件打开,如福昕PDF阅读器、Adobe Reader等均可对文章进行必要的操作。

(3)文献传递:部分不能直接通过在线阅读或下载的方式获取全文的文献,可通过"文献传递"方式,使用邮箱索取文献全文。只需输入邮箱以及验证码,系统将会自动处理请求,将文章的下载链接发送到邮箱当中,点击即可获取。

(二)个性化服务

基于个性化的需求,维普中文期刊数据库推出针对用户的个性化服务,用户可以访问平台首页,点击右上方"登录"按钮,注册登录自有账号进入个人中心,访问我的收藏、我的关注、我的订阅、我的订单、下载历史、浏览历史、检索历史等内容。

用户可通过补充个人的详细信息,方便用户管理和推送服务;对感兴趣或有价值的相关文献进行收藏、关注、订阅,便于继续学习和文献收藏。用户还可以查看自己的检索历史、浏览历史、下载历史行为轨迹,便于回溯检索记录和浏览记录。

第三节 万方中国学术期刊数据库

一、简介

万方数据股份有限公司是国内第一批以信息服务为核心的股份制高新技术企业,是在互联网领域集信息资源产品、信息增值服务和信息处理方案为一体的综合信息服务商,通过万方数据知识服务平台(Wanfang Data Knowledge Service Platform)提供科技信息服务。

万方数据知识服务平台是以科技信息为主,集经济、金融、社会、文化、教育等信息于一体的综合性信息服务系统,资源种类全,提供检索、多维浏览等多种人性化信息揭示方式,同时还提供了万方检测、万方分析、万方书案、万方学术圈、万方选题、万方快看等特色产品和增值服务。

目前万方数据知识服务平台整合近3亿条全球优质知识资源,集成期刊、学位、会议、科技报告、专利、标准、科技成果、法规、地方志、视频等10余种知识资源类型,覆盖自然科学、工程技术、医药卫生、农业科学、哲学政法、社会科学、科教文艺等全学科领域,通过万方智搜实现海量学术文献统一发现及分析,为用户提供文献检索、全文获取、文献分析、文献订阅等服务,致力于帮助用户精准发现、获取与沉淀学术精华。本节主要介绍中国学术期刊数据库。

中国学术期刊数据库(China Online Journals,COJ)是万方数据知识服务平台的重要组成部分,收录始于1998年,包含8 000余种期刊,其中包含北京大学、中国科学技术信息研究所、中国科学院文献情报中心、南京大学、中国社会科学院历年收录的核心期刊 3 300 余种，年增 300 万篇，每天更新，涵盖自然科学、工程技术、医药卫生、农业科学、哲学政法、社会科学、科教文艺等各个学科，内容包括论文标题、论文作者、来源刊名、论文的年卷期、中图分类法的分类号、关键字、所属基金项目、摘要等信息，并提供全文下载。截至 2021 年 8 月 15 日，万方数据知识服务平台共收录医药卫生类期刊 1 521 种，生物科学类期刊 121 种。

二、数据库检索

（一）检索规则

万方智搜支持逻辑运算，逻辑与使用"AND"运算符，逻辑或使用"OR"运算符，逻辑非使用"NOT"运算符，"AND""OR""NOT"可兼容大小写。这里需要注意，万方平台不支持运算符"*""+""–"的检索，"*""+""–"将会被视为普通检索词。逻辑运算符优先级为：（）>NOT>AND>OR。

系统默认用户直接输入的检索词为模糊检索，用户可以通过英文半角双引号来限定检索词为精确检索。

万方智搜还支持通配检索，通配符为英文半角问号 ?，例如表达式"青 ? 素"，系统可检出包括青霉素、青蒿素、虾青素、青素等的文献。

（二）检索方法

1. **基本检索**　平台首页的检索框即为基本检索的输入框，输入框内默认接受的检索语言为 PairQuery（PQ 语言）。其语法为：每个 PairQuery 表达式由多个空格分隔的部分组成，每个部分称为一个 Pair，每个 Pair 由冒号分隔符"："分隔为左右两部分，左侧为限定的检索字段，右侧为要检索的词或短语，即"检索字段：检索词"，"："也可以用"="代替。平台对检索的字段名规定比较灵活，同一字段可以使用多种字段名形式进行检索，学术期刊全文数据库检索目前共有 8 个可检索字段：题名、作者、作者单位、关键词、摘要、刊名、基金和中图分类号（表 4-6）。限定的检索字段以及"："可以省略，省略的含义是在任意字段中检索。PQ 中的符号（空格、冒号、引号、横线）可任意使用全角、半角符号及任意的组合形式。

表 4-6　万方数据知识服务平台学术期刊论文可用检索字段名对照表

字段名	含义	可用检索字段名
标题	论文的标题	t、title、Title、titles、Titles、题、标题、题目、题名、篇名
作者	论文的作者	a、creator、Creator、creators、Creators、author、Author、authors、Authors、人、作者、著者
作者单位	作者的单位	Organization、organization、机构、单位
关键词	论文的关键词	k、keyword、Keyword、Keywords、keywords、词、关键字、主题词、关键词
摘要	论文的摘要	b、Abstract、abstract、abstracts、Abstracts、概、摘要、概要、概述、简述、文摘
刊名	论文的来源和出处	Source、Sources、source、sources、出处、来源、文献来源
中图分类号	按照《中图法》论文的分类号	c、clcshort、Clcshort、CLCshort、CLCShort、分、分类、分类号

用户可以单击检索字段进行限定检索，也可以直接在检索框内输入检索式进行检索。例如，想检索题名包含"青蒿素"的文献，可以单击"题名"字段，在"题名："后输入青蒿素，检索式为"题名：青蒿素"。除此之外，也可以自主输入检索式检索，例如直接输入"标题：青蒿素""题目：青蒿素""题：青蒿素""篇名：青蒿素""t：青蒿素"等都可以达到同样的检索目的。

此外，用户也可以在检索框内使用逻辑关系运算符进行检索，例如用户想要信息检索和本体方面的文献，检索式为："信息检索 and 本体"或"信息检索　本体"。

在检索结果页面,可以对检索结果进行二次检索,对检索字段进行再限定检索。学术期刊二次检索的检索字段主要有题名、作者、关键词、起始年、结束年。

在检索历史界面,可以导出检索历史,包括检索式、检索结果数量、检索时间等。未登录状态下,系统只记录本次未离开站点前的检索记录,离开即清除。在个人用户登录状态下,系统记录该用户使用站点的所有检索记录,便于用户快捷地检索获取文献。

2.**高级检索**　高级检索功能是在指定的范围内,通过增加检索条件满足更加复杂的要求,实现精准检索。万方智搜统一检索框的右侧有高级检索的入口,单击进入高级检索界面。高级检索支持多个检索类型、多个检索字段和条件之间的逻辑组配检索,方便用户构建复杂检索表达式。

高级检索的主要流程是:①选择检索字段:通过下拉菜单选择检索字段,系统提供的检索字段包括主题、题名或关键词、题名、作者、作者单位、关键词、摘要、中图分类号、DOI、第一作者、期刊 - 基金、期刊 - 刊名、期刊 -ISSN/CN、期刊 - 期。②输入检索词:选择检索字段后,在相应项内输入检索词,高级检索的检索词输入框支持逻辑运算。③选择检索词的匹配方式:用精确或模糊满足用户查准和查全的需求。④选择组配方式:多个检索条件之间合理选择逻辑关系与、或及非,进行组合检索。⑤执行检索:当检索条件有多个时,可通过单击"+""-"图标来增加或减少检索框的数量,点击检索按钮执行检索,一次高级检索可以提供最多 6 个检索字段。

用户可以通过选择发表时间限定文献的发表时间,且可通过智能检索辅助检索,包括中英文扩展和主题词扩展。中英文扩展基于中英文主题词典及机器翻译技术,拓展英文关键词检索,帮助用户获得更加全面的检索结果。主题词扩展基于超级主题词表,扩展同义词下位词检索帮助用户获得更加全面的检索结果。此外,可通过检索历史按钮浏览和导出检索历史。

3.**专业检索**　专业检索比高级检索功能更强大,但需要用户根据系统的检索语法编制检索式进行检索,并且确保所输入的检索式语法正确,这样才能检索到想要的结果,适用于熟练掌握检索语言的专业检索人员。在高级检索页面点击"专业检索"进入专业检索界面,可按照快速检索中 PQ 表达式的语法规则自行输入检索式,也可通过点击页面提供的帮助构建检索式来进行检索。

页面提供可选检索字段及逻辑关系选项。通用的可检索字段包括:全部、主题、题名或关键词、题名、第一作者、作者单位、作者、关键词、摘要、DOI,期刊论文可检索字段还有基金、中图分类号、期刊名称 / 刊名、ISSN/CN、期等。逻辑关系是 and(与)、or(或)、not(非)。

专业检索可以使用" "(双引号)进行检索词的精确匹配限定。例如题名或关键词:[("协同过滤"and"推荐算法")or("协同过滤"and"推荐系统"and"算法")or("协同过滤算法")]。

用户如果对自己想要检索的检索词不确定,可以使用"推荐检索词"功能,输入一些语句,单击"推荐检索词"按钮,得到规范的检索词。

与高级检索模式相同,专业检索模式下用户也可以设定检索的时间范围和选择中英文扩展和主题词扩展进行智能检索;同样也可以浏览和导出检索历史。

4.**作者发文检索**　作者发文检索通过人名实体识别,帮助用户准确定位学者发表的论文。可通过输入作者姓名和作者单位等字段来精确查找相关作者的学术成果,可自行选择精确还是模糊匹配,系统默认精确匹配;多个作者可通过逻辑关系"与、或、非"实现组合检索;通过"+""-"图标增加或减少检索字段,最多允许 6 项;若某一行未输入作者或作者单位,则系统默认作者单位为上一行的作者单位;同时可进行时间范围限定,检索一定时间范围内的学术成果。

5.**期刊导航**　点击万方知识服务平台首页资源导航下的"学术期刊",可进入期刊导航页,显示中国学术期刊数据库资源的介绍以及本周更新期刊推荐。可以通过期刊导航页左侧进行学科导航。期刊列表中可通过刊首字母、核心收录、更多选项(包括收录地区、出版周期、优先出版)对期刊列表结果进行筛选。点击期刊,进入期刊详情页,在期刊详情页可按期浏览期刊上的论文,也可在刊内进行关键词检索,通过期刊主页的统计分析链接还可查看期刊的影响因子、发文量、总被引频次等指标。

三、检索结果处理与个性化服务

(一)检索结果处理
万方知识服务平台检索结果界面如图4-6所示。

图4-6　万方知识服务平台检索结果界面

1.**检索结果的显示**　检索结果显示文献数量,检索到的结果可按详情式或列表式两种展示方式,默认为详情式展示。详情式展示文献类型、标题、摘要、作者、关键词、来源、年/卷(期)等信息;列表式只展示标题、作者、来源、时间等简要信息。

检索结果页中可设置每页显示条数,用户可根据需要自由切换,每页显示20、30或50条,默认显示20条。

检索结果可通过"获取范围"来对结果显示范围进行限定,包括全部、有全文、免费全文、原文传递、国外出版物等选项,页面将获取范围单独作为下拉框的形式操作实现限定展示,也可以根据需要通过勾选"只看核心期刊论文"和"已购全文"。

2.**论文详情页**　在检索结果页面单击文献标题可显示文献的详细信息,包括文章本身的摘要信息,其中的作者、期刊、年/卷(期)和关键词内容都设有超链接,可链接到数据库中相应信息所对应的内容。此外还提供引文网络及相关文献,包括一系列扩展信息的链接,如参考文献、相似文献、引证文献以及相关学者和相关检索词。在详细信息页中还提供在线阅读、下载、引用、收藏、分享等标签,可对文章内容进行进一步处理。

(1)引文网络:引文网络主要是选定论文的参考文献和引证文献列表及图谱展示。参考文献和引证文献都可以查看相关参考或引证关系图,即以图表的方式可视化展示参考关系或引证关系。点击相关作者进入作者名称检索结果页,点击文献标题进入文献详情页,点击期刊等出版物名称进入期刊详情页。

(2)相关文献:通过对选定论文的相关性进行关联分析、聚类分析等数据挖掘,对与该论文研究主题相同或相近的论文进行关联展示。点击相关文献的作者进入作者名称检索结果页,点击文献标题进入文献详情页,点击期刊等出版物名称进入期刊详情页。

3．**结果排序** 快速检索结果页中可选择按相关度降序排列及出版时间,被引频次,下载量升序、降序排列。

4．**结果聚类** 结果聚类是在检索显示结果后,通过年份、学科分类(22大类)、核心、语种、来源数据库、刊名、出版状态、作者、作者单位等对期刊论文进行筛选、自动聚类。

5．**更多展示** 点击检索结果界面右侧的"展开更多"按钮,可得到检索范围内的研究趋势展示、相关热词滚动展示,可根据需要点击了解详细内容。

(1)研究趋势:针对用户的检索词,提供论文发表时间的分布趋势,帮助用户从中洞察主题发展动态。

(2)相关热词推荐:万方智搜在海量的用户检索行为数据、引文网络数据等数据基础上,采用关联分析算法、聚类算法、协同过滤推荐算法等数据挖掘算法,为用户提供相关热词、相关主题、相似文献等知识关联服务。通过对平台用户的学术关系、历史行为等进行数据分析,为用户个性化推荐与当前检索词相关的热词,点击即可一键检索。

6．**结果引用** 对于选中的检索结果,用户可以对论文信息进行批量保存,参考文献格式导出支持中英文国家标准格式、文献管理工具格式,还可根据用户需求灵活实现自定义导出,具体保存格式包括:参考文献、NoteExpress、RefWorks、NoteFirst、EndNote、Bibtex、查新格式和自定义格式。

在各种显示模式下,通过点击论文对应的"下载"链接即可下载文献的PDF格式全文。

7．**结果分析** 检索结果分析依托平台的检索结果,在检索结果页面,点击"结果分析"按钮,系统即对检索结果中的所有文献进行统计分析。从年份、关键词、作者、机构、学科、期刊、基金、资源类型等方面,对检索结果进行详细分析,并允许作者调整分析年份,帮助用户更好地了解发文量和被引量的发展趋势、文献作者的发文情况、文献来源机构分布、文献隶属学科分布、文献关键词变化情况以及基金支持情况等。

针对用户感兴趣的文献,选择已选检索结果分析,即对已选择的期刊文献进行统计分析,分析文献的引用、被引、共引和共被引关系,并从年份、学者、机构、学科、关键词、基金等方面进行文献计量分析,帮助用户更好地了解所选文献的年代分布、作者发文分布、来源机构分布、隶属学科分布、关键词数量分布、基金资助情况等。

进入检索结果分析页面后,可以点击"返回检索结果"重新检索,也可以选择年份区间重新进行分析。

(二)个性化服务

系统对个人注册用户提供个性化服务,可以在个人中心补充完善个人相关信息,系统可基于用户学术背景、检索行为等为用户提供更精准的个性化推送服务。用户的账务、账号信息、订单信息等设置也在个人用户中心查看和修改。

1．**个人中心** 个人中心提供账户充值、万方卡购卡与绑定功能,同时,在个人中心还可以查看订单详情,对个人信息进行编辑和完善,查看已有权益。登录个人账号后,点击"用户名",通过个人中心下拉框的任意入口即可进入个人中心,也可退出该账号。

左侧导航包括购买的文献、收藏的文献、订阅管理、万方检测、万方分析、学术成果,可根据需要点击相关链接。

2．**智能推荐** 利用协同过滤等混合推荐算法,通过对用户的学术背景、检索行为等数据进行分析,为用户更精准地推荐可能感兴趣的文献和学者。

3．**订阅** 利用期刊的订阅服务可以便捷地获取订阅的期刊论文信息,当论文更新时,用户会第一时间通过系统通知收到推送的论文,用户可进用户中心查看,订阅提醒也可以设定为推送至邮箱。在期刊的检索结果页和期刊的详情页可以看到"订阅"服务。

第四节　ClinicalKey

一、简介

ClinicalKey（简称 CK）是 Elsevier（爱思唯尔）出版集团于 2012 年正式发布的医学信息平台，内容包括 MEDLINE、全文期刊、电子图书、循证医学、操作视频、影像图片、药物专论、诊疗指南、临床试验等 12 个板块。其中全文电子期刊 670 余种，其中 SCI 收录期刊 490 余种，包括《柳叶刀》（*The Lancet*）、《细胞》（*Cell*）等顶级期刊，电子图书近 20 000 种，涵盖了 Doody 健康科学领域核心书目中收录的 95% 的 Elsevier 图书，包括 Mosby、Saunders 和 Churchill-Livingstone 的核心出版物，如《格氏解剖学》《西氏内科学》《克氏外科学》《尼尔森儿科学》等经典图书。ClinicalKey 基于临床工作流程的设计和语义检索技术，帮助用户快速准确找到所需资源，提高临床决策的效率。

二、数据库检索

（一）登录数据库

在授权登录的 IP 地址或以账号方式登录 ClinicalKey 网站，成功登录后即可检索或浏览图书、期刊等 11 种类型的详细资料。在 ClinicalKey 主页检索区可见一站式检索输入框，其下方为浏览区（图 4-7）。浏览区包含了 ClinicalKey 提供的多种医学资源，如图书、期刊、药物专论、临床指南、患者教育、视频等。用户可在主页右上角的设置栏中设置不同语种的检索界面。

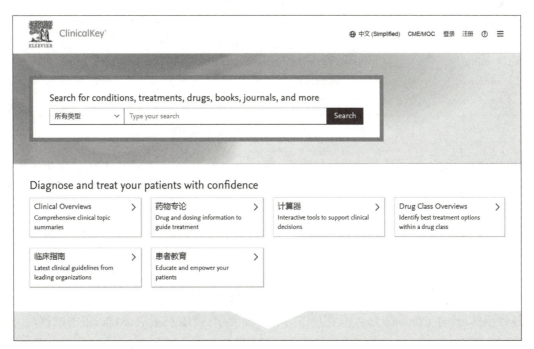

图 4-7　ClinicalKey 主页

（二）数据库检索

ClinicalKey 使用专有医学分类法为其所收录资源的每个段落添加了标签，用户可使用 ClinicalKey 网站各个页面出现的检索框执行检索。

1. **基本检索规则**　ClinicalKey 检索规则简单实用。用户可以使用日常用语，无须严格使用关键词。显示结果基于输入的检索查询。系统不支持布尔运算符和通配符检索,只支持短语检索,如需查找包含某个短语的内容,在双引号中输入该短语。

2. 检索方法

(1)检索框检索:在图 4-7 检索框左侧的下拉菜单中选择所需检索的资源类型,如图书、期刊、临床试验、临床指南等,或者选择所有类型。在检索框中输入检索词,检索词可以是疾病名、症状、药物等。

ClinicalKey 以 Elsevier 自主开发的语义检索技术为驱动,可以快速、准确地为临床问题提供可能的答案。比如,临床中有位患儿单侧眼睑下垂,但通过咀嚼、张嘴这样的动作,患侧的眼睑能提升到正常水平。当临床经验不够丰富的医生确诊困难时,可以将患者的临床症状、检查指标等作为检索关键词检索,系统可为医生提供疑难复杂疾病的有效诊断思路,继而为制订合理的治疗方案提供指导。

图 4-8 显示本例中以患儿症状 eyelid ptosis 和 open mouth 作为关键词联合检索(多个关键词键入时,中间通过空格分隔),系统通过后台计算提示检索用户,可能需要考虑的有 Marcus Gunn phenomenon(颌动瞬目综合征)。

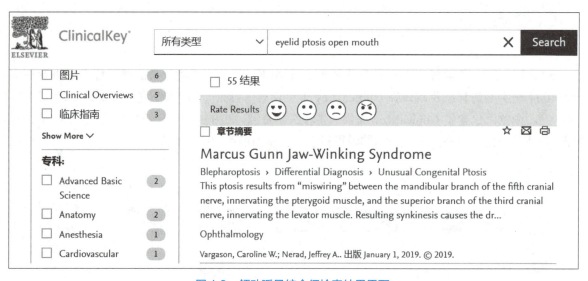

图 4-8   颌动瞬目综合征检索结果界面

如果用户想要进一步了解颌动瞬目综合征,可以点击进去,通过阅读图书章节或期刊全文全面了解颌动瞬目综合征。同时,还有视频、临床综述、临床指南等不同的资源类型,分别从不同角度让用户更好地了解颌动瞬目综合征。

(2)专题浏览:在图 4-7 所示的主页面上有一个浏览区域"Browse clinical content",用户可以点击临床概览(Clinical Overviews)、药物专论(Drug Monographs)、计算器(Calculators)、药物类概览(Drug Class Overviews)、临床指南(Guidelines)、患者教育(Patient Education)等专题浏览相关信息,例如在临床指南中可以检索或按照字顺浏览相关临床指南全文内容。

(3)深度学习:在 ClinicalKey 主页面的下方有个深度学习"Deepen your knowledge"区域,用户可以选择图书、期刊、操作视频及多媒体栏目进一步查询和浏览相关资源。

三、检索结果处理与个性化服务

1. 检索结果显示与筛选   所得的检索结果按资源的类型呈现,可通过检索结果页面左侧的过滤器进行过滤。在所有检索结果中,用户可通过左侧的过滤器窗口,按照资源类型、专科类别和发表日期进行结果信息筛选(图 4-9)。用户还可以选择检索结果按照相关性或者日期排序。

图 4-9 ClinicalKey 检索结果显示界面

2. 个性化服务 ClinicalKey 目前的个性化服务功能主要体现在定制服务上。用户可以对数据库显示的内容进行定制,对于与自己无关或暂时不需要的信息进行隐藏,只选择和组合所需要的部分关注信息,而不必显示全部信息,这样就使页面更清晰、简洁,访问速度也更快,从而在数据库与用户之间实现一对一的信息服务模式。在主页右上角注册自己个人的账号,以便保存自己感兴趣的检索结果与检索策略等。

(1)检索结果的处理:点击检索结果右上角的五角星小图标☆,该条检索结果即被保存至个人账号,今后可在个人账号中随时浏览该条记录的详细内容;点击检索结果右上角处的信封小图标✉,该条检索结果将被以邮件方式发送至用户指定的邮箱地址;点击检索结果右上角处的打印机小图标🖨,该条检索结果的详细内容将在指定打印机上打印;点击检索结果右上角处的 PDF 小图标📄,将以PDF方式打开该条检索结果的全文内容。

(2)检索历史和保存的检索:ClinicalKey 的个性化定制服务功能,还可以为用户开辟一定的存储空间,用于保存用户所需的信息,并对其进行管理,检索历史页面上最多显示 100 条用户的最新检索。用户登录后,系统会显示最近几次的检索历史或曾经保存的检索(包括检索条件和检索结果)。

(3)图片的处理:ClinicalKey 可将用户关注或常用的图片资源进行存储,或者根据需要将图片导出成 PowerPoint。例如,以"hypertension(高血压)"作为关键词进行检索,勾选过滤器的资源类型为"图片",如图 4-9 所示,在得到的 975 个图片结果中,如果需要保存,点击☆保存图片,将选择的图片保存在指定文件夹中。在个人账号目录下,即可通过"保存的内容"进行浏览。

用户还可通过点击检索结果右上方的显示器形状小图标将图片保存至个人账号的幻灯片下,并备注有该图片的来源信息。在个人账号目录下,选择"幻灯片"后,通过"导出"功能,即可生成PowerPoint,进行后续编辑和浏览。

该数据库中的视频资料暂不提供直接下载,需采用录屏软件录播后方可保存至本地,使用时请注意知识产权相关问题。

(4)申请远程访问:用户如果不能在指定 IP 地址范围内访问,除可通过所属机构提供的 VPN 访问外,也可用所在机构的官方邮箱地址申请远程登录 ClinicalKey。

此外,在 ClinicalKey 主页下方还提供了内容更新(News and Updates)和热门话题(Trending

Topics），以便用户了解数据库最近更新的图书、期刊、临床概述等方面的内容及其他信息和工具包更新，以及浏览热门话题的检索结果。

第五节　SpringerLink

一、简介

施普林格·自然（Springer Nature）是目前世界知名的学术图书出版机构，拥有具有全球广泛影响力的期刊和数据库，同时也是推动开放研究的先锋。施普林格·自然在 2015 年由自然出版集团、帕尔格雷夫·麦克米伦、麦克米伦教育、施普林格科学与商业媒体合并而成。

施普林格·自然旗下的 SpringerLink 平台是集科学、技术和医学（STM）以及人文与社会科学（SSH）领域的在线数据库，收录 1 350 万篇科学文献，涵盖 Springer、Palgrave Macmillan、Adis、BioMed Central、Apress 等出版物，包括图书、期刊、参考工具书和实验室指南。截至 2021 年底，SpringerLink 平台的期刊种数约 3 750 种，全文年限回溯至 1997 年。学科范围包括：生物医学、工商管理、化学、计算机科学、地球科学、经济学、教育学、工程学、环境科学、地理学、历史学、法律、生命科学、文学、材料学、数学、医学与公共卫生、药剂学、哲学、物理学、政治科学与国际关系、心理学、社会科学和统计学等。

二、数据库检索

（一）检索规则

1. **逻辑运算符**　逻辑与使用"AND"或"&"运算符。系统默认检索式中的空格为逻辑与运算。逻辑或使用"OR"或"|"运算符。逻辑非使用"NOT"运算符。

2. **通配符**　通配符"*"表示任意多个字符。如输入"hea*"，可以检索到 head、heats、health、heated、heating 等。通配符"?"表示一个字符。如输入"hea?"，可以检索到 head、heat、heal 等。

3. **位置算符**　位置算符有"NEAR/n"和"ONEAR/n"两种，n 代表阿拉伯数字，可以是 1～10。"/n"表示两词的间隔距离小于或等于 n 个单词。若缺省"/n"，则系统默认 n 等于 10。"NEAR"连接的两词没有特定的顺序，"ONEAR"要求两词前后顺序固定。

4. **自动词干匹配检索**　对于检索框中输入的检索词，系统会自动匹配与该检索词具有相同词干的词语。如检索"running"一词，检索结果将包含 runner、run、ran 等的匹配项。

5. **词组检索**　如要将多个检索词组成的短语作为一个词组进行检索，则需使用英文的双引号（""）将短语引起来，系统会对双引号内的检索词或其词干变体进行强制的词组检索。如需检索塑料瓶或水污染的相关文献，若输入检索式：plastic bottles OR water pollution，由于该检索式中包含多个运算符，而运算符的逻辑关系优先顺序为：NOT > OR > AND，则系统会将上述检索式运算为 plastic AND（bottles OR water）AND pollution。该检索结果并不符合检索的初衷，正确的检索式应为："plastic bottles" OR "water pollution"。

（二）检索方法

1. **浏览**　SpringerLink 提供三种浏览检索方式：按学科分类浏览、按出版类型浏览、按资源类型浏览，如图 4-10 所示。

（1）按学科分类浏览：通过主页面左侧的"Browse by discipline"可选择按学科分类浏览文献。SpringerLink 平台收录了 24 个学科领域的相关文献，包括：生物医学、工商管理、化学、计算机科学、地球科学、经济学、教育学、工程学、环境科学、地理学、历史学、法律、生命科学、文学、材料学、数学、医学与公共卫生、药剂学、哲学、物理学、政治学与国际关系、心理学、社会科学和统计学。

（2）按出版类型浏览：在主页面上方的"Providing researchers with access to millions of scientific documents from journals，books，series，protocols，reference works and proceedings"模块，可选择按期刊、图书、丛书、实验室指南、参考工具书和会议文献等出版类型进行浏览。

（3）按资源类型浏览：在主页面左下方的"Browse resources"模块，可以选择不同的资源类型进行浏览，包括论文、章节、会议文献、参考工具书、实验室指南和视频。

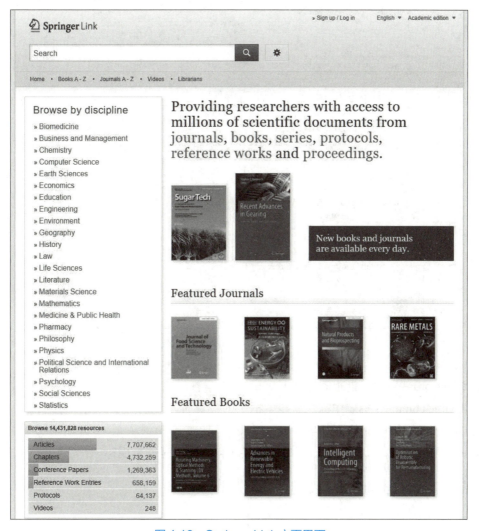

图 4-10　SpringerLink 主页界面

2. 快速检索　快速检索框"Search"位于主页上方。检索框中可输入单词或词组进行全文检索，检索词不区分大小写，检索词组时需加双引号。支持用逻辑运算符、通配符和位置算符进行检索。

3. 高级检索　点击快速检索框右侧的齿轮图标，选择"Advanced Search"，通过高级检索查阅所需文献，如图 4-11。使用高级检索可缩小检索范围，允许检索 DOI、作者、精确的词组等，还可限制出版时间，以进一步优化检索结果。

高级检索页面中各检索框的使用说明如下所示：

with all of the words：输入的多个检索词之间执行 AND 运算。

with the exact phrase：将输入的多个检索词作为精确的词组进行检索。

with at least one of the words：输入的多个检索词之间执行 OR 运算。

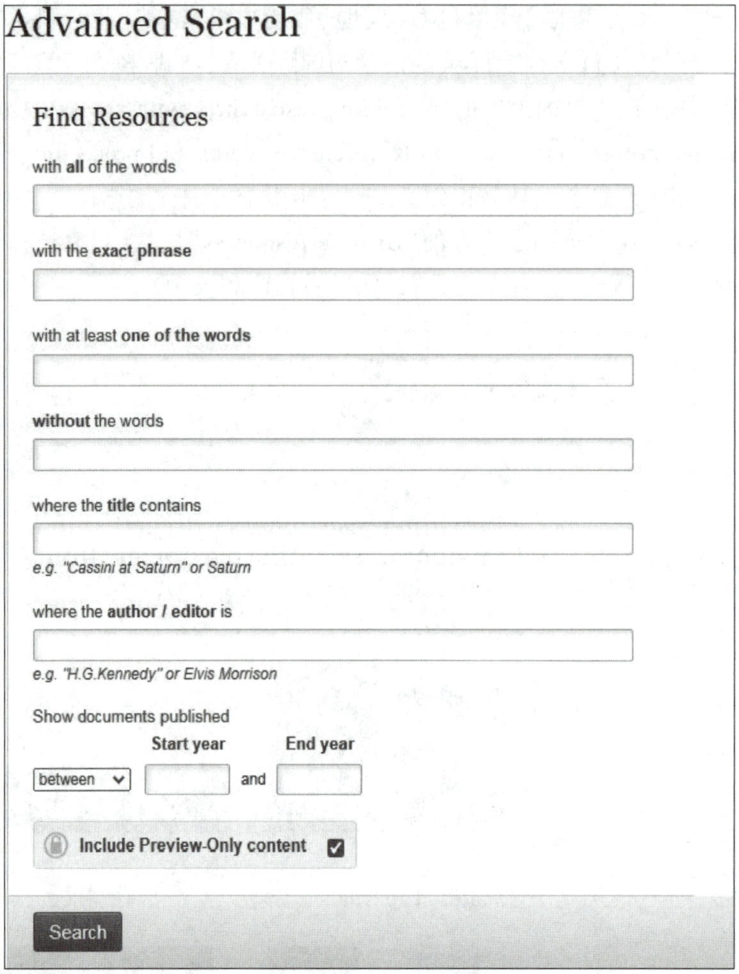

Advanced Search

Find Resources

with **all** of the words

with the **exact phrase**

with at least **one of the words**

without the words

where the **title** contains

e.g. "Cassini at Saturn" or Saturn

where the **author / editor** is

e.g. "H.G.Kennedy" or Elvis Morrison

Show documents published

| | Start year | End year |
| between ∨ | | and | |

▣ Include Preview-Only content ☑

Search

图 4-11   SpringerLink 高级检索页面

without the words：对检索框中的检索词执行 NOT 运算。

where the title contains：标题中需包含检索框中的检索词。

where the author/editor is：进行作者检索。

Show documents published：限制出版时间为某一年或某一时间范围。

三、检索结果处理与个性化服务

（一）检索结果处理

检索结果列表位于页面右侧（图 4-12），默认设置为显示 SpringerLink 平台上所有相关内容。若只需显示用户或用户所在机构仅具有全文阅读权限的内容，可取消勾选页面左上方的黄色方框"Include Preview-Only content"。

在检索结果页面，显示了文献的内容类型、标题、作者和出处。通过点击"Download PDF"或"View Article"链接，可下载 PDF 全文或浏览 HTML 格式全文。对于检索结果，可选择按照相关性、由新到旧或由旧到新进行排序，也可选择在特定出版时间段进行检索。

通过页面左侧的过滤选项，可进一步对检索结果进行精炼和优化。过滤选项包括文献的内容类型（Content Type）、学科分类（Discipline）、学科子类（Subdiscipline）和语种（Language）。

点击文献标题，可进入文献的详细列表页面，显示文献的摘要、参考文献、引用该文献的格式、DOI、分享该文献的链接网址、关键词，还可显示该文献被引用的情况等。

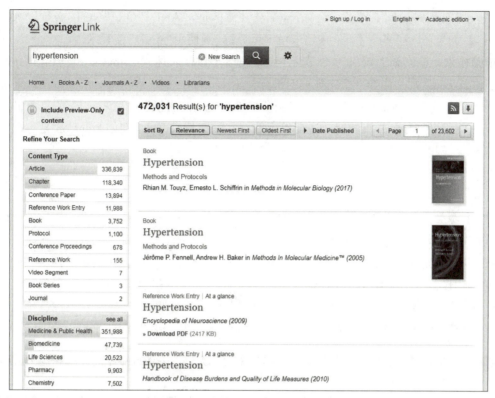

图 4-12　SpringerLink 检索结果页面

（二）个性化服务

SpringerLink 可帮助用户持续关注某本期刊的最新内容。点击 SpringerLink 主页（见图 4-10）检索框下方的"Journals A-Z"，进入期刊导航页面。通过浏览刊名或在检索框中输入刊名的方式检索该刊，进入该刊的详细页面。点击期刊页面右侧的"Sign up for alerts"按钮，可注册期刊的提醒功能。只需填写邮箱地址，便可在期刊的最新一期上线时，及时接收到该刊最新一期的目录信息。

第六节　Wiley Online Library

一、简介

约翰威立国际出版公司（John Wiley&Sons，以下简称 Wiley）创立于 1807 年，是全球知名的学术出版商。2010 年 8 月，Wiley 正式向全球推出了新一代在线资源平台 Wiley Online Library。作为在线多学科资源平台，Wiley Online Library 数据库覆盖了生命科学、健康科学、自然科学、社会与人文科学等全面的学科领域。它收录了来自 1 500 余种期刊、10 000 多本在线图书以及数百种多卷册的参考工具书、丛书系列、手册和辞典、实验室指南和数据库的 400 多万篇文章，并提供在线阅读。该在线资源平台具有整洁、易于使用的界面，提供直观的网页导航、灵活适用的检索方式、完善的个性化服务。用户可以通过注册，建立自己的个性化服务主页。

二、数据库检索

（一）检索规则

1. 逻辑运算符　系统支持逻辑运算，逻辑与使用"AND""+"或者"&"运算符，逻辑或使用"OR"

运算符,逻辑非使用"NOT"或者"–"运算符,需要注意的是,"AND""OR""NOT"必须以大写形式输入才能工作。如果输入了多个术语,并且未指定运算符,则使用"AND"搜索术语。

2.**精确检索**　检索词加双引号 "" 表示精确匹配。例如,表达式 spinal cord 等同于 spinal AND cord,而 "spinal cord" 则是作为一个完整词组进行检索。

3.**通配符**　在搜索词中使用问号"?"表示单个字符,使用星号"*"表示零或多个字符。例如 plant* 表示检索所有 plant 开头的词。通配符不能用在搜索词的开头,例如 *tension 是一个错误的检索表达式,通配符也不能用于精确检索。

(二)检索方法

1.浏览

(1)按资源类别浏览:点击主界面 Resources 上方的 1600+Journals、250+Reference Works、22000+Online Books 三大板块(图 4-13),可以按照想要寻找的资源类别进行浏览,选定某一特定的资源类别进入新页面,此页面中列出了 Wiley Online Library 数据库收录的所有该资源类别中相应的产品,在该页面中设置了过滤器按钮,用户可以通过点击相应的字母和学科类别缩小选择范围,默认的是 Database,包含所有资源内容。接下来就可以选择资源,比如某个期刊,选择卷期、目次,输入主题就可以对相应的文献进行检索和处理。需要注意的是,如果该期刊用户有完全访问权限,前面会有🔓标识。

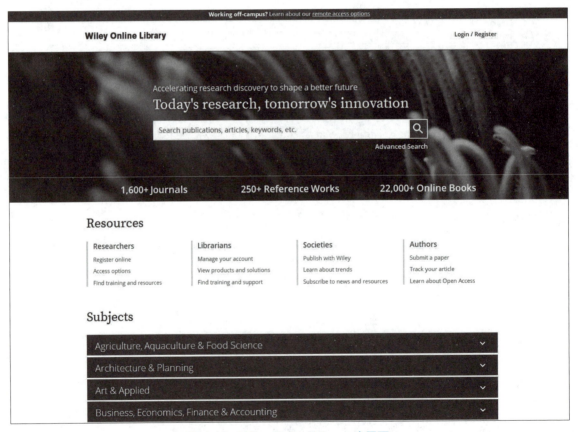

图 4-13　Wiley Online Library 主界面

(2)按用户角色类别浏览:点击主界面 Resources 类别首行的用户类别进行数据库资源的浏览,或者单击 Resources 下方相应的板块,按照想要实现的功能类别进行浏览。该界面主要包含 Researchers、Librarians、Societies、Authors 四大板块,选定自己需要操作的功能后进入新的页面,此页面列出了 Wiley Online Library 数据库与此功能相关的所有内容,可以点击不同的功能类别进入相应板块的界面,如进入 Researchers 页面,包含 Find Research、Share Research、Publish Your Research、

Tips for Researchers 四大模块，可以选定一个功能类别进行浏览，接下来的检索过程需要自己键入主题进行浏览和检索。

（3）按学科浏览：Wiley Online Library 数据库提供了 17 个学科门类供用户浏览。若选中某个学科，在该学科下又列出多个二级主题供用户选择，用户点击某个二级主题即可进入该学科浏览页面。该页面会列出此学科推荐的所有主题和文章列表，点击相应的主题进入第三个界面，用户可以通过点击出版物类型、发布日期、科目类别、出版期刊以及作者缩小选择范围。与此同时，也可直接在第二页面点击进入文章页面，该页面包含了文章的标题、发布日期、所属期刊、关键词、出版历史、背景、方法和结果以及结论等。

2. **基本检索**　基本检索系统默认检索所有类型的文章（见图 4-13），输入检索表达式可检索数据库里相关的期刊文章、在线图书、参考文献等。

3. **高级检索**　在主界面点击"Advanced Search"进入高级检索界面，高级检索能提供较为全面的选项并进行相对复杂的检索。如图 4-14，高级检索可供选择的检索字段有出版物（Published in）、任意字段（Anywhere）、篇名（Title）、作者（Author）、文摘（Abstract）、作者单位（Author Affiliation）、关键词（Keywords）、资助机构（Funding Agency）等。在同一个检索字段中，可以用布尔逻辑算符来确定检索词之间的关系。

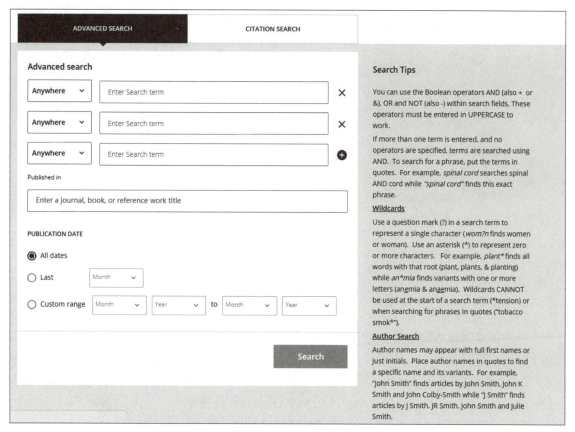

图 4-14　Wiley Online Library 数据库高级检索界面

用户可以选择出版物发布时间，在"PUBLICATION DATE"下有三个选项，所有日期（All Dates）、最近日期（Last，包含 Month、6Months、Year 三个选项）、自定义范围（Custom range，从某月某年到某月某年）。选好日期之后，点击"Search"完成检索。

在高级检索界面还可进行引文检索（Citation Search），可通过期刊名称、年份、卷、期、页数、引文等限定条件进行搜索。

三、检索结果处理与个性化服务

（一）检索结果处理

图 4-15 为检索结果界面，主要提供了以下信息。

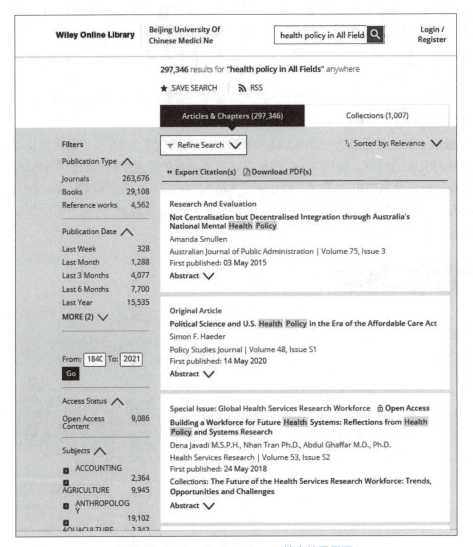

图 4-15 Wiley Online Library 检索结果界面

（1）显示检索出期刊的篇数，所用的检索条件、检索出的所有结果。每页显示 20 个期刊论文题录的检索结果，其中包括论文题目、刊名、卷期、页数、作者、篇名、关键词等信息。杂志页面每页也显示 20 个杂志的检索结果，其中包括杂志主题、杂志名称、卷期、首次发布时间以及最后更新时间。

（2）检索结果可以选择按日期（Date）或相关性（Relevance）排序。

（3）有访问权的用户可以点击"Download PDF（s）"下载文章。

（4）点击"Export Citation（s）"导出引文，可以选择采用 Plain Text、RIS（ProCite，Reference Manager）、EndNote、BibTex、Medlars、RefWorks 等格式输出引文数据。另外，用户还可以选择输出类型，直接导出成文件，或者用复制 / 粘贴间接导出。

（5）点击"Refine search"可以重新编辑检索，注册用户点击"Save search"可以保存本次检索式。

（6）点击左侧的"Publication Type""Publication Data""Access Status""Subjects"等筛选项可以缩小选择范围。

（7）单击文献标题，可以链接到该文献的具体页面，在此页面上提供对该文献的下载、分享和保存到我的文档等功能。有访问权的用户可以在线阅读全文。

（二）个性化服务

Wiley Online Library 数据库提供丰富的个性化服务。其个性化服务主要体现在文档服务和漫游服务。

1. 文档服务 Wiley Online Library 数据库注册用户可以保存检索的文章、出版物和每次检索的检索式等。在使用文档服务之前，用户必须先在平台上进行注册。Wiley Online Library 数据库在用户访问的几乎每个页面都含有 Register 按钮，点击就可以打开注册页面。登录自己注册的账户后，用户可以保存检索结果。在下次登录的页面右上方，用户点击"My account"进入账户管理页面，在这个页面提供用户的账户个人信息管理、订阅和购买管理、用户的订阅访问记录、收藏夹及保存的搜索记录等信息链接。可以链接到用户之前检索、浏览的历史记录页面，重现检索过程。包括检索保存的出版物（Publications）、文章（Articles）和检索式（Searches）等。在在线图书、在线期刊等的检索页面，有若干选项用来支持个性化服务。如"Get Content alerts"用来获取该期刊的最新内容提醒；"Subscribe to this journal"用来订阅这个期刊的内容以获得最新动态；"Share"则可用来分享文献。

在 Wiley Online Library 数据库主界面的资源（Resources）板块下，数据库根据用户类别的不同，提供了个性化的服务。主要针对研究人员（Researchers）、图书馆员（Librarians）、社会团体（Societies）、作者（Authors）四类人员提供个性化的服务，他们可以拥有独立的板块和空间在数据库中进行操作，如研究人员可以进行在线注册、访问选项和查找培训和资源等功能；图书馆员可以管理专属账户、查找产品和解决方案、寻找培训和支持等；社会团体可以与数据库进行合作、了解热点发展趋势以及订阅新闻和资源等；作者可以在数据库中提交论文，跟踪自己的文章动态、了解开放存取权限等。

2. 漫游服务 很多期刊和数据库都是通过 IP 地址控制访问，当用户的机构已订阅或者购买了该期刊和数据库内容时，读者无须注册和登录便可以访问机构已订阅的资源，但是如果离开机构，便不能访问。Wiley Online Library 为这种状况提供了一种便捷服务——漫游（Roaming）。设置漫游之前，用户先注册，然后在有效 IP 地址内申请并激活这种漫游服务，具体操作是：先登录进个人账户，点击"My account"进入自己的账户管理页面，点击左边一列的"Free access code"，然后点击出现的需要填写的访问代码，在对话框中填写正确的访问代码后，一段时间内，用户可以在任何地点登录 Wiley Online Library 数据库，登录后可像在有效 IP 地址内一样检索并下载文献。

第七节 其他全文数据库

一、Karger

（一）简介

Karger 是瑞士一家出版社，成立于 1890 年。Karger 的出版物以医学为主，期刊语种主要为英语，涵盖了传统医学和现代医学的最新进展。绝大多数的图书和期刊都有电子版，而且许多期刊都在线上优先发行。

（二）数据库检索

Karger 网站不区分基本检索与高级检索功能，检索方法便捷而高效。用户可在首页搜索框中输入文献关键词、期刊、作者或标题等信息，点击右侧搜索按钮即可进入结果显示页面。随搜索框中内容的调整，检索结果显示区可以实时显示新的检索结果。

界面右侧的条件选择区供用户调整出版日期(Publication Date)、资源类型(Filter)、访问类型(Access Type)、关键词(Keywords)、出版物(Publications)、作者(Authors)和年份(Year)等条件来缩小检索结果的范围。

(三)检索结果处理

检索结果包括命中文献的篇数和所用的检索时间。每页会以题录格式显示最多 20 个检索结果的题目、作者、关键词等信息。检索结果可以选择依照相关度(Most relevant)、新颖度(Newest first)及点阅率(Highest hits)排序显示。在页面右侧还有用于调整检索范围的条件选择区。

点击文献标题进入文献的详细信息显示界面,期刊论文除了上一界面的信息外,还会显示作者单位、通讯作者、电子邮箱等信息。在此页面可以通过菜单栏选项选择查看摘要、引言、参考文献或者全文。在文献正文的右侧固定显示文献的文本架构,点击链接可快速找到文献对应部分的内容。系统还提供 Text 格式与 RIS 格式的引文下载(Citation Download)、添加到我的阅读列表(Add to my Reading List)等功能。点击 PDF 全文链接即可查看 PDF 格式的全文信息。图书则会显示版本、ISBN、编者、出版年、订购等信息。

在 Karger 中还可以直接通过菜单栏浏览期刊、图书等资源。

二、Journals@Ovid Full Text

(一)简介

Journals@Ovid Full Text 是美国 Ovid Technologies(以下简称 OVID)公司制作的数据库系统。OVID 公司是全球著名的数据库提供商,1986 年成立,提供 300 多种数据库,2 000 多种权威期刊及其他资源。OVID 公司将资源集中在单一平台上,并通过资源间的链接为用户提供一个综合信息方案,数据库、期刊、电子参考书及其他资源均可在同一平台上检索及浏览。

(二)数据库检索

系统提供基本检索(Basic Search)、单篇检索(Find Citation)、字段检索(Search Fields)、高级检索(Advanced Search)和多字段检索(Multi-Field Search)等多种检索途径。基本检索可以检索单词或词组,当勾选检索框下的包含相关词汇(Include Related Terms)时,会拓展检索所输入的检索词汇,包含同义字、缩写和异体字。单篇检索是按照文章题名(Article Title)、作者名(Author Surname)或按期刊名(Journal Name)、年(Publication Year)、卷(Volume)、期(Issue)和页码(Article First Page)组合检索,其特点是利用少量的信息定位某篇特定的文献。字段检索是在检索框中输入检索词,选择相应字段后检索。高级检索比基本检索功能更强大,提供多个命令行以限定字段和利用运算符来构造检索式,可达到更集中、精确的检索效果。多字段检索提供多个字段的逻辑运算检索。

(三)检索结果处理

检索结果显示内容包括篇名、作者、出版物名称、出版地、出版日期、卷、期、页等,每一篇文献都用图标显示文摘(Abstract)、PDF(Article as PDF)和引用(Cite)。

在检索结果的左侧有一选择框,可以添加筛选条件,可筛选相关度(Relevancy)、年代(Years)、期刊(Journal)、出版类型(Publication Type),然后显示符合筛选条件的记录,右侧显示与检索匹配的开放获取资源。

三、ProQuest Medical Library

(一)简介

ProQuest Medical Library(简称 PML)是由美国 Bell&Howell Information and Learning 公司出版的网络全文医学期刊数据库,涵盖了儿科学、神经病学、药理学、心脏病学、牙科学、妇产科学、矫形外科学、肿瘤学、护理学、外科手术、物理治疗等上百种专业刊物,以学术性期刊为主,也包含部分商业性出版物,期刊来源较广,收录著名学术出版商如 SpringerLink 以及美国医学会(American Medical Association)、英国皇家医学会(British Royal Medical Association)、澳大利亚医学协会(Australian Medical Association)和澳大利亚皇家护理学联盟(Royal Australian Nursing Federation)等专业学(协)会出版社的期刊,多数为核心期刊。

(二)数据库检索

系统提供基本检索、高级检索和出版物检索。基本检索可以检索单词或词组,如果组成词组的单词为 3 个或 3 个以上,则必须使用双引号将检索词括起来,且不区分大小写。高级检索比基本检索功能更强大,提供多个命令行以限定字段和利用运算符来构造检索式,可达到更集中、精确的检索效果。出版物检索提供检索某一种特定出版物(学术期刊、一般杂志、报纸、报告和贸易行业出版物)的全文,包括对某一特定卷期内容的检索。可直接通过字顺表查找,也可在检索框中输入完整或部分刊名进行查找浏览,浏览时系统显示该刊物可用的卷期、全文的覆盖时限、延迟出版时间及空缺期。系统还提供了"在出版物中检索",即在某种刊物中实现高级检索功能。

(三)检索结果处理

检索结果显示内容包括篇名、作者、出版物名称、出版地、出版日期、卷、期、页等,每一篇文献都用图标显示是否有文摘(Citation/Abstract)、全文(Full Text)、全文和图像(Text+GraphicsTM)、页面图像(Page Image-PDF)、论文图像(Article image)和全文链接(Link to Full Text)。在检索结果的左侧有一选择框,可以添加筛选条件,然后显示符合筛选条件的记录,右侧显示与检索匹配的书籍、视频等。

四、EBSCOhost

(一)简介

EBSCO 公司是世界上知名的期刊提供、文献定购及出版服务的专业公司之一,已有 60 多年的历史,为全球文献资料收藏者提供完整的文献服务解决方案,包括:期刊订购服务、参考文献数据库、电子期刊服务、图书订购服务以及与之相关的文献订购、服务和管理平台。EBSCO 公司从 1986 年开始,出版电子出版物;现提供 50 多个全文期刊数据库和 50 多个文摘数据库,内容涉及自然科学、社会科学、人文和艺术、生物医学等各类学术领域。其平台系统 EBSCOhost 中最重要的两个全文数据库是商业资源全文数据库(Business Source Premier)和全学科学术全文数据库(Academic Search Complete)。

(二)数据库检索

EBSCOhost 除了提供基本检索(Basic Search)和高级检索(Advanced Search)两种主要检索方式外,还提供包括关键词(Keywords)检索、出版物(Publication)检索、科目术语(Subject Terms)检索、索引(Index)检索和图像(Image Collection)检索等辅助检索功能。其中图像检索主要用于查找特定类别的图像,首先在检索文本框中输入检索词或检索式,然后在结果限定区选择指定的图像类型,如人物照片、自然科学照片、地点照片和历史照片等,如果不选类型,系统默认在全部图片库中检索。

检索界面中还有"搜索历史记录"功能,此功能可以记录每次检索的词语、扩展条件、检索模式等信息,每次检索会生成历史记录表中的一条记录,历史记录表可以保存或打印。

(三)检索结果处理

EBSCOhost 以题录格式显示命中文献的题目、作者、文献出处、查询馆藏及 PDF 全文链接等。点击标题进入文献的文摘格式显示界面,除了题录格式中显示的文献信息外,还显示文献类型、主题词、摘要、作者单位、ISSN 等详细信息,同时还提供打印、电子邮件发送、保存、引用、导出、添加注释、添加至文件夹、永久链接等功能。点击题录显示页面或文摘显示页面中的 PDF 全文链接，可显示 PDF 格式的全文信息。

思 考 题

1. 如何利用 CNKI 中国学术期刊数据库提供的检索方式开展科研选题工作?

2. 我们可以利用维普中文期刊服务平台做哪些工作?

3. 万方智搜包括哪些深度分析功能?

4. 国外有关"胸痛评估和诊断的指南"可在哪些全文数据库中检索，举例说明检索过程。

5. 试用不同的国外数据库检出篇名中含有"hypertension"的论文(article), 并对各库的检索功能和检出结果进行比较。

（于微微　仇晓春　翟　兴）

第五章

引文数据库检索

学习目标

　　掌握引文检索的相关概念，认识引文检索的作用。熟悉并掌握本章所介绍的数据库的检索和使用方法。了解中国引文数据库、中国科学引文数据库、Web of Science 核心合集、Scopus、期刊引证报告、InCites 及基本科学指标的概况；能够运用本章所学的数据库进行引文分析。

第一节　引文检索概述

一、相关概念

　　1955 年美国著名情报学家、科学计量学家尤金·加菲尔德（Eugene Garfield）博士在 *Science* 杂志上发表论文，提出将引文索引作为一种新的文献检索与分类工具的理念。它将一篇文献作为检索字段，从而跟踪一个科研想法的发展过程，打破了以往文献检索中分类法和主题法的垄断地位，开创了从引文角度来检索文献及分析科学发展动态的新方法。加菲尔德于 1958 年创建了美国科学信息研究所（Institute for Scientific Information，ISI）；1961 年创办了科学引文索引（Science Citation Index，SCI）；1973 年创办了社会科学引文索引（Social Sciences Citation Index，SSCI）；1978 年创办了艺术与人文科学引文索引（Arts&Humanities Citation Index，A&HCI），这就是 ISI 著名的三大引文检索工具。此后加菲尔德和美国科学史专家普赖斯（Derek John de Solla Price）又在引文索引的基础上研发出引文分析技术。

　　1. 引文（citation） 在科学著述活动中，作者直接或间接地引用他人的著述，以提供文章的研究基础或背景材料，来加强论述的可信度，帮助用户更好地理解作者的观点，其出现位置为文献末尾的"参考文献"（references）或文中"脚注"（footnote），这就是引文。

　　2. 引证（citing） 引证又称引用，指文献之间的引用与被引用关系。引用他人文献称为引证文献，或称来源文献、引用文献、施引文献，其作者称为引用作者。被他人引用的文献称为被引证文献、被引用文献、受引文献，其作者称为引文作者或被引作者。

　　3. 引文耦合（bibliographic coupling） 如文献甲、文献乙同时引用或参考了另外一篇文献丙，则称文献甲和文献乙为引文耦合，而文献丙就是它们的引文耦。引文耦愈多，其相应的来源文献之间的相关性愈高。

　　4. 同被引（co-citation） 如文献甲、文献乙共同被后来的一篇或多篇文献所引用，则称文献甲、乙之间有同被引关系。同被引频次（或称同被引强度）愈高，则其相应的同被引的文献间的关系愈密切。

　　5. 自引（self-citation） 来源文献的著者引用自己先前发表的作品，称为自引。自引一般可以反映某项或某些研究工作间的承接关系。他引则是非同一作者之间的引用。

6.**引文索引**（citation index）　是指按照文献之间引证与被引证关系建立起来的索引。

7.**引文数据库**（citation database）　是将各种参考文献的内容按照一定的规则进行信息组织和加工，形成一个规范的数据集合。用户通过引文数据库可以检索到文献被引、期刊被引、机构被引等信息。

二、引文检索的作用

引文检索的作用主要体现在信息搜集与分析以及评价科研产出三部分。

1.**搜集某一主题的历史沿革到最新趋势研究文献**　存在引证关系的文献在内容上具有相关性，用户可以选择某一主题里被引频次较高的一篇文献，通过其参考文献以及二级参考文献，一层层往后推，或通过该文献的引证文献、二级引证文献，一层层往前推，可以获得该主题研究起点、发展、最新趋势系列文献。

2.**分析、追踪热点研究领域**　通过对 SCI 等引文数据库检索，可以检索到各个国家、地区、学科领域的高被引论文，并可以通过引文分析，追踪一个学科的研究热点。通过引文分析得到的这些数据可以被科研人员用来确定研究方向与领域，被政府科研管理部门用来分析和追踪国际研究热点，判断科学发展的宏观态势，并确定科研资助的重点。

3.**评价科研产出**　通过引证情况评价科研产出的学术价值和影响力。具体包括评价单篇文献、科研人员、学术期刊的学术水平，评价机构、城市、国家和地区的宏观科研水平等。

三、引文数据使用的误区

1.**盲目贬低中文期刊**　虽然 SCI 已经收录了全世界 5 000 多种高品质的学术和技术期刊，但从其收录语种来说，英文期刊占了绝对比例，非英文的期刊比例较小。SCI 数据库收录期刊有它自己的标准，但论文未被 SCI 收录并不意味着该论文的水平低，其中有多种原因，如 SCI 数据库未收录刊载该论文的期刊、该刊的语种非英文、刊物未严格按国际惯例编辑、论文未用英文撰写、文章本身的写作不规范、作者不了解 SCI 来源期刊的范围等。中国科技期刊有几千种，但 SCI 扩展版收录的中国科技期刊相对较少，单凭较少被收录远不能反映中国的整体科研水平，因此不能盲目贬低中文期刊的质量。

2.**将期刊的影响因子等同论文的影响力**　大多数作者在投稿时，首先是根据自己的论文学术水准选择相应水平的期刊，说明在大多数情况下，学术期刊的权威性和影响力与其刊载论文的质量存在一定的相关性。但一个影响因子高的期刊的部分文章可能被引用频次很低，甚至无人引用，因此不能将期刊的影响因子等同论文的影响力。

3.**将 SCI 作为科研绩效考核的绝对化指标**　在各级课题申报、成果鉴定、职称晋升、评奖等方面不能以 SCI 期刊的影响因子来判定作者科研水平的高低，或者将 SCI 论文作为科研绩效考核的绝对化指标。

第二节　常用中文引文数据库

一、中国科学引文数据库

（一）简介

中国科学引文数据库（Chinese Science Citation Database，CSCD）创建于 1989 年，收录我国数

学、物理、化学、天文学、地学、生物学、农林科学、医药卫生、工程技术和环境科学等领域出版的中英文科技核心期刊和优秀期刊千余种。从 1995 年出版印刷本《中国科学引文索引》，到 2007 年实现与 Web of Science 的跨库检索，CSCD 目前已积累从 1989 年到现在的论文记录 500 余万条，引文记录 8 000 余万条。CSCD 除具备一般的检索功能外，还提供新型的索引关系——引文索引。使用该功能，用户可迅速从数百万条引文中查询到某篇科技文献被引用的详细情况，还可以从一篇早期的重要文献或著者姓名入手，检索到一批近期发表的相关文献，对交叉学科和新学科的发展研究具有十分重要的参考价值。CSCD 还提供了数据链接机制，支持用户获取全文。

目前，CSCD 主要的时间范围包括两部分：1989—2001 年，收录期刊论文题录及中文（中国人）引文数据；2002 年至今，收录期刊论文题录、文摘及全部引文数据。年增长论文记录 20 余万条，引文记录 250 万余条。

（二）检索方法

登录中国科学文献服务系统，选择中国科学引文数据库。数据库提供了简单检索、高级检索以及来源期刊浏览。

1. **简单检索** 简单检索提供来源文献检索和引文检索。

（1）来源文献检索：来源文献检索提供 13 个可检字段，包括作者、第一作者、题名、刊名、ISSN、文摘、机构、第一机构、关键词、基金名称、实验室、ORCID、DOI。来源文献检索提供点击"+"可以增加检索输入框，支持使用""进行精确检索，并提供"与""或"帮助用户组配检索词。此外，来源文献检索中可以对论文发表时间和学科范围进行检索需求的设置。如选择作者字段输入吴孟超，将显示系统收录的吴孟超发表文献情况，包含未被引用文献。

（2）引文检索：引文检索提供 6 个可检字段。检索字段有：被引作者（引文的前 3 位作者姓名）、被引第一作者、被引来源（引文中出现的期刊、专著、专利、硕博士论文、会议录等名称）、被引机构、被引实验室、被引文献主编（当引文有主编姓名时，可以用此检索点检索，不包含期刊的主编）。检索吴孟超发表文献被引情况，可在被引作者输入吴孟超，被引机构输入该作者所在单位（图 5-1）。

图 5-1 CSCD 引文检索界面

2. **高级检索** 高级检索同样提供来源文献检索和引文检索两种方式。高级检索可以在检索框中输入字段名称、检索词以及各种检索技术符号自行构建检索式。默认为模糊检索，如需进行精确检索则在检索项后输入"_EX"。也可在界面最下方的检索框选择检索字段，填入相应检索词，选择是否精确,点击"增加",将自动生成检索语句。

　　3.来源期刊浏览　　按照中英文期刊进行分类,中文期刊按刊名拼音首字母进行排序,英文期刊按刊名英文首字母进行排序。点击字母即可浏览相应期刊,显示刊名、ISSN、收录年代。点击刊名可以浏览该期刊年、卷、期收录列表。点击某一期则可查看该期文献列表。同时来源期刊浏览还提供期刊检索,可以选择"刊名"和"ISSN"字段,输入检索词进行检索。

(三)检索结果处理

　　1.检索结果限定与二次检索　　检索结果限定是在检索结果基础上进一步限定。来源文献检索的检索结果可对来源、年代、作者、学科进行限定。引文检索的检索结果可对被引出处、年代、作者进行限定。先根据所需选择检索结果分布前面的复选框,然后点击"结果限定"按钮,将显示限制部分的检索结果。可进行多次结果限定(图5-2)。二次检索在检索结果题录显示的最下方,可选择相应的字段,输入检索词语,点击"确定"按钮,从第一次检索结果中筛选出符合需要的检索结果。

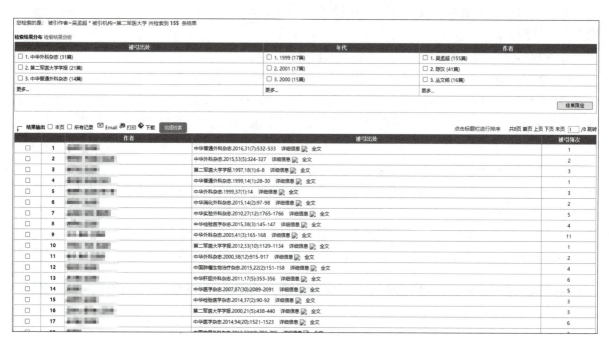

图5-2　CSCD引文检索结果界面

　　2.检索结果显示、排序和输出　　每页默认显示20条文献记录。在来源文献检索中,检索结果显示每一条文献的题名、作者、来源、被引频次。在引文检索中,检索结果显示作者、被引出处、被引频次。每条记录均提供有详细信息和全文两个链接,可显示进一步信息(图5-2)。

　　数据库默认按文献出版时间先后顺序排序,但可根据需要,点击检索结果显示框的"标题栏"分别按题名、作者、来源、被引频次进行排序。如点击"题名"可按"题名"进行排序。

　　检索结果的输出有:发送到Email、打印、下载、输出引文格式、保存到EndNote五种方式。

　　3.相关文献检索　　来源文献检索和引文检索中对能够提供详细信息的记录,均提供相关文献检索,包括作者相关(与本文作者共同发表文章的作者检索)、关键词相关(查看与本文相同关键词的文献)、参考文献相关(查看与本文具有相同参考文献的文献)。点击记录详细信息,找到相关文献,即可进行检索。

　　4.结果分析及引文分析报告　　来源文献检索结果提供检索结果分析及引文分析报告。引文检索结果提供检索结果分析。检索结果分析可对来源、年代、作者、学科进行分析。引文分析报告可对每年出版的文献数、每年被引的文献数进行分析。

二、中国引文数据库

（一）简介

中国引文数据库是依据 CNKI 收录数据库及增补部分重要期刊文献的文后参考文献和文献注释为信息对象建立的、具有特殊检索功能的文献数据库。中国引文数据库揭示各种类型文献之间的相互引证关系，不仅可以为科学研究提供新的交流模式，而且也可以作为一种有效的科研管理及统计分析工具。中国引文数据库主要功能包括引文检索、检索结果分析、作者引证报告、文献导出、数据分析器及高被引排序等模块。

（二）检索方法

中国引文数据库登录可通过 CNKI 主页点击"引文检索"导航，点击"中国引文数据库"链接访问。数据库提供了来源文献检索以及被引文献检索，首页默认为被引文献检索。

1. **来源文献检索** 来源文献检索提供高级检索与专业检索。专业检索为用户通过字段、检索词、各种检索技术符号自行构建检索式。来源文献检索的高级检索提供检索字段为：主题、题名、关键词、摘要、中图分类号、作者、第一作者、作者单位。限定字段为：被引频次、文献来源、支持基金。如选择作者字段输入李兰娟，将显示系统收录李兰娟发表文献情况，包含未被引用文献。

2. **被引文献检索** 被引文献检索提供高级检索、专业检索、被引作者检索、被引机构检索、被引期刊检索、被引基金检索、被引学科检索、被引地域检索、被引出版社检索。

被引文献检索的高级检索提供检索字段为：被引主题、被引题名、被引关键词、被引摘要、被引中图分类号、被引作者、被引第一责任人、被引单位。限定字段为：出版年、被引年、被引来源、被引基金。

被引文献检索的被引作者检索提供检索字段为：被引作者、作者单位、曾经单位。限定字段为：出版年、被引年、被引文献类型。如检索李兰娟发表文献被引情况，作者单位为浙江大学，曾经单位为浙江医科大学、中国工程院（图 5-3）。

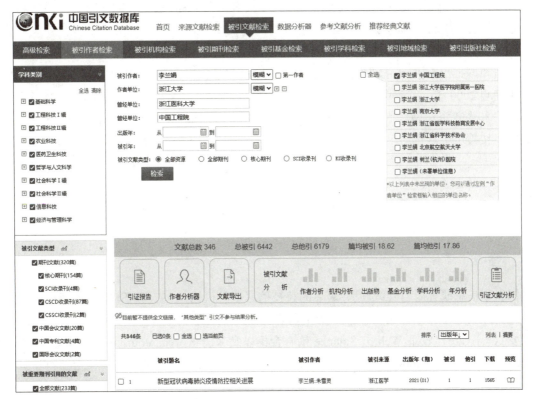

图 5-3 中国引文数据库被引文献检索界面

被引机构、被引期刊、被引基金等几种检索的检索操作大同小异,此处不再赘述。

（三）检索结果处理

执行检索结果后,显示检索结果的题录界面(图5-3)。

1. 检索结果显示与排序　检索结果显示分为列表格式和摘要格式。每页显示50条记录。检索结果提供排序方式有:出版年、被引、他引、下载。

2. 文献的过滤与分析　检索结果提供了学科类别、被引文献类型、被重要期刊引用的文献、作者被引频次、出版年五种方式的过滤。用户可根据所需选择并分析。

检索结果提供了分析器(根据检索类别分别提供作者、机构、期刊、基金、学科、地域、出版社分析器)、被引文献分析(提供作者、机构、出版物、基金、学科、年分析)以及引证文献分析。如进行被引作者检索则出现作者分析器,点击作者分析器,则显示该作者各年被引量分布图。

3. 检索结果输出　选择好所需记录,点击"文献导出",即可导出文献,一次最多能导出1 000条记录。数据库提供了参考文献格式、CNKI E-Study、Refworks、EndNote、BIB、自定义(文本、Excel)输出格式。

三、其他中文引文检索数据库

（一）中文社会科学引文索引

中文社会科学引文索引(Chinese Social Sciences Citation Index,CSSCI)是由南京大学投资建设,南京大学中国社会科学研究评价中心开发研制的人文社会科学引文数据库,用来检索中文人文社会科学领域的论文收录和被引用情况。CSSCI目前收录包含法学、管理学、经济学、历史学、政治学等在内的25大类人文社会科学学术期刊。

CSSCI提供来源文献检索和被引文献检索两种途径。来源文献检索提供多个检索入口,包括:篇名(词)、作者、关键词、期刊名称、作者机构、中图分类号、基金细节、英文篇名等。被引文献的检索提供的检索入口包括:被引篇名(词)、被引作者、被引期刊名称、被引文献细节等。检索结果按不同检索途径进行发文信息或被引信息分析统计,并支持文本信息下载。

（二）维普资讯网和万方数据知识服务平台

维普资讯网推出《中文科技期刊数据库(引文版)》,收录文摘覆盖8 000多种中文科技期刊,引文数据加工追自2000年。维普资讯的中文期刊服务平台还提供"参考文献"字段检索,同时万方数据知识服务平台和维普资讯网学术期刊、学位论文、会议等检索结果中,记录会显示被引次数,同时对检索结果提供按被引频次排序。

第三节　Web of Science核心合集

一、简介

美国科学信息研究所(ISI)是世界著名的科技信息服务机构,1997年ISI将旗下产品SCI、SSCI、A&HCI整合,创建了网络版引文数据库Web of Science。经过多年发展,现如今Web of Science归属科睿唯安(Clarivate),收录Web of Science核心合集以及KCI-Korean Journal Database、MEDLINE、Russian Science Citation Index、Derwent Innovations Index、SciELO Citation Index、中国科学引文数据库等资源。

其中,Web of Science核心合集是其主要数据库,收录了21 000多种世界权威的高影响力的学术期刊。可检索自然科学、社会科学、艺术和人文领域世界一流的学术期刊、书籍和会议录,并浏览完整的引文网络;可检索所有作者以及作者的所有附属机构;可使用引文跟踪,对引用活动进行跟踪;可借助引文报告,以图形方式了解引用活动和趋势;可使用分析检索结果,确定研究趋势和出版物模式。

Web of Science 核心合集资源包括 6 个引文数据和 2 个化学数据库。

1. Science Citation Index Expanded(SCIE,**科学引文索引扩展版**) 收录 1900 年以来 9 500 多种 178 个科学学科期刊。内容覆盖数学、物理、化学、生物、医学、农业、天文、地理、环境、材料和工程技术等领域。

2. Social Sciences Citation Index(SSCI,**社会科学引文索引**) 收录 1900 年以来 3 500 多种 58 个社会科学学科期刊。内容覆盖人类学、法律、经济、历史、地理、心理学等领域。

3. Arts&Humanities Citation Index(A&HCI,**艺术与人文引文索引**) 收录 1975 年以来 1 800 多种 28 个艺术与人文学科期刊文献。

4. Conference Proceedings Citation Index(CPCI,**会议论文引文索引**) 收录 1900 年以来全球超过 22 万种会议文献,总参考文献数超过 7 000 万篇。CPCI 可分为两个版本:Conference Proceedings Citation Index-Science(CPCI-S),Conference Proceedings Citation Index-Social Sciences&Humanities(CPCI-SSH)。

5. Current Chemical Reactions(CCR) 收录 1840 年以来 120 多万种化学反应。

6. Index Chemicus(IC) 收录 1993 年以来 660 多万种化合物。

7. Emerging Sources Citation Index(ESCI,**新兴来源引文索引**) 收录 2005 年以来 254 个学科的 7 800 多种高质量期刊,超过 300 万条记录和 7 400 万条引用参考文献。

8. Book Citation Index(BKCI,**图书引文索引**) 科学和社会科学领域专著和丛书的多学科索引,收录 2005 年以来 12 万余种图书。

二、数据库检索

登录 Web of Science 官网,登录后界面显示数据库为所有数据库,选择 Web of Science 核心合集进行检索,能检索到的核心合集的数据库量取决于机构订购情况。登录后可自行选择语种。

(一)检索规则

Web of Science 平台上的数据库,默认为跨库检索,也可以选择一个数据库进行检索,但都遵循一定的规则。详细内容可参见第三章第四节 BIOSIS Previews 的检索规则。

1. **检索运算符** 包括五种,按运算顺序依次为"NEAR/n""SAME""NOT""AND""OR",可用括号优先执行。"NEAR/n"是位置限定运算符。用于查找两检索词距离在指定数量单词之间的记录,n 为指定数量,由用户指定。运算符"SAME"常用于地址检索,地址字段通常有多位作者的地址,用"SAME"运算符可将检索词限定于同一地址。

2. **词组检索** 词组检索或精确检索时可添加引号("")。

3. **截词检索** 截词符号"*"表示任意字符,"?"表示 1 个字符,"$"表示一个 0 或 1 个字符。

(二)检索方法

Web of Science 核心合集主要的检索途径包括基本检索(Documents Search)、被引参考文献检索(Cited Reference Search)、化学结构检索(Structure Search)和高级检索(Advanced Search),系统默认基本检索。

1. **基本检索** 基本检索可选择一个字段输入相应检索词进行检索,也可通过添加行选择一个以上的字段进行组合检索。每一行支持输入用逻辑运算符连接的多个检索词,空格默认具有"AND"的逻辑关系。同一行的检索词相当于添加括号,默认先检索。如果有三行以上,行与行之间先运行

"AND"，再运行"OR"。

基本检索提供的字段包括：所有字段、主题、标题、作者、出版物标题、出版年、所属机构、基金资助机构、出版商、出版日期、摘要、入藏号、地址、作者标识符、作者关键词、会议、文献类型、DOI、编者、授权号、团体作者、Keyword Plus、语种、PubMed ID、Web of Science 类别。

（1）主题字段：可检索出标题、摘要、作者关键词、Keyword Plus 字段中包含有检索词的文献记录。Keywords Plus 是由参考文献的标题自动生成的索引词，Keywords Plus 术语必须在参考文献中出现一次以上，增强了传统的作者关键词检索或标题检索的功能。

（2）标题字段：可检索期刊文献、会议录论文、书籍、书籍章节、软件数据集的标题。

（3）作者字段：可检索作者和团体作者。对于作者，需先输入姓氏，后跟空格和作者名字首字母。如果只输入了一个名字首字母，系统将自动添加"*"通配符。因此，输入 LEE M 与输入 LEE M* 相同。

作者标识符字段：可检索 Web of Science ResearcherID 和 ORCID ID。这将返回研究人员使用该 Web of Science ResearcherID 或 ORCID ID 撰写的文献。2008 年起，Web of Science 每个注册的科研人员都可以获得一个 Web of Science ResearcherID，通过该 ID 提供该科研人员的论文发表情况、h 指数、总被引频次、篇均被引频次。ORCID（Open Researcher and Contributor ID）即开放研究者与贡献者身份识别码，是每一个科研人员独一无二的身份识别码，可以通过 ORCID 的网址注册。目前世界上主流学术出版商，包括 Elsevier、Wiley、Nature、Thomsen Reuters、Clarivate 等均支持 ORCID。

检索示例：通过 Web of Science 核心合集查找吴孟超发表文献情况。在基本检索界面选择作者字段后，输入 WU MC 或者 WU MengChao，在检索结果中，通过姓名、组织和学科类别进行区分。点击检索结果中该作者的链接进入个人信息界面（图 5-4），可以看到该作者各种署名变体、工作组织变更、出版物情况、作者影响力射束图、引文网络、引文报告等。

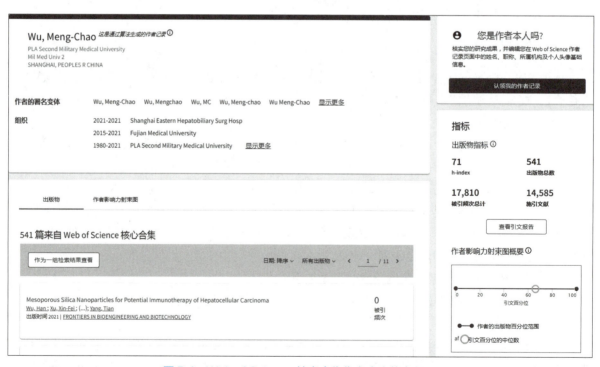

图 5-4 Web of Science 核心合集作者个人信息界面

（4）出版物标题字段：可检索期刊标题、书籍标题、会议录标题等，也称为"来源出版物名称"。检索期刊名称时，"the"要去掉。

（5）地址字段：通过在作者地址中输入机构和 / 或地点的完整或部分名称进行检索，在输入时不要使用冠词（a、an、the）和介词（of、in、for），可用"SAME"运算符进行检索。

检索示例：欲查找我国首位诺贝尔生理学或医学奖获得者屠呦呦发现的青蒿素治疗疟疾的相关研究文献，可进行添加行操作，两检索行均选择主题字段，分别输入 artemisinin 和 malaria，再添加一行输入 tu yy，选择逻辑符号 AND，点击"检索"即可（图5-5）。

图 5-5　Web of Science 核心合集基本检索界面

2. 被引参考文献检索　被引参考文献检索可以跟踪论文发表后的被引用、评价的情况，从而了解相关主题内容发展的状况。

被引参考文献检索提供被引作者、被引著作（被引期刊、被引会议录、被引书籍标题）、被引年份、被引 DOI、被引标题、被引参考文献的其他信息（卷、期、页）等多个字段检索，可以单独使用，也可配合检索。

检索示例：王军志等完成了"全球首创以肠道病毒71型疫苗预防重症手足口病"项目，要检索其在 *VACCINE* 上发表的文献 *Establishing China's national standards of antigen content and neutralizing antibody responses for evaluation of enterovirus 71（EV71）vaccines* 被引用情况。可在被引参考文献检索界面选择被引作者输入 wang junzhi、被引著作输入 VACCINE，被引标题中输入几个标题里的词汇（图5-6）。点击"检索"得到王军志院士在 *VACCINE* 上发表的文献款目界面。

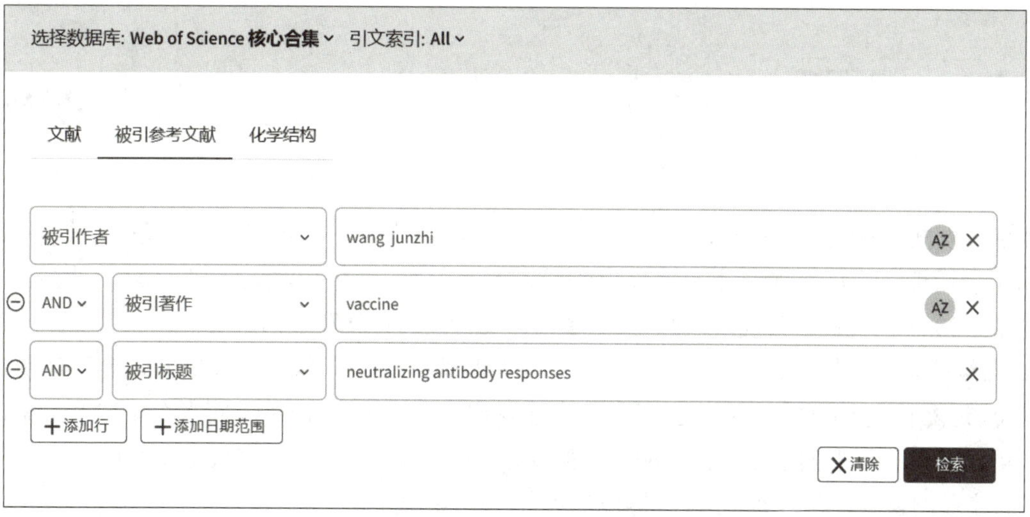

图 5-6　Web of Science 核心合集被引参考文献检索页面

文献款目界面可以看到文献款目的被引作者、被引著作、标题、出版年、卷、期、页、标识符、施引文献数量等信息。在列表中选择感兴趣的或匹配的被引参考文献，然后单击"查看结果"，则得到该篇文献的施引文献。

3. **化学结构检索**　化学结构检索可通过绘制化学结构图或者在检索框输入化合物数据、反应数据等进行检索（图5-7）。在 Web of Science 中搜索化合物和反应数据是为 Index Chemicus 和 Current Chemical Reactions 的订阅者提供的。用户可以保存结构和化合物搜索，并创建跟踪服务。搜索符合用户使用 Dotmatics Knowledge Solutions 的元素绘图工具创建的结构查询的化合物和反应。

图5-7　Web of Science 核心合集化学结构检索界面

利用检索框进行文字检索时，可以选择多种检索字段，化合物数据相关的字段有：化合物名称、化合物生物活性、分子量、特征描述；反应数据相关字段有：气体环境、反应检索词、大气压、时间(h)、温度(℃)、产率、反应关键词、化学反应备注。支持逻辑检索和截词检索。

4. **高级检索**　高级检索推荐具备较高文献信息检索能力用户使用。高级检索允许使用布尔逻辑运算符、通配符、位置算符等检索技术在检索输入框中自行构建检索式，将多个字段及检索词组配检索。可同时查找更多的检索词，可同时检索其他界面不显示的字段，实现更复杂的检索过程。在输入带有字段的检索词时，应在字段代码前加等号，如 TS=AIDS。

高级检索界面下方的"会话检索式"部分可以将历次检索过程进行组配再检索。

三、检索结果处理与个性化服务

以基本检索为例,检索获得性免疫缺陷综合征(艾滋病)的高效抗反转录病毒治疗(HAART,又称鸡尾酒疗法)文献。执行检索后,显示检索结果的题录界面(图5-8)。在检索结果基础上可以加入其他检索词进行进一步检索。点击检索结果上方的检索框,弹出检索式预览窗口,用户可以对检索式进行修改从而达到缩小检索或扩大检索的目的。

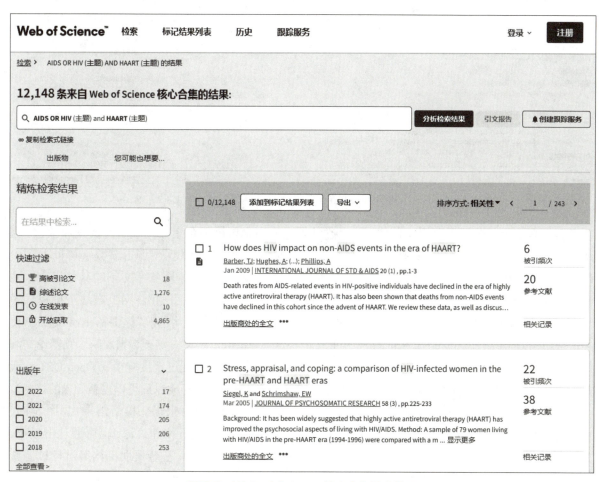

图 5-8　Web of Science 核心合集检索结果

(一)检索结果处理

1. 检索结果显示　检索结果默认按相关度排序。此外,还提供按最近添加、日期、被引频次、使用次数、会议标题、第一作者姓名、出版物标题等多种方式进行排序。检索结果显示分为题录格式和全记录格式两种。

(1)题录格式:每页默认显示50条记录,可根据需要设置显示每页10条或20条。每条记录会显示标题、部分作者、出处、部分文摘、被引频次、参考文献及相关记录。标题、作者、期刊名称、被引频次、参考文献及相关记录均采用超链接方式。点击标题可进入全记录格式;点击作者可查看该作者更多记录;点击期刊名称可浏览该期刊详细的影响信息,包括期刊影响因子和JCR分区;点击被引频次可浏览引用文献。

(2)全记录格式:在题录格式状态点击文献标题即可进入该篇文献全记录界面。全记录格式可浏览包括全部作者、文摘、作者信息(包含通讯作者地址、其他作者地址等)、研究方向以及期刊信息等详细内容(图5-9)。

How does HIV impact on non-AIDS events in the era of HAART?

作者: Barber, TJ (Barber, T. J.) [1]; Hughes, A (Hughes, A.) [2]; Dinsmore, WW (Dinsmore, W. W.) [3]; Phillips, A (Phillips, A.) [4]
查看 Web of Science ResearcherID 和 ORCID (由 Clarivate 提供)

INTERNATIONAL JOURNAL OF STD & AIDS
卷: 20 期: 1 页: 1-3
DOI: 10.1258/ijsa.2008.008302
出版时间: JAN 2009
文献类型: Review

摘要
Death rates from AIDS-related events in HIV-positive individuals have declined in the era of highly active antiretroviral therapy (HAART). It has also been shown that deaths from non-AIDS events have declined in this cohort since the advent of HAART. We review these data, as well as discussing some of the possible effects HAART might have on non-AIDS diagnoses and deaths in HIV-positive individuals with successfully treated HIV.

关键词
作者关键词: HIV; HAART; non-AIDS events; mortality
Keywords Plus: IMMUNODEFICIENCY-VIRUS TYPE-1; T-CELL DEPLETION; ANTIRETROVIRAL THERAPY; GASTROINTESTINAL-TRACT; INFECTION; DISEASE; ASSOCIATION; LYMPHOCYTES; OUTCOMES

作者信息
通讯作者地址: Barber, T. J. (通讯作者)
　　Mortimer Market Ctr, Camden Primary Care Trust, London WC1E 6JB, England
地址:
　[1] Mortimer Market Ctr, Camden Primary Care Trust, London WC1E 6JB, England
　[2] Chelsea & Westminster NHS Fdn Trust, St Stephens Ctr, London SW10 9NH, England
　[3] Royal Victoria Hosp, Belfast BT12 6BA, Antrim, North Ireland
　[4] Royal Free & Univ Coll Med Sch, HIV Epidemiol & Biostat Grp, London WC1E 6BT, England
电子邮件地址: t.barber@nhs.net

类别/分类
研究方向: Immunology; Infectious Diseases

图 5-9　Web of Science 全记录格式

网页右边上部可看到引文网络，其中被引频次分为来自核心合集数据及所有数据库数据，这两个数字并不一定一致。引文网络还可以看到该篇文献的参考文献数量，点击该数字可以看到参考文献列表，同时还提供了"查看相关记录"，可以查看与本文引用了相同参考文献的其他记录。网页右边中部提供了相似文献即"您可能也想要"以及"最近被以下文献引用"。网页右边下部提供了"Web of Science 中的使用情况"以及"建议修正"。"Web of Science 中的使用情况"提供 Web of Science 使用次数，可以衡量用户对 Web of Science 平台上某个特定项目的关注程度。这一数据反映了某篇论文满足用户信息需求的次数，统计依据是出版商网站全文链接的点击次数（通过直接链接或 Open URL），或是为了在题录管理工具中使用而保存该论文的次数（通过直接导出或保存为以后可以重新导入的格式）。

2. 精炼检索结果　在题录格式显示状态下的精炼检索结果，可用来优化检索结果（见图 5-8）。可以通过高被引论文、热点论文、综述论文、在线发表、开放获取等进行快速过滤；也可通过出版年、文献类型、Web of Science 类别、作者、所属机构、出版物标题、出版商、基金资助机构等进行过滤精炼。用户还可在检索结果左侧的"精炼检索结果"的检索框中输入检索词进行二次检索。

3. 检索结果标记　在题录格式界面（见图 5-8），选中文献记录前面的复选框，点击"添加到标记结果列表"可将选中记录添加到标记结果列表。用户可自行建立各种列表，收藏标记的文章。标记结果列表可对多次检索结果记录进行去重，再统一处理。

4. 检索历史　通过点击图 5-8 界面上方的"历史"进入检索历史界面，用户可对每条检索历史进行编辑、复制、创建跟踪服务等。若需对多条检索历史进行组配检索，需跳转到高级检索的会话检索式界面。

5. 检索结果导出　在题录格式和全记录格式界面都可以进行检索结果导出。检索结果的导出方式有：EndNote Online、EndNote Online Desktop、RIS、RefWorks、BibTex、纯文本文件、Excel、制表符分隔文件、可打印的 HTML 文件、InCites、电子邮件等。

（二）个性化服务

1. 分析检索结果　点击精炼检索结果区最下方的"分析检索结果"或题录显示区右上方的"分析检索结果"（见图 5-8），可实现以图表等可视化方式对检索结果进行详细统计分析。检索结果分析提供对出版年、文献类型、Web of Science 类别、作者、所属机构、出版物标题、出版商、基金资助机构、授权号、开放获取等进行分析。排序方式提供检索结果计数和按字母顺序两种方式。可视化数据提供了树状图、柱状图以及隐藏可视化数据 3 种方式。检索结果数指分析种类数量,可以分析 5～25 个种类。

2. 生成引文报告　在题录格式(见图 5-8)右上方的"引文报告"链接,可生成本次检索结果的引文报告。内容包括按年份的被引频次和出版物分布图、总被引次数、去除自引总被引次数、篇均被引次数、h 指数等,以及每篇文献的年被引次数、被引总次数、年均被引频次。同时还能对施引文献进行分析。引文报告功能不适用于包含 10 000 条以上记录的检索结果。如果检索结果超出此限制,该功能无法使用。

3. 创建跟踪服务　用户注册免费账号登录后,可以使用跟踪服务。Web of Science 提供了引文跟踪和检索跟踪。引文跟踪在每一条记录的全记录格式右边引文网络部分。当对该文献创建跟踪后,如果有人引用该文献,用户将收到电子邮件。检索跟踪为跟踪检索式,在检索结果题录格式界面(见图 5-8)、检索历史以及高级检索的会话检索式部分皆可创建检索跟踪,用户将会收到包含用该检索式找到的最新文献的电子邮件。

4. 修正数据　如果作者发现论文缺失或信息错误,可以在网站提交修正请求。论文缺失是指期刊正刊(不含增刊,增刊不完全收录)当期其他论文皆已收录,但作者本人论文未见;信息错误即论文题目、作者、地址等信息出现错误。Web of Science 提供了两个链接进行数据修正。一处为主页最底部的"数据修正",一处为检出文献全记录格式右下角的"建议修正"。点击进去后,按照要求提交材料即可。一般数据修改需要 2 个月以上。

第四节　Scopus

一、简介

Scopus 是一个文摘及引文数据库,配备多种文献计量工具帮助用户对科研内容进行跟踪、分析和可视化研究。该数据库收录了来自全球约 7 000 家出版社出版的约 2.46 万种学术期刊、10 万个学术会议或活动、20 多万种图书的摘要及引文信息。覆盖自然科学、社会科学、艺术与人文学科等多个学科。

Scopus 是研究者跟踪学科发展的重要工具,可以对研究人员发表的学术论文从发文数量、被引情况、h 指数等方面进行学术评价,还可以对学科热点趋势进行可视化分析。通过 Scopus 可以从纵向上对比机构自身学术水平和学科研究热点的变化,从横向上对比竞争对手机构,识别自身的科研优势和劣势,客观地反映出机构的科研实力,同时寻找可能的合作机构和合作者。除此以外,通过检索 Scopus 还可以了解学科领域高水平期刊、确定可能的学科研究方向、了解学科领域的期刊质量及全球影响力。

二、数据库检索

(一)检索规则

1. 布尔逻辑运算　Scopus 不区分大小写,支持用"AND""OR""AND NOT"表达的布尔逻辑运算符。

2. 短语检索　要检索特定短语,可用双引号""或大括号 {} 将检索词括起来,以检索完全匹配项。

3. 位置运算符　系统采用"W/n"和"PRE/n"作为位置限定运算符,用户可以在两个位置运算符中进行选择以找到彼此之间具有特定距离的词语。"PRE/n"规定词语顺序,例如 behavioral PRE/3 disturbances 检出的是"behavioral"出现在"disturbances"之前 3 个单词范围内的文献。而"W/n"不规定顺序,例如 journal W/2 publishing,检出的是在距离"publishing"2 个单词范围内出现"journal"的文献。

值得注意的是,如果要求两个检索词在同一个句子内,n 使用 15;如果要求两个检索词在同一段落中,n 使用 50;查找相邻的词,n 使用 0,例如 heart PRE/0 attack 所显示的结果与"heart attack"相同。

4.**运算顺序**   当一个检索有多种算符时,系统遵循的优先顺序是:()、OR、W/n 或 PRE/n、AND、AND NOT。半角括号()可改变运算符优先顺序,即先运算括号里的表达式,再运算括号外的表达式。例如检索式 sensor W/15 robot AND water OR orbit OR planet 会按照以下顺序处理:

(1)OR:首先处理 OR 连接的部分,检索包含 water、orbit 或 planet 的文献。

(2)W/15:然后查找 sensor 与 robot 在同一句话里距离 15 个词以内的文献。

(3)AND:最后处理 AND 运算符,检出含 water 或 orbit 或 planet,同时 sensor 与 robot 在同一句话里距离 15 个词以内的文献。

5.**查找单词的复数形式和所有格形式**   对于大多数的单词来说,使用单数形式进行检索时可以同时找到该单词的单数、复数以及所有格形式。Scopus 会对包含文本的字段(即不包括名字、归属机构、日期或数字)进行词干提取。词干提取确保了可以找出同一个单词的不同形式。例如:criterion 可以找到 criteria 和 criterion。

(二)检索方法

Scopus 系统提供基本检索、高级检索、作者检索和机构检索这四种检索功能。

1.**基本检索**   基本检索界面提供多个检索字段,如作者、来源名称、文章名、关键词、机构、语言、ISSN 号等。还提供出版时间、近期检索时间、文献类型、学科领域等检索限制条件,如果要添加其他检索词,可单击"添加检索字段"前的"+"图标增加检索栏。

如检索首都医科大学(Capital Medical University)作者发表的关于肝炎(hepatitis)的论文,只需要在第一个检索行选择字段"论文标题、摘要、关键字"后输入"hepatitis",在第二行选择字段"归属机构"后输入"Capital Medical University",输入完毕点击"检索"放大镜,即可进入检索结果概览页面(图 5-10)。

图 5-10   检索结果概览界面

在检索结果概览页面,中间列出了文献简单记录、辅助文献(表示 Scopus 未收录此文献,其信息是从 Scopus 文献的参考文献列表中提取而出)及专利列表和全文链接,右上提供按相关度、被引频次、时间排序按钮,左侧提供了检索结果的分析和二次检索功能,也列出了检索结果分析图表按钮。

对于选中的文献(选择全部或部分),可以查看引文概览、查看施引文献及对选中文献进行保存、导出和下载。

2. 高级检索　在高级检索界面,可以通过构造检索式的形式进行文献检索,主界面右侧提供了可用于构造检索式的逻辑运算符和位置运算符及字段代码,点击"+"可将算符或字段代码添加到检索式中,格式类似于:字段代码(检索词),例如 AFFIL(University of Erfurt)。有超过 60 个不同的字段代码可用于检索。选择时,检索框中会显示单个字段代码的说明。例如:检索式 TITLE-ABS-KEY(prion disease)将显示标题、摘要或关键字中显示该词语的文献。不使用字段代码,如(heart attack)等同于检索 ALL(heart attack)。

例如检索首都医科大学(Capital Medical University)作者发表的关于肝炎(hepatitis)的文献,利用高级检索进行检索步骤如下:①点击字段"文献标题、摘要、关键字"后的"+"号,在括号中输入"hepatitis"(图 5-11);②点击运算符"AND"后的"+"号;③点击字段"归属机构"后的"+"号,在括号中输入"Capital Medical University";④检索式构造完毕,点击"检索"即可完成检索。

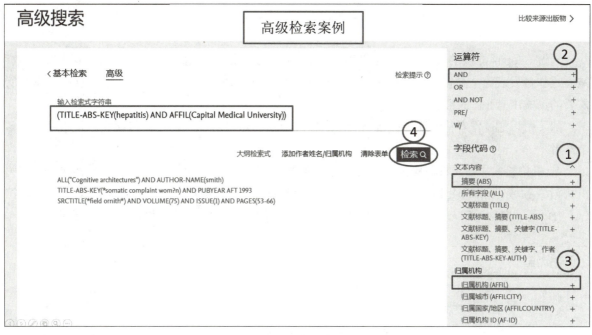

图 5-11　高级检索界面

3. 作者检索　作者检索可以帮助用户在 Scopus 中找到由特定人员撰写的文献,即使在引用列出作者时采用了不同的方式,也可以将其找出。Scopus 作者标识符为 Scopus 中的每个作者分配了一个唯一编号并将该作者所著述的所有文献分为一组,从而可以将相似的项目区分开来。用户还可以使用作者的 Open Researcher and Contributor ID(ORCID)进行检索(详见本章第三节)。

在 Scopus 中,单击"作者"进入作者检索界面,可以输入作者的姓氏、首字母、名字、归属机构和 / 或 ORCID,单击"检索"放大镜进行检索。以检索首都医科大学王松灵的文章为例,在"输入姓氏"下输入"Wang","输入名字"下输入"Songling",在"输入归属机构名称"下输入"Capital Medical University"后点击"检索"即可进入检索结果页面。

在作者检索结果页面点击作者姓名可进入作者详情页面(图 5-12),作者详情页面中显示了作者的详细信息,包括发表的文章、所属机构、ORCID 编号、被哪些文献所引用、h 指数以及总体被引用情况分析,点击文献数量可以看到该作者发表的所有论文。

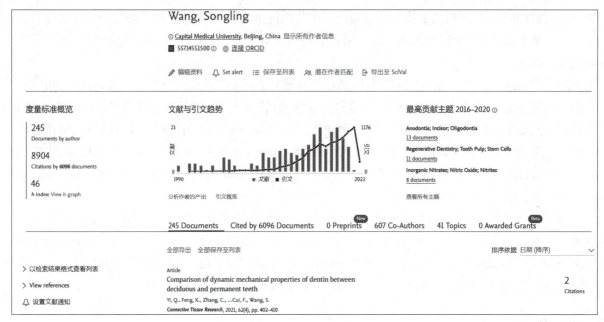

图 5-12   作者详情界面

通过 Scopus 提供的分析功能，可以对作者、期刊的学术影响力进行分析和评估。其中"h 指数"是通过作者发表论文数以及论文被引用的情况对作者进行评估的指标。"h 指数"确定标准是作者所发表的论文中有 h 篇的被引次数大于或等于 h。

除了可以通过作者检索途径检索学者信息以外，还可以使用作者 ID 在高级检索中检索单个或多个作者。

4．**机构检索**　归属机构检索显示的是机构列表（图 5-13），并提供指向相关文献的链接以及有关机构检索领域、合作和出版物的摘要。在使用高级检索表单时，用户可以直接检索归属机构标识符（AF-ID）而非名称。用户可以使用高级表单右下角的"添加作者姓名/归属机构"链接查询标识符。

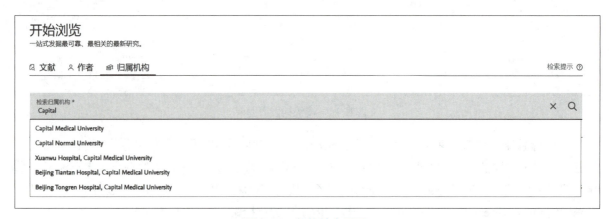

图 5-13   机构检索界面

归属机构标识符为 Scopus 中的每个归属机构分配了一个唯一的编号，并将归属于某个组织机构的所有文献分为一组，从而起到将归属机构区分开来的作用。该功能适用于区分名称相同的机构或院系，如 Department of Physics，也适用于同一院系在引用时采用不同称谓的情况。同一个院系在一篇文献的归属机构中可能会列示为 Dept.of Genetics，而在另一篇中列示为 Department of Genetics，在又一篇中则列示为 Genetics Department。有了 Scopus 的归属机构标识符，即使在引用时对组织机构采用了不同的称谓，也依然能将来自同一个组织机构的文献匹配在一处。

归属机构详情页包含了归属机构地址名称、归属机构 ID、其他名称格式等,页面下方是按学科类别划分的文献、归属机构层次结构(如附属医院)、合作的归属机构及按来源出版物划分的文献。

三、检索结果处理与个性化服务

(一)检索结果处理与分析

无论采用哪种检索途径,用户都可以使用检索结果分析功能从年份、来源出版物、作者、归属机构、国家 / 地区、类型、学科类别等进行分析(图 5-14),每一种分析类型都可以通过图形或者表格的方式加深用户对结果的理解。

图 5-14 检索结果多维度分析图

以上是关于 Scopus 提供的检索途径的介绍,在任何一种检索途径的检索结果页面上方点击"检索"即可返回主页,在检索区域下方可见检索历史(图 5-15),列出了用户在 Scopus 中进行过的所有检索操作,点击检索式后的"设置通知"可对检索进行定制跟踪最新检索结果。

检索历史 保存的检索			
3 ✏ (TITLE-ABS-KEY (hepatitis) AND AFFIL (capital AND medical AND university))	1,635 条结果	🔔 设置通知	⋮ 更多
2 ✏ ((TITLE-ABS-KEY (hepatitis AND b) OR TITLE-ABS-KEY (aids)) AND TITLE-ABS-KEY (hypertension))	7,523 条结果	🔔 设置通知	⋮ 更多
1 ✏ (TITLE-ABS-KEY (hepatitis AND b) OR TITLE-ABS-KEY (aids) AND TITLE-ABS-KEY (hypertension))	7,523 条结果	🔔 设置通知	⋮ 更多
⏱ Your history is available during this visit, but will be deleted after you leave Scopus. Click 'More' to 'Save' important searches.			

图 5-15 检索历史界面

(二)来源出版物下载与检索

"来源出版物"页面允许用户浏览收录于 Scopus 内部,或者可以通过 Scopus 访问的其他外部网站上的所有期刊、丛书、商业出版物和会议录文献的列表。

Scopus 发布的 CiteScore 指标可以简单而稳定地衡量连续出版物(例如期刊)中同行评议研究的引用影响。CiteScore 计算的是 4 个日历年内期刊上发表的 5 种同行评审文献类型(研究论文、评论论文、会议论文集、数据论文和书籍章节)的平均被引用次数。

Scopus"来源出版物"页面允许用户登录后下载 Scopus 来源出版物列表。单击某个来源出版物的名称即可打开来源出版物详情页,具体说明见表 5-1。

表 5-1　来源出版物详情功能及说明

功能	说明
来源出版物名称	单击某个来源出版物的名称以查看相关联的来源出版物详情页。有些来源出版物有外部链接。单击外部链接从相应的网站中打开来源出版物材料。
CiteScore	CiteScore 可以简单地衡量连续出版物名称(例如期刊)的引用影响。连续出版物名称被定义为定期出版的出版物名称(即每年出版一卷或多卷)。
最高百分比和排名	CiteScore 百分比指示系列出版物名称在其学科领域中的相对地位。百分比和排名是相对于特定学科领域而言的。来源出版物表格只显示来源出版物执行得最好的学科领域。
引文	过去 3 年发表的文献在一年内被引用的数量。
文献	指标所在年份的前 3 年系列出版物中发表的文献总和。
引用百分比	获得至少 1 次引用的文献占比。
SNIP	比较不同学科领域中来源出版物的引用影响。SNIP 是来源出版物中每篇论文受到引用的平均次数与其所属学科领域的"潜在引用次数"之间的比值。
SJR	根据每篇文献受到引用次数的加权值比较来源出版物在学术界的声望。一个来源出版物对另一个来源出版物进行引用,便会将其自身的"声望"或权威性转移到后者之上。来自 SJR 较高的来源出版物的引用就会比来自 SJR 较低来源出版物的引用更有价值。
出版商	来源出版物的出版商。

连续出版物使用所有学科期刊分类(ASJC)架构进行分类。要用 ASJC 代码进行检索,可在 Scopus 高级检索中使用 SUBJTERMS(ASJC 代码)。如果用户知道某个来源出版物的基本信息,则可以按学科领域、标题、出版商或 ISSN 进行检索。

如果不知道来源出版物的全名,可以只输入标题中的部分单词或开头的几个字母。输入 ISSN 时可以带或者不带连字符(-)。在可用文本输入字段中根据所选来源出版物类型输入检索条件。当用户输入检索词(ISSN 除外)时,该字段会自动填充匹配词,如输入"Stroke"并单击"查找来源出版物"。系统即显示了所有标题中包含"Stroke"的期刊,结果页面左侧提供了数种筛选选项来筛选用户检索出的来源出版物列表,如仅显示开放访问期刊(即显示的结果列表将只包含属于开放访问期刊)、最低限度显示来源出版物。

第五节　引文分析工具

一、期刊引证报告

(一)简介

期刊引证报告(Journal Citation Reports,JCR)是一种多学科期刊评价工具。JCR 从全世界 2 万余种学术期刊中搜集引文数据,期刊选自 100 多个国家的 8 000 余家出版单位,覆盖 250 多个 Web of Science 学科领域。JCR 是唯一提供基于引文数据统计信息的期刊评价资源。2021 年度 JCR 全新升级,创建新版 JCR 平台。新版 JCR 除囊括科学引文索引扩展版(SCIE)和社会科学引文索引(SSCI)收录的全球最具影响力的期刊以外,还新增了艺术与人文引文索引(A&HCI)和新兴来源引文索引(Emerging Sources Citation Index,ESCI)所收录的期刊资源。

（二）引文分析指标

JCR 对期刊的评价数据每年度更新一次，主要评价指标如下。

1. **文献总数**（total articles）　是在某一特定年度该期刊出版的文献总数，只包括原创性研究及综述性文章。

2. **总引用次数**（total cites）　是某一特定学科下期刊的文章在 JCR 出版年被引用的总次数。

3. **期刊影响因子**（journal impact factor, JIF）　是用某期刊前两年发表论文在当年被引用的次数，除以该期刊前两年发表论文的总数，可用于评估同一领域不同期刊的相对重要性。例如某期刊 2020 年影响因子为 2018 年和 2019 年该刊出版的文献在 2020 年被引总次数（18 500 次）除以这两年总出版文献量（4 370 篇），该期刊 2020 年影响因子为 4.2（即 18 500/4 370）。期刊影响因子是 ISI 选刊的一个重要因素，一种刊物的影响因子越高，也即其刊载的文献被引用率越高，一方面说明这些文献报道的研究成果影响力大，另一方面也反映该刊物的学术水平高。

4. **期刊五年影响因子**（5-years impact factor）　是用某期刊前五年发表论文在当年被引用的次数除以该期刊前五年发表论文的总数。

5. **中值影响因子**（median impact factor）　是将某一学科内期刊按照影响因子排序，处于中间位置的期刊的影响因子。

6. **学科集合影响因子**（aggregated impact factor）　表示某个学科领域里 JCR 出版年所有期刊的论文（article）与综述（review）引用该学科过去 2 年所有期刊发表的文章的情况。

7. **学科集合立即指数**（aggregated immediacy index）　表示某一特定学科下 JCR 出版年所有期刊引用同一年所有期刊中文章的情况。

8. **学科集合被引半衰期**（aggregated cited half-life）　表示某学科下的所有期刊从当前 JCR 出版年向前推算，被引文献数占截至当前年度被引用期刊的总被引用数 50% 的时间。

9. **学科集合引用半衰期**（aggregated citing half-life）　表示某学科下的所有期刊从当前 JCR 出版年向前推算，引用文献数量达到这些期刊发表的论文中总的引用文献数的 50% 所需要的时间。

10. **立即指数**（immediacy index）　是用某刊某年发表的论文在当年被引用次数除以同年发表文章的总数而得到的指数。期刊的立即指数越大，说明该刊当年被引的频次越高，也相对地说明该刊的核心度和影响力较强，其所发表的论文品质较高、较为热门。

11. **被引半衰期**（cited half-life）　是期刊达到 50% 被引用率所需要的时间。半衰期一般只统计 10 年的数据，如 JCR 2010 版只统计 2001—2010 年。半衰期是一个介于 1 与 10 之间的数字。半衰期如果大于 10，系统将不再进行统计。一般来说半衰期是一个截至小数点后第一位的数字，其整数部分是以被引累积百分比小于或等于 50% 的年代数为准的。该例中被引累积百分比是根据从 2001—2010 年之间的某一年度到 2010 年的被引数之和与总被引数之比得出的。

12. **引用半衰期**（citing half-life）　是从当年年份开始，某期刊引文数目达到向前累计的该刊引文总数的 50% 的年份数。了解被引半衰期和引用半衰期，可以帮助图书馆调整期刊的馆藏策略。引用半衰期的含义及功能与被引半衰期相似，只不过其数据是以"引用期刊"（citing journal）为基准的。

13. **特征因子**（eigenfactor）　是期刊引文评价指标，与影响因子不同，特征因子的基本假设是：该期刊如果多次被高学术影响力的期刊引用，则该期刊的学术影响力越高。该指标不仅考察了引文的数量，而且考虑了施引期刊的学术影响力，更好地体现了期刊的学术水平。

14. **论文影响力**（article influence score）　决定了一种期刊论文发表后的前 5 年的平均影响力，论文影响力的计算方法是期刊的特征因子除以该期刊的发文量在所有期刊的全部论文中所占的比值。论文影响力中间值为 1.00，论文影响力大于 1 表示期刊的每一篇论文的影响力大于平均水平，反之小于平均水平。

15．**期刊分区**（JIF quartile） 是 Q1～Q4 区期刊，反映期刊在所属类别中的影响力相对位置，使得不同学科的影响力具有可比性。每个类别下期刊按照影响因子降序排列，数量位于前 25% 的为 Q1 区期刊，25%～50% 的为 Q2 区期刊，以此类推。

16．**期刊引文分析指标**（journal citation indicator） 是指某期刊前三年里出版的所有研究论文（articles）和综述（reviews）的平均学科规范化的引文影响力（category normalized citation impact，CNCI）。

（三）检索方法

在 Web of Science 检索平台上单击右上角"产品"，在列表中选择"Journal Citation Reports"。

1．**期刊浏览** 在 JCR 主界面，用户可按字顺（Browse journals）、学科（Browse categories）、出版社（Browse publishers）、国家地区（Browse countries）排序方式浏览期刊。

按字顺浏览期刊，可见 2020 年 JCR 共收录了 20 932 种期刊，系统默认按期刊影响因子 JIF 值降序排列期刊，并列出了每种期刊的 ISSN 号、eISSN 号、学科类型、被引总频次、2020 年 JIF、2020 年 JIF Quartile（JIF 分区）及金色 OA 论文（Open Access，OA，详见本书第七章第四节）百分比。

单击左侧"Filter"过滤器展开筛选项，设置筛选条件查询所需期刊信息。过滤器包括：期刊（此处显示的数字代表历年收录入 JCR 的全部期刊数量）、学科类别、出版社、国家 / 地区、引文索引（限定期刊来源，SCIE 期刊、SSCI 期刊、A&HCI 期刊及 ESCI 期刊）、JCR 年份、开放获取、期刊分区、JIF 范围、JCI 范围、JIF 百分位等。

当选择按学科（Brows Categories）浏览期刊时，系统默认按照学科类别名称字顺列出了 254 个大类，每一种大类又各自细分成不同的细类，同时还列出了每一个大类下的期刊数量及总的被引文献数。在这一页面，还可以按照学科细类的数量及期刊数量进行降序浏览查看期刊。

2．**期刊检索** 在 JCR 主界面，在检索框中键入期刊名称、刊名的 JCR 缩写、期刊 ISSN 或 eISSN、所属学科及刊名关键字，直接单击右侧放大镜或在检索提示框内单击目标期刊名称，可进入期刊详细信息页面（图 5-16），该页面上部展示了该期刊的基本信息，包括期刊名称、ISSN、eISSN、出版社、所属学科、出版周期等。点击页面左上角 JCR 年份可查看特定年份的期刊信息，选择"All years"可查看期刊分年度详细指标信息。

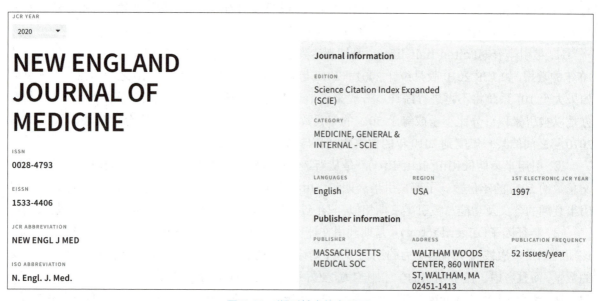

图 5-16 期刊基本信息界面

页面中部上方展示期刊最新影响因子，该项指标下方展示了期刊近 5 年影响因子及影响因子百分位数据变化趋势，可单击"View all years"查看历年来期刊影响因子及影响因子百分位变化趋势。

右侧展示了期刊的包括"在线发表"文献在内的可引用论文和引文,默认展示被引与引文数据中贡献排名前 10 位的文献和期刊信息,单击"View in Web of Science"即可查看全部被引文献或施引文献。

页面中部下方展示期刊最新期刊引文分析指标 JCI、该期刊 2017 年至今期刊引文分析指标 JCI 数值的动态变化趋势、期刊总引用次数指标及近 5 年期刊被引用总次数的变化趋势、与期刊最新影响因子相关的引文分布情况,借助交互式的视图可帮助了解不同文献类型的文献的引文分布情况。

开放获取数据可显示每篇期刊论文的获取模式,帮助了解在知识共享许可协议(金色开放获取)下免费阅读和重复使用的文章对期刊整体内容和引证表现的相对贡献。

页面底部上方可查看期刊历年来影响因子 JIF 在所属学科的排名、分区及影响因子百分位、2017 年以来期刊引文分析指标 JCI 在所属学科的排名、分区及百分位、期刊被引半衰期及引用半衰期。

页面底部下方展示期刊源数据信息,包括不同类型的文献数据以及参考文献数据、该期刊所属学科领域以及期刊在该学科的最新影响因子百分位、基于文献作者地址信息分析,展示最近 3 年该期刊所收录文献的主要来源国家地区列表及主要机构列表。

页面最底部展示期刊更多指标数据及近 5 年指标变化趋势,指标包括特征因子、规范化的特征因子、论文影响力、五年影响因子、立即指数等。

二、InCites

(一)简介

InCites 的评估数据是在 Web of Science 核心合集收录的全球 21 000 多种权威期刊、225 000 余种会议录及 116 000 余本学术典籍文献数据的基础上,综合各种计量指标和 40 多年来各学科、各年度的周际标杆数据,于 2011 年经过机构名称规范化整理和数据的高度综合而形成的一个新型科研绩效评价工具。

InCites 包括以下分类在内的 14 种学科分类可供选择:ESI(基本科学指标)学科分类(22 个)、Web of Science 核心合集学科分类(254 个)、基于中华人民共和国国务院学位委员会和教育部颁布的《学位授予和人才培养学科目录(2018 年 4 月更新)》的学科分类(目前提供其中 13 个门类和 97 个一级学科的分析数据)、Citation Topics 研究主题分类(宏观、中观、微观三层主题)、意大利 ANVUR(高校及科研机构国家评估局)分类(17 个)、全球教育机构概览大全项目 GIPP(全球教育机构概览大全项目)学科分类(6 个)、澳大利亚 ERA(卓越科研评价)分类(24 个一级分类和 212 个二级分类)、巴西 FAPESP(圣保罗研究基金会)分类、英国 RAE(高等教育科研评估)分类(67 个)和 REF(卓越研究框架)分类(34 个)。

目前 InCites 数据库提供了 1980 年至今的全部文献类型的出版物,数据与基线每两个月更新一次。InCites 可以帮助用户定位重点学科 / 优势学科,发展潜力学科,优化学科布局,跟踪和评估机构的科研绩效;与同行机构开展对标分析,明确机构全球定位;分析本机构的科研合作开展情况,识别高效的合作伙伴;挖掘机构内高影响力和高潜力的研究人员,吸引外部优秀人才;识别优势和有潜力的研究主题。

(二)引文分析指标

InCites 主要提供了以下引文分析指标。

1. **基线(baseline)**　反映了全球范围内某一组具有相同学科领域、相同文献类型、相同出版年的出版物的平均表现。例如,一组全球论文集可能包含了 2006 年发表的化学领域的所有研究论文。基线与学科分类模式为对标分析创造了有价值的参考点。成为消除学科偏差、进行学科标准化的重要基础。

2. **引文影响力(citation impact)**　一组文献的引文影响力的计算是通过使用该组文献的引文总数除以总文献数量得到的。引文影响力展现了该组文献中某一篇文献获得的平均引用次数。

引文影响力作为引文分析指标被广泛应用于科研绩效评价过程中。它可以被应用于所有的组织层面(作者、机构、国家/区域、科研领域或期刊等)的科研绩效评价。

3. **相对于全球平均水平的影响力**(impact relative to world) 是某组出版物的引文影响力与全球总体出版物的引文影响力的比值。这个指标可以被应用于评价机构、国家和全球水平。这个指标展示了某项研究的影响力与全球研究影响力的关系,反映了相对的科研绩效水平。全球平均值是1,如果该比值大于1,即表明该组论文的篇均被引频次高于全球平均水平;小于1,则低于全球平均水平。

4. **学科规范化的引文影响力**(category normalized citation impact,CNCI) 一篇文献的学科规范化的引文影响力是通过其实际被引次数除以同文献类型、同出版年、同学科领域文献的期望被引次数获得的。当一篇文献被划归至多于一个学科领域时,则使用实际被引次数与期望被引次数比值的平均值。一组文献(例如某个人、某个机构或国家发表的文献)的CNCI,是该组中每篇文献CNCI的平均值。

5. **期刊规范化的引文影响力**(journal normalized citation impact,JNCI) 这一指标对文献发表在特定期刊上的被引次数进行了规范化,即每篇论文的JNCI值为该论文实际被引频次与该期刊上发表的同出版年、同文献类型论文的平均被引频次的比值。一组论文的JNCI值即为每篇论文JNCI值加和后的平均值。JNCI指标能够提供某一篇论文(或某一组论文)与其他科研工作者发表在同一期刊(或同一组期刊)上成果的比较信息。如果JNCI的值超过1,说明该科研主体影响力高于平均值。

6. **h指数**(Hirsch index) 由J.Hirsch于2005年首次提出。h指数被定义为:如果一位学者至少有n篇论文的被引频次不低于n,则该学者的h指数为n。h指数综合考虑了作者的科研产出(文献数量)和科研影响力(引文数量),因此一经提出便成为一个颇为流行的引文分析指标。h指数可被应用于作者、机构、期刊等各个层面的评价中。

7. **平均百分位**(average percentile) 一篇论文的平均百分位是通过建立同出版年、同学科领域、同文献类型的所有出版物的被引频次分布(将论文按照被引用频次降序排列),并确定低于该论文被引次数的论文的百分比获得的。如果一篇论文的百分位值为1,则该学科领域、同出版年、同文献类型中99%论文的被引次数都低于该论文。

8. **期刊分区**(JIF quartile) 详见本节"一、期刊引证报告"中的"期刊分区"。

9. **各个分区**(Q1~Q4)**期刊的论文数量**(documents in Q1-Q4 journals) 期刊分区与每篇论文关联,在没有限定学科的情况下,InCites会默认取某JCR年中该期刊排名最靠前的分区,使用各个分区(Q1~Q4)期刊的论文数量这一指标可以得到在给定年份内某学科各分区的期刊发表的论文数量。

10. **各个分区**(Q1~Q4)**期刊论文的百分比**(% documents in Q1-Q4 journals) 指在特定期刊分区发表的论文数量占JCR数据库中出现的期刊论文总数的百分比。

11. **第一作者百分比**(% first author)(2008—2022) 是指在2008年之后发表的论文中,该机构所属作者为第一作者的论文百分比。

12. **论文被引百分比**(% documents cited) 是一组出版物中至少被引用过1次的论文占总论文数的百分比。

13. **高被引论文百分比**(% highly cited papers) 指入选ESI高被引论文的出版物百分比。

14. **热点论文百分比**(% hot papers) 指入选ESI热点论文的出版物百分比。

(三)检索方法

在Web of Science平台注册登录后单击右上角"产品",在下拉列表里选择InCites Benchmarking& Analytics数据库。在主界面上可见"分析""报告"和"组织"三大模块,通过"分析"模块快速启动模板化分析功能;通过"报告"模块快速创建数据库内置的报告模板,展现机构、人员、部门的科研表现、期刊利用率、合作等情况,同时支持创建自定义分析报告;通过"组织"模块管理和使用已保存的工作。该界面上方工具栏里"我的机构"可以帮助用户根据自己核实的数据,浏览、选择和分析研究人员、团队或部门的表现。以下主要介绍分析模块和报告模块的功能。

1.**分析模块**　用户可以从研究人员、机构、区域、研究方向、出版物、基金资助机构六大分析维度展开分析。①研究人员:分析各机构研究人员和科研团体的产出力和表现力等;②机构:分析全球各机构的科研表现,进行同行对标;③区域:分析各机构的国际合作区域分布;④研究方向:分析机构在不同学科分类体系中的学科布局;⑤出版物:分析文献所发表的期刊、图书和会议录分布;⑥基金资助机构:分析不同基金资助机构的论文资助情况。

(1)机构科研的产出力和影响力:选择"机构"模块,页面上方为模块名称和已设置的筛选条件,下方左侧边栏为筛选区,用户可以根据需求选择筛选条件、指标、基准值。右侧默认显示为数据表结果,即浏览筛选后得到的各机构数据和相应指标,按被引频次降序排列,也可单击"添加指标"增加更多指标,单击"可视化"可以选择合适的图表类型呈现筛选结果,即各机构数据和指标。

在机构模块,可进行本机构科研绩效分析及对标分析,包括分析本机构的科研产出力和影响力,以首都医科大学为例:

首先选择"机构"模块(图5-17),然后输入机构名称"Capital Medical University",系统会自动提示近似名称,也可同时输入其他多个机构进行对标分析,如输入"Peking Union Medical College",通过左侧"筛选条件"中的"出版年"限制分析年份,选择"自定义年范围"如选择2018—2020年,如需其他条件限定,在"筛选条件"中单击所需项目,完成限定后,单击"更新结果",可以得到首都医科大学过去五个整年(2017—2021年)的科研产出力和影响力的数据。

图 5-17　分析机构科研产出力和影响力结果界面

(2)同行机构对标分析:进行对标分析时,除了可以选择输入多所目标高校,还可以通过左侧"机构类型"和"机构联盟"筛选出对标机构。

如"机构类型"可按照机构所属的数据集类型,例如大学、政府等来限制,如选择"Academic";"机构联盟"按照机构所属的联盟,例如中国C9高校、澳大利亚的Group of 8等来限制;"国家地区"选择"CHINA MAINLAND";"研究方向"处选择需要分析的学科分类如Web of Science学科分类体系下的Clinical Neurology。在"筛选条件"还可以利用其他选项来选择需要分析的数据。"文献类型"可用来限制article、review等文献类型;"期刊影响因子(JIF)分区"可选择Q1、Q2、Q3、Q4分区;"作者位置(2008—2021)"可选择第一作者、通讯作者;"出版来源"可选择聚焦的期刊范围;"基金资助机构"可用于选择聚焦的基金资助机构。

(3)设置基线与自定义基线:在机构分析模块,除了可以进行对标分析以外,还可以通过设置基线进行更大范围的分析。通过左侧"基准值"或者"可视化"中的"显示基准值"设置基线。"全球基准值"为全球同年所有文献的基准值;"所有结果基准值"即结果区得到的所有机构文献的基准值;还可以自定义基线,在某一分析结果中,勾选需要创建基线的机构,单击"锁定到顶部",通过"锁定结果基准值"可以得到已经锁定机构的文章的基准值。

(4)添加指标:对标分析显示结果,可以添加多个指标。步骤如下:①在左侧"指标"中,选择需要添加的指标,单击"添加"新增指标;②也可以通过检索直接找到需要的指标,系统会自动提示近似名称;③右侧"添加指标"中,也可以找到需要的指标,通过"+"号增删指标。

(5)导出图像:InCites 中的图像类型包括条形图、气泡图、树状图、饼图、雷达图、地理分布图、散点图、影响力全貌、合作论文等。也可选择作图的指标,包括 Web of Science 论文数、论文被引百分比、高被引论文百分比、热点论文百分比等调整图中希望显示的结果数。作图完毕,单击右上角下载图标,选择 PNG 或 PDF 格式,可下载图像。

(6)检索结果和文献详细信息导出:所有检索结果均可导出和查看详细文献信息,勾选"趋势数据"可导出分年度的数据,单击"下载"可以导出检索结果和相应指标。

单击"论文数"可查看各机构每篇论文的详细信息,包括标题、作者和详细的引文信息,单击"下载表"可以下载每篇论文详细信息列表。通过"在 Web of Science 中查看"可以直接在 Web of Science 中打开本论文列表数据集查看详细信息。

(7)分析机构国际 / 地区合作情况:从区域维度可分析本机构的国际合作情况。选择"区域"模块,单击"合作机构",输入机构名称单击"更新结果"即可。单击某一国家 / 地区如美国(USA)的论文数,在"重新聚焦以查看"中选择需要分析的角度。例如选择"此实体发表文献的期刊",单击"转到",可进一步呈现该机构和美国合作论文的期刊分布情况。

(8)分析机构国际 / 机构合作情况:通过机构分析模块,还可分析某机构的合作机构。选择"机构"模块后单击"合作机构"(图 5-18),输入机构名称,单击"更新结果",即可查看与该机构合作的机构列表。

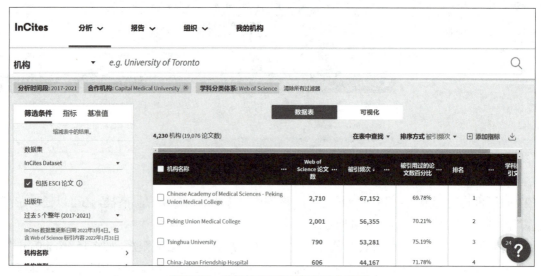

图 5-18   分析机构国际 / 机构合作情况

通过 InCites 首页"分析"模块,可以快速启动模板化分析功能;选择需要分析的角度,例如"哪些研究领域在特定机构中的科研产出较多"。根据提示步骤,可一步步完成分析。

2. **报告模块**   通过 InCites 首页"报告"模块,可以快速创建数据库内置的模板报告。首先选择报告模板类型,例如"机构报告",单击"转到"即可进入机构报告模板。在"机构报告"中输入目标机构名称,选择分析的维度,例如"期刊利用情况"。

三、基本科学指标

（一）简介

基本科学指标（Essential Science Indicators，ESI）是一个基于 Web of Science 核心合集数据库的深度分析型研究工具。用户可以访问来自超过 13 000 种 Web of Science 核心合集（SCI/SSCI）收录的期刊，文献类型为 Article 和 Review；提供最近十多年的滚动数据及全球近 15 000 个规范化的机构名称，每 2 个月更新一次；每一种期刊都按照 22 个学科进行了分类标引。

ESI 提供了客观的科研绩效基准值，可以确定在某个研究领域有影响力的国家、机构、论文和出版物以及研究前沿。用户通过 ESI 可以分析机构、国家和期刊的论文产出和影响力；按研究领域对国家、期刊、论文和机构进行统计分析；发现自然科学和社会科学中的重大发展趋势；确定具体研究领域中的研究成果和影响力；评估潜在的合作机构，对比同行机构。

ESI 对全球所有高校及科研机构的 SCIE、SSCI 库中近 11 年的论文数据进行统计。按被引频次的高低确定出衡量研究绩效的阈值，分别排出居世界前 1% 的研究机构、科学家、研究论文，居世界前 50% 的国家或地区和居世界前 0.1% 的热点论文。

（二）引文分析指标

1. **高被引论文（highly cited paper）**　是指过去 10 年中发表的论文，其被引频次排在同一年同一 ESI 学科发表的论文的全球前 1%。

2. **热点论文（hot paper）**　是指过去 2 年中所发表的论文，在最近两个月中被引频次排在某一 ESI 学科发表的论文的全球前 0.1%。

3. **高水平论文（top paper）**　是高被引论文和热点论文取并集后的论文集合。

4. **研究前沿（research fronts）**　是一组高被引论文，是通过聚类分析确定的核心论文。论文之间的共被引关系表明这些论文具有一定的相关性，通过聚类分析方法测度高被引论文之间的共被引关系而形成高被引论文的聚类，再通过对聚类中论文题目的分析形成相应的研究前沿。

5. **学科基准值（field baselines）**　即评价基准线，是指某一 ESI 学科论文的分年度期望被引频次。它是衡量研究绩效的基准，是帮助理解引文统计的标尺。

6. **篇均被引频次（citation rates）**　按照近十年间各年来进行统计，表示各学科每年的篇均被引频次。

7. **百分位（percentiles）**　指每年发表的论文达到某个百分点基准应至少被引用的频次，用来衡量论文引用的活跃度。

8. **学科排名（field rankings）**　提供近十年的论文总数、被引频次、篇均被引频次和高被引论文数。

9. **引用阈值（citation thresholds）**　指在某一 ESI 学科中，将论文按照被引频次降序排列，确定其排名或百分比位于前列的最低被引频次。

10. **ESI 学科阈值（ESI thresholds）**　指近十年某一 ESI 学科被引频次排在前 1% 的作者和机构，或排在前 50% 的国家或期刊的最低被引频次。

11. **高被引论文阈值（highly cited thresholds）**　指近十年某一 ESI 学科被引频次排在前 1% 的论文的最低被引频次。

12. **热点论文阈值（hot paper thresholds）**　指近两年某一 ESI 学科最近两个月被引频次排在前 0.1% 的论文的最低被引频次。

（三）检索方法

在 Web of Science 平台注册登录后单击右上角"产品"，在下拉列表里选择"Essential Science Indicators"数据库。ESI 主界面可分为上、下两个部分。

上半部位数据类型与下载导出区，包括 ESI 各学科所有机构的数据指标（Indicators）、基准值（Field Baseline）或 ESI 阈值（Citation Thresholds）等不同数据类型。可以下载 PDF、CSV 或 XLS 格式的数据文件，也可直接打印或保存检索结果。

下半部为数据筛选与分析解读区，可以自由组合各项指标如查找某机构已经进入全球前 1% 的 ESI 学科的论文数量、引用次数及篇均引用次数等数据。也可直接获取某机构在各 ESI 学科的高影响力论文、高被引论文和热点论文。

左侧边栏为筛选区，包括研究领域、作者、机构、期刊、国家／地区、研究前沿等多个筛选项，提供高水平论文、高被引论文、热点论文等不同的显示结果。右侧为图示区，点击"Show Visualization"和"Hide Visualization"可显示或隐藏可视化地图。下方为结果区，可以查看分析对象的各项详细指标，通过点击"Customize"可自定义结果区中显示的指标。

1. 查找某机构进入全球前 1% 的 ESI 学科的相关数据

（1）点击"指标"（Indicators）选项，选择"研究领域"（Research Fields）。

（2）在"增加筛选条件"（Add Filter）中选择"机构"（Institutions）输入目标机构名称的字符串如"Capital Medical"，系统会自动提示英文全称。

（3）在结果区，从左至右依次显示了研究领域、论文数、被引频次、篇均被引频次、高水平论文或高被引论文或热点论文的数量。

2. 获取机构在 ESI 学科中的统计数据

（1）在指标选项界面，选择机构，在增加筛选条件中选择研究领域。系统会出现 22 个 ESI 学科的下拉菜单，选择目的学科如"Clinical Medicine"。

（2）结果区从左至右依次显示了研究机构、论文数、总被引频次、篇均被引频次、高水平论文或高被引论文或热点论文的数量。

（3）在结果区选择表头"Institution"旁边的倒三角标识（图 5-19），在"Filters"的右侧三角标识后输入机构名即可查看该机构在临床医学学科领域的发文情况。

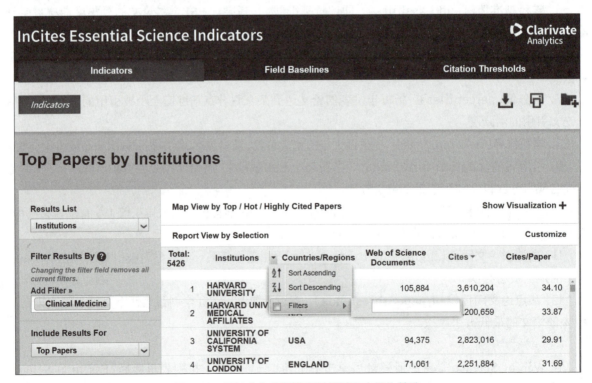

图 5-19　ESI 中临床医学学科领域研究机构筛选

3. 查找 ESI 各学科的研究前沿

（1）在指标选项界面，选择研究前沿（Research Fronts）。

（2）在增加筛选条件中选择研究领域，选择学科，如 Biology&Biochemistry。如选择高被引论文为结果输出类型，在结果区从左至右依次将显示研究前沿的数量（Total）、研究前沿的具体内容（Research Fronts）等指标。

（3）点击包含高被引论文数的蓝色条形图，可获取每一篇高被引论文的详细信息。点击高被引论文或平均年指标旁边的倒三角标识，可对结果进行排序。

4. 确定 ESI 各学科的基准值 以被引频次为例：

点击进入学科基准值（Field Baseline）选项，可以分别选择篇均被引频次（Citation Rates）、百分位（Percentiles）或者学科排名（Field Rankings）。结果区的第一栏为 ESI 的 22 个学科，分年度显示各学科论文的被引用全球平均值。

5. 了解 ESI 各学科的阈值

（1）点击进入引用阈值（Citation Thresholds）选项，可以分别选择 ESI 学科阈值（ESI Thresholds）、高被引论文阈值（Highly Cited Thresholds）或者热点论文阈值（Hot Paper Thresholds）。

（2）结果区以 ESI 的 22 个学科为出发点，分别从作者、机构、期刊、国家等不同层次来给出被引阈值。

6. 获取高水平论文、高被引论文或热点论文 ESI 一次性最多可以导出 20 000 篇，包括 .XLS 或 .CSV 两种格式。导出字段包括每篇高水平论文、高被引论文或热点论文的 Web of Science 入藏号、所属 ESI 学科、在当期 ESI 中的被引频次等。

思 考 题

1. 分别应用中国科学引文数据库、中国引文数据库、万方数据知识服务平台、维普资讯网查找钟南山院士发表的《慢性阻塞性肺疾病在中国》被引情况，并比较其结果。

2. 利用 Web of Science 核心合集检索 *The New England Journal of Medicine* 的期刊影响因子以及 JCR 分区。

3. 请问你如何看待唯 SCI 论。

4. 利用 JCR 查找期刊 *Plos One* 近五年的期刊相关指标数据。

5. 利用 ESI 数据库查看获取 Peking Union Medical College 进入全球前 1% 的 ESI 学科的相关数据。

（黄浩波 程艾军）

第六章

专类医学信息检索

第一节　专利信息检索

一、概述

（一）专利

专利（patent）是专利权的简称，指一项发明创造向国家专利局或者代表若干个国家的区域性组织提出专利申请，依法审查合格后，向专利申请人授予的在规定时间内对该项发明创造享有的专有权。专利是一种"无形资产"，通过"公开"来换取权利，其目的是有效阻止他人在没有得到允许的情况下制造、使用或销售该专利产品。

世界各国都采用建立专利制度的形式来保护专利权，专利权的核心是专利法。专利制度起源于欧洲，1474年威尼斯共和国颁布了世界上第一部专利法《发明人法》，并依法颁发了世界上的第一号专利。1624年英国颁布《反垄断法》，是世界专利制度发展史上重要的里程碑，在英国确立了专利制度，明确规定了专利法的一些基本范畴，这些范畴对今天的专利法仍有很大影响。我国于1984年3月颁布并于1985年4月1日实施《中华人民共和国专利法》，历经1992年、2000年、2008年、2020年四次修订。

专利权属于知识产权，具有排他性、地域性、时间性。排他性也称为专有性或独占性，任何人要实施专利，除法律另有规定的以外，必须得到专利权人的许可，并按双方协议支付使用费，否则就是侵权。地域性指一个国家或一个地区所授予和保护的专利权仅在该国或地区的范围内有效，对其他国家和地区不发生法律效力。时间性指专利权的法律保护有时间限制，只有在法定的保护期限内，权利人才享有独占权。一旦有效期届满，权利自动终止，其智力劳动成果便进入公有领域，成为人类均可享有的公共知识成果，任何人都可以任何方式使用而不属侵权行为。由于各国对专利不同对象的保护期限存在差别，同一专利权客体在不同国家可能获得的保护期限不同。例如，有的国家对发明专利的保护期为15年，有的国家则为20年。实用新型和外观设计专利有的国家保护期为7年，有的为10年。依据《中华人民共和国专利法》的规定，我国发明专利权的期限为20年，实用新型专利权的期限为10年，外观设计专利权的期限为15年。

1. **专利相关概念**

（1）基本专利（basic patent）：指申请人就同一发明在最先的一个国家申请的专利。

（2）同等专利（homologic patent）：指发明人或申请人就同一个发明在第一个国家以外的其他国家申请的专利。

（3）同族专利（patent family）：指基于同一发明思想，但内容有所修改或变动的一组专利申请，用不同语言向多国提交，从而公开或批准的一族专利，属于同一个族系的专利为同族专利。同族专利具有共同的专利优先权。

（4）专利优先权（patent priority）：指专利申请人就其发明创造第一次在一国提出专利申请后，在法定期限内，又就相同主题的发明创造在他国提出专利申请的，根据有关法律规定，其后在他国申请仍以第一次专利申请的日期作为其申请日，专利申请人依法享有的这种权利，就是专利优先权，其第一次申请专利的日期就是专利优先权日。

（5）失效专利（ineffective patent）：下列三种情况之一的为失效专利：①超过专利法定保护期限；②没有按照规定缴纳年费的；③专利权人以书面声明放弃其专利权的。

（6）非法定相同专利：第一个专利获得批准后，就同一专利向别国提出相同专利的申请，必须在12个月内完成，超过12个月的则成为非法定相同专利。

（7）专利申请号（application number）：指专利局受理发明创造专利申请时所给予的顺序号。

（8）专利号（patent number）：专利局授予专利权时给出的编号。

（9）专利申请人（applicant）：依法享有专利申请权的自然人、法人或其他组织。

（10）专利权人（patentee）：专利权人是享有专利权的主体。专利权人包括专利权所有人和持有人，专利权人又包括原始取得专利权的原始主体和继受取得专利权的继受主体。专利权人享有法律所赋予的权利和承担法律所规定的义务。

（11）专利受让人（assignee）：是指通过合同或继承而依法取得专利权的单位或个人。

2. **专利的类型**　各国对专利的划分不尽相同，我国分为发明专利、实用新型专利和外观设计专利三种类型。①发明专利：是指对产品、方法或者其改进所提出的新的技术方案。能取得专利的发明可以是产品，方法、工艺、配方等。②实用新型专利：是指对产品的形状、构造或者其结合所提出的适于实用的新的技术方案。实用新型专利申请必须是有一定空间结构或电路结构的产品。③外观设计专利：是指对产品的整体或者局部的形状、图案或者其结合以及色彩与形状、图案的结合所做出的富有美感并适于工业应用的新设计。新设计可以是线条、图案或色彩的平面设计，也可以是产品的立体造型，外观设计专利不保护产品内部的具有一定功能的结构。

（二）专利文献

专利文献（patent document）是实行专利制度的国家及国际性组织在审批专利过程中产生的官方文件及其出版物的总称。世界知识产权组织（World Intellectual Property Organization，WIPO）1988年编写的《知识产权法教程》将专利文献定义为：专利文献是包含已经申请或被确认为发现、发明、实用新型和工业品外观设计的研究、设计、开发和试验成果的有关资料，以及保护发明人、专利所有人及工业品外观设计和实用新型注册证书持有人权利的有关资料的已出版或未出版的文件（或其摘要）的总称。一般认为专利文献主要包括专利说明书、专利公报、专利文摘、专利索引、专利分类表等。

1. **专利文献的分类**

（1）一次专利文献：指详细描述发明创造具体内容及其专利保护范围的各种类型的专利说明书。专利说明书是专利文献的主体，其主要作用在于公开技术信息、限定专利权的范围。由于专利说明书是全文出版的专利文件，所以其包含了专利的全部技术信息及准确的专利保护范围，是重要、权威的专利文献。专利说明书具有固定的格式，一般由三部分构成：扉页、权利要求书、说明书。

（2）二次专利文献：刊载文摘或专利题录、专利索引的各种官方出版物，如专利公报、年度索引等。二次专利文献并非一次专利文献出版后整理再出版的文献，而是对一次专利文献内容的概括和补充,通常与一次专利文献同步出版,且大都由专利局出版,因而也属于法律性的出版文件,二次专利文献的主要目的不仅在于传播有关申请专利的新发明创造信息,而且在于对专利事务进行公告。

(3)专利分类资料:按发明创造的技术主题管理和检索专利说明书的工具书。专利分类资料用于按照专利文献中的发明创造技术构成,分门别类地组织专利文献,从而揭示每一件专利说明书的基本内容,揭示某一技术领域都有哪些专利技术,以及各类专利技术之间的相互关系和联系。专利分类资料主要有专利分类表、分类定义、分类表索引等。

2. 专利文献的书目数据特征　专利文献著录项目的信息可以归为专利技术信息、法律信息和文献外在形式信息三类。

(1)专利技术信息:是通过专利文件中的说明书、附图等文件部分详细展示出来的。便于用户从各种角度了解某专利的技术相关信息,如专利名称、专利所属技术领域的专利分类号、摘要等。

(2)专利法律信息:指揭示与发明创造的法律保护及权利有关的信息特征。表示法律信息的专利文献著录项目有申请人、发明人、专利权人、专利的申请日期、专利申请号、优先申请号、国内相关申请数据等来揭示不同法律信息特征。

(3)专利文献外在形式信息:著录项目包括文献种类的名称、公布专利文献的国家机构、文献号、专利申请的公布日期等。

(三)专利分类法

目前全球主要的专利分类体系包括国际专利分类、欧洲专利分类、日本专利分类、美国专利分类、联合专利分类。

1. 国际专利分类(international patent classification,IPC)　是 WIPO 管理的分类体系,是目前全球 100 多个国家普遍采用的专利分类工具,用于按所属不同技术领域对专利和实用新型进行分类。1971 年巴黎联盟成员国在斯特拉斯堡会议上通过《斯特拉斯堡协定》建立《国际专利分类系统》,由 IPC 专家委员会不断修订。IPC 是全球统一的专利分类体系。为建立在 IPC 基础上的其他专利分类,提供了更细化、更高级的分类,确保专利分类在国际上的一致性。

IPC 分类用于对专利申请、授权专利说明、实用新型和类似技术文件进行分类和检索。IPC 是一个分级分类系统,较低层次的内容是较低层次所属的较高层次内容的细分。IPC 按五级分类:部、大类、小类、大组或小组。其部类包含 8 个部类(A~H)。一个完整的 IPC 分类号由代表部(1 个字母)、大类(2 个数字)、小类(1 个字母)、大组(1~3 个数字)或小组(2~4 个数字)的符号构成。如 G01N 33/483 代表生物材料的物理分析。

2. 欧洲专利分类(European classification system/indexing codes,ECLA/ICO)　欧洲专利分类体系是由欧洲专利局建立的欧洲专利分类体系,ECLA 是在 IPC 基础上进一步细分得到的分类体系,ICO 是针对 ECLA 的标引系统。

3. 日本专利分类(FI、F-Term)　FI(file index)分类是基于 IPC 分类的细分类,F-Term(file forming term)是专门用于计算机检索的分类体系。

4. 美国专利分类(U.S.patent classification system,USPC)　颁布于 1831 年,逐渐形成一套仅用于美国专利与商标局内部使用的分类体系,该分类不以 IPC 为基础,其分类体系较为独特,检索的文献也仅限于美国专利文献。

5. 联合专利分类(cooperative patent classification,CPC)　由于上述多个分类体系的存在引起了对专利文献的分类标准不统一,只有熟悉各个分类体系,才能对专利文献进行有效的检索,这增加了检索的成本,为了在世界范围建立一个统一的分类体系,并继承已有的分类体系的优点,欧洲专利局和美国专利与商标局于 2010 年 10 月 25 日签署了合作文件,共同创建和实施专利分类(CPC)的合作文件,并于 2012 年 10 月 1 日发布了 CPC 试用版,2013 年欧美正式启用 CPC 分类,欧洲专利局同年停止使用 ECLA/ICO 分类,2015 年美国停用 USPC 分类,2016 年 1 月中华人民共和国国家知识产权局对所有技术领域的专利文献使用 CPC 分类。

二、国内专利检索

(一)国家知识产权局专利检索系统

由中华人民共和国国家知识产权局(CNIPA)建立的专利检索与服务系统面向公众提供专利检索和专利分析服务。

该专利检索系统可以检索 103 个国家、地区和组织的专利数据,覆盖了中国、美国、日本、韩国、英国、法国、德国、俄罗斯、瑞士、欧洲专利局、世界知识产权局等世界主要国家 / 地区和组织。公众可以免费获取专利全文图像文件,注册用户可以使用系统"更多检索与分析功能"。为了提升检索体验,用户可以在主页下方选择"地方服务"进行注册,企业用户可以注册为高级用户,可以使用增强版。

1. 检索规则

(1)逻辑运算符有"AND""OR""NOT",不区分大小写,不能在同一级使用,要用半角括号()进行分割。例如"手机 NOT 病毒 AND 智能"是错误表达式,应写成"(手机 NOT 病毒)AND 智能"。

(2)支持截词符"+""?""#"。"+"表示 0～n 个字符;"?"代表 0～1 个字符;"#"代表 1 个强制存在的字符。所有截词符均为半角字符。

(3)多个关键词之间用空格隔开,常规检索的"自动识别"中关键词之间的空格表示 AND,其他字段和高级检索中的多个关键词之间是 OR 关系。

(4)精确检索,如果检索的关键词中含有空格、"AND"、"OR"、"NOT"以及其他特殊符号,可使用英文半角双引号进行精确检索。

(5)通过申请号检索时,号码格式为:国别 + 申请流水号。

(6)通过公开(公告)号检索时,号码格式为:国别 + 申请流水号 + 公布等级。

2. 检索方法　主要有常规检索、高级检索、导航检索、药物检索、命令行检索。

(1)常规检索:常规检索提供数据范围筛选和字段选择。数据范围包括中国(含中国发明申请、中国实用新型、中国外观设计、中国香港、中国台湾、中国澳门),以及主要国家 / 地区 / 组织和其他国家 / 地区 / 组织等。系统字段默认是自动识别,也可以选择检索要素(包括标题、摘要、权利要求和分类号四个字段)、申请号、公开(公告)号、申请(专利权)人、发明人、发明名称。字段选择不同,可以使用的逻辑运算符号有区别[申请号、公开(公告号)字段仅能使用"OR""NOT"]。用户根据实际情况选择不同的字段和对应的逻辑运算符组织自己的检索式。

(2)高级检索:高级检索(图 6-1)提供收录数据范围筛选和丰富的检索入口以及智能辅助的检索功能。用户根据实际需要在对应字段的检索框中输入检索词以及选择逻辑关系,并可以利用智能辅助功能提供帮助,然后点击"生成检索式",系统会在检索表达式编辑区中形成逻辑关系检索表达式,点击"检索"得到检索结果,也可以利用检索框上方的"AND""OR""NOT""()"等来编辑符合自己需要的表达式。

例如,检索 1995—2021 年世界各国公开发表的聚焦超声换能器方面的专利,操作步骤:①选择数据范围勾选中国、主要国家和地区、其他国家和地区;②申请日字段后选择":",输入 1995 2021;③在发明名称字段中输入"换能器 压电陶瓷片 发生器 焦域";④在说明书字段中输入"聚焦超声";⑤点击"生成检索式"生成检索式;⑥点击"检索"按钮,得到结果。

检索完成后,系统以"搜索式"的形式显示检索结果的基本信息,用户可以在"列表式""多图式"等方式之间进行显示模式切换,查看专利的详览(专利详细信息,包括专利全文文本、全文图像,以及下载专利全文)、同族、引证、被引信息,并可以收藏、添加到分析库、查看申请人详细信息、专利的法律状态、专利监控、翻译等操作。

图6-1　CNIPA高级检索界面

高级检索的检索历史区域用以显示检索历史,可以进行逻辑组配,检索历史显示检索过程的序号、表达式、检索结果数量、检索日期,用户可以在检索式运算框中输入逻辑组配表达式,如"172 OR 175",点击"执行"按钮从而实现逻辑组配的功能。

(3)导航检索:系统提供 IPC 分类导航检索,以及 IPC 分类中的分类号、中文含义、英文含义搜索功能。用户只需要点击左侧 A~H 部中的任意一部,中间栏会显示该部的大类,点击加号"+"显示小类,依次点击"+"可以显示大组、小组进行浏览。当鼠标悬浮在对应的大类、小类、大组或小组上时,会显示蓝色背景的"检索"按钮,点击按钮进行检索(图 6-2)。用户也可以直接选择检索框上方的"分类号""中文含义"或"英文含义"输入对应的分类号或检索词进行检索,检索结果会显示检索词命中的 IPC 分类号,选择对应的 IPC 分类号进行检索即可。

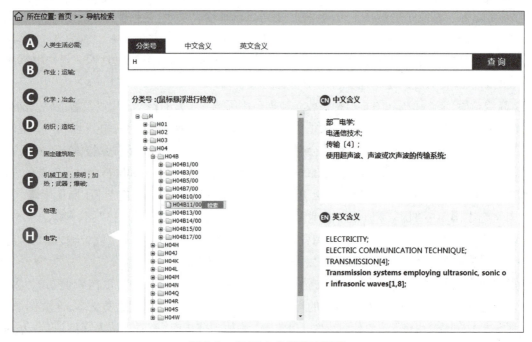

图6-2　CNIPA分类导航界面

（4）药物检索：药物检索是基于药物专题库的检索功能，为从事医药化学领域研究的用户提供检索服务。用户可以使用此功能检索出西药化合物和中药方剂等多种药物专利。系统提供高级检索、方剂检索、结构式检索、中药检索（通过中药词典辅助功能查询中药，生成检索式进行检索）、西药检索等多种检索模式，方便用户快速定位文献。

1）高级检索：在药物检索页面，系统默认显示"高级检索"页面，或单击"高级检索"专题项切换到高级检索页面。高级检索界面提供了与其他检索不一样的功能，如分析方法、化学方法、物理方法、相似疗效、毒副作用、方剂组成、治疗作用、提取方法、CN 登记号、制剂方法、新用途等好几十个字段供用户使用，在对应字段输入检索词进行检索得到结果。

2）方剂检索：输入中药方剂中药物的数量，然后在下方输入对应的中药名称进行检索。

3）结构式检索：需要使用 IE 浏览器，并安装 Java 插件。单击"结构式检索"专题项切换到结构式检索页面，选择查询条件，精确结构、子结构和相似性，选择其中一个条件，再选择结构式类型，在结构式编辑区域编辑结构式图形，然后执行检索，得到对应结果。

4）中药检索：可以通过中文名、替代物、英文名、拉丁名称、拉丁植物名称和拼音查询，也可以通过系统提供的常用药材列表点击进行查询，点击中文正名可以查看其详细信息，点击选择框，再点击"生成检索式"，跳转到"高级检索"界面，点击"检索"得到检索结果。

5）西药检索：可以通过汉语拼音、英文名称、中文名称、分子式、药物登记号、CAS 登记号进行查询，点击药物登记号可以显示详细信息以及显示药物分子结构图，点击"生成检索式"然后在药物检索的高级检索界面生成对应的检索表达式，点击"检索"即可以得到结果。

（5）命令行检索：命令行检索是面向行业用户提供的专业化的检索模式，该检索模式支持以命令的方式进行检索、浏览等操作功能。

例如检索 1995—2021 年世界各国公开发表的聚焦超声换能器方面的专利。在字符命令中点击"发明名称"，命令编辑区会自动出现"FMMC=（）"，在"（）"中输入关键词：换能器 压电陶瓷片 发生器 焦域，然后点击逻辑运算符"AND"，系统自动将其加入命令行编辑区；在字符命令中点击"说明书"，命令编辑区会自动出现"SMS=（）"，在"（）"中输入关键词：聚焦超声，在逻辑运算符中点击"AND"，系统自动将其加入命令行编辑区末尾，在字符命令中点击"申请日"，命令编辑区会自动出现"SQR=（）"，在"（）"中输入"1995：2021"，就完成了检索式"FMMC=（换能器 压电陶瓷片 发生器 焦域）AND SMS=（聚焦超声）AND SQR=（1995：2021）"的构建（如果用户对检索字段比较了解，也可直接在命令行编辑区域输入检索式），然后直接敲回车键就可以执行检索得到结果。

热门工具包括同族查询、引证／被引证查、法律状态查询、国别代码查询、关联词查询、双语查询、分类号关联查询、申请人别名查询、CPC 查询等。

3. **专利分析**　CNIPA 提供检索结果统计和专利分析。检索结果统计是执行检索命令后对检索结果从申请人、发明人、技术领域、申请日、公开日、发明类型、有效专利、公开国家、专利文献语种等按专利文献数量进行统计排序，并可以在此基础上进行全部选中、筛选、过滤等操作。

专利分析需要将检索结果部分或者全部结果添加到文献分析库（系统会对申请号相同的数据进行处理，因此加入数据总量会减少，处理数据最大容量为 10 000 条）。专利分析时要求使用 IE 浏览器，并安装 Flash player 1.6 版本（不支持高版本），可以对申请人、发明人、区域分析、技术领域分析、中国专项分析、高级分析等项目进行分析（CNIPA 国家网站与地方增强版的分析功能稍微有些差别）。每一项分析可用饼图、柱状图、折线图进行展示，可导出统计表和图片，保存分析结果到系统。

（二）专利之星检索系统

专利之星检索系统（CPRS）由国家知识产权局中国专利信息中心主办，基于国内首个自主知识产权检索系统 CPRS 的检索引擎开发，囊括了全球 105 个主要国家／地区／组织的超 1 亿件专利数据，是集专利文献检索、统计分析、机器翻译、专利专题库、定制预警等功能为一体的多功能综合性专利检索服务平台。该系统提供智能检索、表格检索、专家检索、号单检索、分类检索等检索方式,根据用户的选择可以单独对中国专利或世界专利进行检索。

1.**智能检索**　智能检索分为中国专利检索和世界专利检索,选择中国专利只能输入中文,世界专利只能输入英文,系统自动识别用户输入的词语是专利要素并进行检索。

2.**表格检索**　表格(分为中国专利、世界专利)提供了专利著录格式的各字段,用户按照系统提示的各字段内逻辑符号的使用规则输入对应的检索词语,字段间的逻辑关系为逻辑与"AND",点击"生成检索式"生成检索表达式。

3.**专家检索**　专家检索分为中国专利、世界专利,中国专利提供了 20 个字段,世界专利提供了 13 个字段,用户可用不同组合形式进行快速检索,点击相应的检索项,相应检索项的字段代码即会出现在检索式对话框中,用户输入一个空格后再输入检索词,多个检索词可以用"*""+""-""( )""adj""near"来组织检索表达式,然后点击"检索"得到结果,系统会显示检索序号、检索表达式、检索结果数量、检索时间,用户还可以利用检索编号来进行逻辑组配(如编号 30 和编号 11 之间的逻辑与组配,表达式为:30*11),点击编号前面的"查看"可以查看检索结果(图 6-3)。

图 6-3　专利之星专家检索界面

专家检索的特点在于对每个字段的检索项单独进行检索,再通过对之前检索结果进行逻辑运算以获得最终的检索结果,检索过程中可针对命中数的不同来及时调整检索项的关键词和其他检索项的检索范围,达到对检索目标步步逼近并且优化检索式的目的。

4.**号单检索**　号单检索(分为中国专利、世界专利)适用于对已知申请号的多个专利进行检索,输入的申请号应为标准申请号格式,其规则如下:①单次最多可输入 3 000 条申请号;②每个申请号单独成行;③中国专利号单的申请号标准格式 CN+12 位申请号 +'.'+ 校验位。

5. 分类检索　分类检索分为 IPC 分类查询、外观分类查询、国民经济分类查询,提供分类导航,用户根据导航提示层层点击打开,然后根据需要选择中国专利或世界专利进行检索。用户也可以输入分类号或关键词进行检索。

专利之星的每一条记录均包含著录项目信息、全文 PDF(可免费下载全文)、权利要求、说明书、法律状态。

其检索结果提供专利类型、法律状态两大类筛选条件,与 CNIPA 不同,其检索结果可以选择后进行批量导出(一次最多 3 000 条),同时也提供多种统计分析,包括:趋势分析(申请趋势、授权趋势、公开趋势);技术分析[技术构成、技术趋势、技术申请人国别(中国)、技术省市统计(中国)];地域分析(中国专利省市分析、省市趋势分析);申请人分析(申请人排名、申请人申请趋势、申请人技术构成);发明人分析(发明人排名、发明人申请趋势、发明人技术构成),并可以导出统计结果。

(三)中国知识产权网

1999 年由知识产权出版社有限责任公司创办了中国知识产权网(CNIPR),其本身是中国专利文献法定出版单位,利用自身资源建立了专利信息服务平台,提供中国、美国、日本、英国、德国、法国、瑞士、韩国、俄罗斯、世界知识产权组织(WIPO)、欧洲专利局(EPO)等 105 个国家、地区和组织专利信息检索,其专利数据更新时间与国家知识产权局保持一致。

CNIPR 专利信息服务平台提供包括一框式检索和高级检索、法律状态检索、运营信息检索、失效专利检索、热点专题信息服务。

1. 检索规则

(1)提供 40 个检索字段用于检索。

(2)比较运算符包括:=(等于)、!=(不能与)、>(大于)、<(小于)、<=(小于等于)、>=(大于等于),如:申请日>=2000。

(3)逻辑运算符包括:"and"(两者必须同时满足),"xor"(两者只能满足其一),"not"(两者中只能出现前者),"or"(两者至少满足其一)。

(4)通配符"?"代表 1 个字母或汉字,"%"代表 0~n 个字符或汉字。

2. 检索方法　系统提供简单检索、高级检索、法律状态检索、运营信息检索、失效专利检索。

(1)简单检索:系统默认的是简单检索界面,提供最常用的字段,包括关键词、申请(专利)号、公开(公告)号、申请(专利权)人、发明(设计)人、申请日、公开(公告)日、IPC 分类号等。在检索框中输入检索词,点击"检索"按钮得到检索结果,页面对付费用户提供统计分析功能。用户可以根据页面提示选择合适的排序方式和浏览模式,还可以选择需要的专利记录并将其著录项目以 Excel 格式导出。点击其中一条记录标题可以查看其详细信息,在详细信息页面提供更加人性化的服务,提供了页内链接(著录项、说明书附图、法律状态、引证文献、同族专利、收费信息、权利要求书、说明书),可以分别下载专利申请书和专利授权公告书的 PDF 全文,在页面内可以设置需要高亮显示的关键词,方便用户查找与阅读专利。

(2)高级检索:高级检索(图 6-4)中包括表格检索、逻辑检索和号单检索三种检索功能。图中上面框部分为表格检索部分,下面框内为逻辑检索部分和号单检索。①表格检索:各字段之间是"逻辑与"的关系,在对应字段中输入检索词,点击"检索"按钮就可以得到检索结果;②逻辑检索:用户可以输入一个复杂的表达式,用布尔逻辑运算符组合连接各个检索选项,构建检索策略,点击表格检索中的检索字段可以辅助快速的编辑表达式,在表达式输入框的下方是历史表达式列表,它直接显示已保存过的检索表达式,用户可以对以前保存的历史表达式进行查看、删除、检索、导出、合并历史表达式等操作。③号单检索:号单检索是批量输入申请号或者公开(公告)号进行检索的方式。

图6-4　CNIPR高级检索界面

（3）法律状态检索：法律状态检索仅用于检索中国专利的法律状态，可检索的字段包括：申请号、法律状态公告日、法律状态、法律状态信息。

（4）营运信息检索：是指对专利权转移、专利质押、专利实施许可的检索。

（5）失效专利检索：类似于高级检索页面，仅针对已经失效的中国发明、中国实用新型和中国外观设计进行检索。

3．热点专题　热点专题包括高分子材料、航空发动机、集成电路、生物芯片、先进装备制造、新能源汽车、原料药、智能电网、智能机器人等。

4．专利分析　其专利分析功能仅供付费用户使用，包括总体态势分析、区域分析、申请人分析、发明人分析、技术分类分析、聚类分析。

5．专利跟踪　在完成一次检索后，检索结果的左下方，可点击"定期预警"输入预警名称即可完成预警设置；页面下方的"法律状态预警"功能也仅供付费用户使用。

除上述检索系统外，一些专业文献检索平台，如万方数据库、中国知网也提供专利数据的免费检索。

三、国外专利检索

国外专利资源主要包括各国专利局官方网站［美国专利商标局（USPTO）、EPO、WIPO 等］、商业性专利数据库（如德温特创新索引数据库等）、商业性联机检索系统（STN、DIALOG、Web of Science 等），以及公益性免费专利检索网站。

各国专利局官方网站均提供专利的免费检索，可以下载专利说明书等全文，但是分析功能较弱，德温特创新索引数据库收录的专利数据量大，涉及国家和地区最多，检索功能强大并提供可视化分析功能，但不能免费使用。

（一）美国专利商标局

美国专利商标局（United States Patent and Trademark Office，USPTO）网站提供授权专利全文和图像数据库（PatFT）和专利申请全文和图像数据库（AppFT）检索、专利转让检索、提供专利分类表。

授权专利全文和图像数据库（PatFT）可以检索 1976 年至今颁发的专利的全文和 1790 年至今所有专利的 PDF 图像。1976 年以来的专利授权全文提供快速检索、高级检索和专利号检索；对 1790—1975 年间的权利 PDF 图像仅提供专利号和 / 或分类代码检索。

专利申请全文和图像数据库（AppFT）提供快速检索、高级检索和出版物编号检索。

1. 检索规则

（1）检索系统使用的逻辑运算符包括"OR""AND""ANDNOT"，不区分大小写。

（2）截词符号"$"代表 0～n 个字符，仅能用于右截词，且词头字符串的长度至少为 3 个字符，在特定字段中至少为 4 个字符。

（3）短语检索使用双引号 ""，用于精确检索，在短语检索中不能使用截词检索符。

（4）日期范围检索符号（–>）代表一个时间段。

（5）高级检索的字段搜索格式为字段代码后跟正斜杠 / 再加上检索词，如：IN/Dobbs；CCL/270/31。

2. 检索途径 以授权专利数据库 PatFT 为例，系统提供快速检索、高级检索和专利号检索。

（1）快速检索：快速检索提供两个检索框，在第一个框中输入检索词 1，选择对应字段，选择逻辑关系（"AND""OR""ANDNOT"），再输入检索词 2，选择其对应的字段，点击"Search"得到检索结果（图 6-5）。

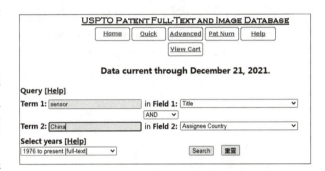

图 6-5　USPTO 快速检索界面

（2）高级检索：应用字段代码、逻辑组配符号、截词符号等组织更加灵活的检索表达式。

（3）专利号检索：输入专利号，点击"Search"按钮即可获取检索结果。

（二）欧洲专利局

欧洲专利局（European Patent Office，EPO）通过 Espacenet 数据库进行专利检索，Espacenet 有最新版和经典版本两种版本，本节以最新版进行介绍。

1. 检索规则

（1）逻辑运算符号"AND""OR""NOT"：运算的优先顺序是从左向右依次进行，用括号"（）"可以改变运算顺序。

（2）支持截词检索："*"代表 0～n 个字符，"?"代表 0 或 1 个字符，"#"代表 1 个字符，不支持左截词。

（3）支持邻近检索：其位置运算符为"prox""prox/distance"后跟（<，>，<=，>=，=）+"数字"表示检索词语之间距离几个单词，"prox/unit=sentence"限制在同一句话中，"prox/unit=paragraph"将检索词限制在同一段话中。

2. 检索方法 其检索方法包括智能检索、高级检索和分类检索。

（1）智能检索：智能检索中可以按任意顺序输入发明人或申请人姓名、编号、日期、关键字和类别，而无须为每个搜索词指定搜索字段，系统自动判断检索词。一次最多输入 20 个词语，也可以用字段限制检索和逻辑运算符组织自己的检索表达式。

（2）高级检索：高级检索特色在于根据逻辑关系的层级形成对应的组合，顶层字段之间的逻辑关系由字段旁的逻辑关系决定，如果需要增加下一层次的逻辑关系点击对应字段后面的"group"就可以增加字段，然后选择逻辑关系即可。

案例：检索可再生（renewable）或可持续（sustainable）能源（energy）的相关专利（图 6-6）。构建其高级检索表达式，系统会自动形成表达式：(ctxt all "renewable" OR ctxt all "sustainable") AND ctxt any "energy"，点击"Search"得到结果。

（3）分类检索：分类检索提供联合专利分类（CPC）导航检索。点击"Classification search"进入 CPC 分类导航检索界面（图 6-7），选择需要检索的部的标题，系统会自动显示其下面的大类，点击大类标题，系统会自动展开其小类，依次类推，然后在需要检索的 CPC 分类号前打钩进行选择，系统会将选择结果显示在界面的右上角，如果还需要检索更多类，也可以继续选择相应的部 / 大类 / 小类 / 大组或小组等，当选择完成，点击"Find patents"得到检索结果。

3. **检索结果**　其检索结果提供文本、文本和缩略图、列表、草图等几种显示模式，可将检索结果按照优先权日期、出版日期的升降序进行排序，检索结果可以导出、打印、添加到我的专利选择、分享检索策略。单条专利记录可以查看其专利书目数据、描述、权利要求、草图、原文、引文、法律状态、同族专利等。

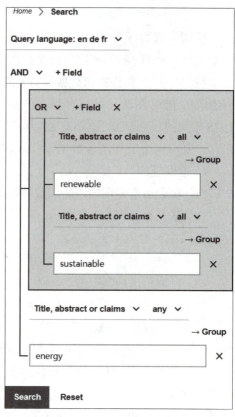

图 6-6　Espacenet 高级检索界面

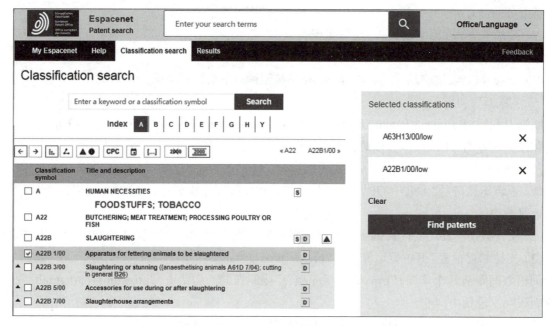

图 6-7　Espacenet 导航检索界面

（三）世界知识产权局

世界知识产权组织（WIPO）是根据《成立世界知识产权组织公约》而设立，总部设在日内瓦，是联合国保护知识产权的一个专门机构。其专利数据库 PATENTSCOPE 收录了 9 800 万份国际和各国专利文件（截至 2021 年 10 月），包括 420 万份已公布的国际专利申请（PCT）。PATENTSCOPE 的检索方法有简单检索、高级检索、字段组合检索、跨语种检索、化合物检索。

1．检索规则

（1）支持精确检索：精确检索（或短语检索）的符号是双引号""。

（2）逻辑运算符号为"AND""OR"（"+"）、"ANDNOT"（"−"）。

（3）字段限制检索的语法结构是字段名加冒号：或斜杠 /，然后输入检索词，如 EN_TI：("wind turbine" AND electric）solar，这里 solar 没有指定字段，系统会在默认字段（这里是 EN_ALL）进行检索。

（4）支持截词检索：问号"?"代表 1 个字符，星号"*"代表 0～n 个字符，例如：te?t，elec*ty。

（5）提供词干检索：对于英语等语种的检索，系统通过波特词根算法（Porter Stemming Algorithm）去除单词的常见词尾，将词干相同的词语用于检索，与截词检索略有差别。例如输入 rides，系统会检出包含 riding、ride、rides 的结果，如果输入 rides*，系统会检出包含 rides、ridesharing、rideshare 的结果。

（6）邻近检索符号（～），用于短语末尾，再加上数字，表示短语中的两个词语相隔多少个单词，例如 "electric car"～10。

（7）日期范围可以用"TO"或"->"，如 DP：[01.01.2000 TO 01.01.2001]或 DP：01.01.2000->01.01.2001，对于非日期字段范围也可以用"TO"，如 IN：{Smith TO Terence} 可检出 Smith 到 Terence 之间的所有结果，但是不包含这两个单词本身。

2．检索方法　其检索方法包括简单检索、高级检索、字段组合检索、跨语种扩展检索、化合物检索等。

（1）简单检索：系统默认的是简单检索界面（图 6-8），语种为英语，用户可以根据需要切换为中文或其他语种。系统提供 7 个预定义字段：Front page、Any field、Full-text、ID/Number、IPC、Names、Publication Date。默认字段为 Front page（首页），其包含了专利名称、摘要、申请人和发明者姓名和专利号等字段。检索时，用户根据需要进行选择，例如要找无人驾驶相关专利，可以选择首页字段，输入"pilotless OR unmanned OR driverless"，检索后，系统自动会在检索结果上方的检索框中显示表达式"FP：(pilotless OR unmanned OR driverless)"。

图 6-8　WIPO 简单检索

（2）高级检索：主要用于创建不限检索词语数量的复杂表达式。选择检索语言，如中文，检索时，输入对应的字段名称，如中文摘要，只需要输入"中文"，系统会自动索引显示中文全文、中文摘要、中文标题、中文文本等，输入一个表达式后，敲空格键系统会自动出现逻辑关系符号的选项。

案例：检索"糖尿病肾病诊断有关专利"，首先进行分析检索主题涉及糖尿病肾病和诊断，对于疾病的诊断，可能涉及标记物或试剂盒，因此，其逻辑关系表达式为：糖尿病肾病 AND（诊断 OR 试剂盒 OR 标志物），进入高级检索界面，依次进行下面的操作：①将光标保持在检索框中，并点击空格键，在自动出现的中文字段中，选择中文标题，字段变为"ZH_TI："，输入糖尿病肾病；②点击空格键，选择逻辑关系"OR",点击空格键,选择字段中文摘要,字段自动变为"ZH_AB:",输入糖尿病肾病,这时表达式为:"ZH_TI:糖尿病肾病 OR ZH_AB:糖尿病肾病";③在表达式前后添加括号"( )",将表达式变为:"(ZH_TI:糖尿病肾病 OR ZH_AB:糖尿病肾病)";④点击空格键,选择逻辑关系"AND",点击空格,选择中文摘要字段,输入"诊断";⑤选择逻辑关系 OR,点击空格键,选择中文摘要字段,输入"标记物";⑥选择逻辑关系 OR,点击空格键,选择中文摘要字段,输入"试剂盒";⑦用英文半角括号"( )"将前面的④~⑥步骤括起来,形成最终表达式:"(ZH_TI:糖尿病肾病 OR ZH_AB:糖尿病肾病)AND(ZH_AB:诊断 OR ZH_AB:标记物 OR ZH_AB:试剂盒)",点击检索按钮得到最终结果数量为141(检索时间:2022年10月28日)。

提示:这种采用中文作为检索语言的情况,一般只能检索到中文专利,如果想检索到所有相关专利,最好是采用英文检索,专利局选择全部,语言选择全部,因此,本案例的检索表达式可以修改为:(EN_AB:(Diabetic Nephropathies)OR EN_TI:(Diabetic Nephropathies))AND(EN_AB:diagnosis OR EN_AB:Biomarkers OR EN_AB:(Reagent Kits)),结果数量为231(检索时间:2022年10月28日)。

(3)字段组合检索:用于根据需求选择系统预设的字段来进行组合检索,检索日期和申请者,发明人和公司等。

(4)跨语种扩展检索:该工具允许用户进行扩展检索,如果输入一个英文检索词,检索结果列表将包含该英文单词及其同义词以及将它们翻译成13种语言(包括中文、法语、德语等)的检索结果。

(5)化合物检索:注册后使用,其检索方式包括转换结构、上传结构、结构编辑器。结构转换允许用户选择检索类型,如化合物名词(一般名、商品名、CAS名、IUPAC名)、INN、InchI、SMILES等,输入对应的检索词,回车后系统会自动将输入名称等转换为 CHEM 名称进行检索,如 CHEM:(BLUAFEHZUWYNDE-NNWCW BAJSA-N)。用户也可以选择"结构编辑器"编辑化学结构或选择"上传结构"进行结构式识别检索。

3. **检索结果处理** 检索结果提供分析功能,分析结果可以以表格、柱状图、饼图等形式从国家、申请人、发明人、IPC 代码、公布日等进行统计分析;可以按照相关度、申请日期和公开日期进行排序,系统提供对检索结果的语言翻译功能;每条专利提供书目数据、专利说明书、权利要求书、专利族、专利全文(可以下载)。

(四)德温特创新索引数据库

德温特创新索引数据库整合了 Derwent 最著名的 World Patent Index(世界专利索引)和 Patent Citation Index(专利引文索引),收录来自40多个世界专利机构的3 000多万项专利,数据可回溯至1963年。分为化学、电子电气和工程技术三部分,通过 Web of Science 平台综合检索世界各国的专利文献。Web of Science 平台的使用方法可参考第三章第四节及第五章第三节,此处不再赘述。

第二节 会议文献信息检索

一、概述

学术会议是一种非常重要的学术交流方式,专业人员可以借此交流学术思想、传递学术信息、相互启迪与借鉴。医学会议是医学科研人员交流与传递医学信息的重要途径,一般关注本学科研究前沿和热点问题,通常一些新问题、新见解、最新研究成果或研究进展等大多会在会议上首次被提出来,因此及时获取和掌握这些信息对医学科研工作者来说非常重要。

会议文献(conference literature)是指各类科技会议的资料和出版物,包括会议前预先提交的论文全文或摘要,在会议上宣读或散发的论文,会上讨论的问题、交流的经验和情况等经整理编辑加工而成的正式出版物(如会议录或会议论文集)。会议文献有广义和狭义之分,广义的会议文献包括会议论文、会议期间的有关文件、讨论稿、报告、征求意见等。狭义的会议文献仅指会议录或会议论文集中发表的会议论文。

会议文献按时间分为会前文献和会后文献。会前文献包括会议日程、征文启事等,是对会议内容及召开时间、地点等的一种预告,为科研人员及时了解和掌握世界范围的专业会议信息、撰写会议论文并参加会议提供帮助。会后文献包括会议结束后出版的会议录、专题论文集、会议论文汇编、会议论文集等一系列出版物。

二、会议预告信息检索

参加学术会议是为了促进学术交流、共享科研成果、掌握专业发展动态。一般科研工作者都非常重视参加学术会议,都需要及时获取相关学术会议的展开时间、地点、主题和会议征文通知等会议预告信息。

(一)国内医学会议预告信息

1. 中华医学会网站　中华医学会网站主要用于介绍中华医学会开展的工作、进行的学术交流、开展的继续教育等。通过浏览栏目"学术交流",点击"会议计划",可以查看当年中华医学会的学术会议计划,点击可以下载。该学术计划通常是中华医学会所有专科分会以及中华医学会相关业务部门上一年度九月开始发出报送的下一年度学术计划,包括国际学术会议、一类学术会议(全国学术大会/年会学术会议)、中青年学术会议、二类学术会议(各专题学术会议),以及中华医学会杂志社和音像出版社举办的各种学术会议。

2. 学术会议云　学术会议云创建的学术会议目前有9 000多个,网站分为最新会议、学术会议、行业会议、论坛峰会、行业展会、其他会议等。会议可以按年度进行浏览,也可以输入关键词进行检索,提供会议的官网、时间、地点、在线报名、投稿等,但是该网站不提供按学科分组浏览会议信息的功能。

3. 医学会议网　医学会议网主要提供中国和其他国家即将召开的各种医学学术会议,提供会议名称、主办方、组织单位、会议时间、会议地点等。

4. 科学网会议　该会议预报是科学网开发的会议预告平台,该平台上发布各学科的国际国内学术会议,收录6 000多个会议信息(截至2021年12月17日),平台根据会议的学科属性将会议分为生命科学、数理科学、地球科学、医学科学、化学科学、工程材料、信息科学、管理综合等八大类,同时制定了会议月历,点击对应的月份可以浏览该月已经召开和即将召开的会议。

(二)国际医学会议预告信息

1. 全球医学会议网　全球医学会议网收集了来自世界各地的各类医学会议18 124个(截至2021年12月17日),并对会议信息进行了精选,构建了即将召开的"精选会议";会议信息可以按国家、城市、科室、日期、关键词进行检索;可以直接按事件名称进行搜索;也可以直接点击"科室分类"按照科室导航选择科室,选择会议即将召开的时间范围进行浏览。每条检索结果有会议名称、会议时间、主办方、会议地点、会议简介、会议议题、会议论文提交和截止时间、注册费等,并可以下载会议资料。

2. 会议系列网　该网站的英文名称为Conference Series,报道来自欧洲、南北美洲、亚洲各国的1 000多场会议、1 000多场专题讨论会以及1 000多个医学、制药、工程、科学等的研讨会(截至2021年12月17日)。

3. 所有会议通知网　该网站的英文名称为All Conference Alert,其报道近两年即将召开来自全世界135个国家、150多个学术主题的国际会议。用户可以按照洲、国家、主题进行搜索,查询快捷方便。每一条会议信息包括组织者、会议联系人、会议邮箱、会议开始日期、会议论文提交日期、会议结束日期等。

4. 会议索引网　该网站的英文名称为Conference Index,其报道了众多世界各地的会议信息,并按照学科(工程、化学、物理、社会与行为科学、计算机科学、材料科学、健康科学、生命健康、地球科学等）、标签、国家、城市等对会议信息建立了索引，便于用户查找。用户也可以直接选择对应国家和主题进行检索。每一条会议结果包括会议介绍、主办者、联系人、会议邮箱、会议开始和截止日期、会议论文提交日期、会议网站等。

三、国内会议文献检索

（一）中国知网会议论文库

中国知网会议论文库重点收录 1999 年以来中国科学技术协会系统及国家二级以上的学会、协会，高校、科研院所，政府机关举办的重要会议以及在国内展开的国际会议上发表的文献，部分重点会议文献回溯至 1953 年，收录国内、国际会议论文集 4 万本，累计文献总量达到 350 万篇（截至 2021年 12 月 17 日）。其提供快速检索、高级检索和专业检索三种检索途径，在会议论文库首页还提供按照论文集、会议、主办单位等的会议导航功能。快速检索中直接选择主题、作者、会议名称、主办单位、论文集名称等进行检索；高级检索界面中选择对应字段和逻辑运算关系组织自己的检索表达式，同时在同一字段内还可以使用运算符 *、+、-、''、""、（）进行多个检索词的组合运算。

（二）万方数据中国学术会议文献数据库

万方数据中国学术会议文献数据库（China Conference Proceedings Database）收录的会议资源包括中文会议和外文会议，中文会议收录始于 1982 年，年收集约 2 000 个重要学术会议，年增 20 万篇论文，每月更新。外文会议主要来源于 NSTL 外文文献数据库，收录了 1985 年以来世界各主要学 / 协会、出版机构出版的学术会议论文共计 766 万篇全文（截至 2021 年 12 月 17 日），每年增加论文约 20余万篇，每月更新。该数据库是万方数据库知识服务平台的一部分，用户可以直接进入该平台中选择"会议论文"检索该数据库的全文资源。该平台也提供会议文献导航功能，按照学科、会议首字母、主办单位类型、主办地、会议级别进行导航浏览。

（三）国家科技图书文献中心会议论文数据库

国家科技图书文献中心（National Science and Technology Library，NSTL）是科技部联合财政部等六部门，经国务院领导批准，于 2000 年 6 月 12 日成立的一个基于网络环境的科技文献信息资源服务机构。收录期刊、会议、学位论文、报告、专利、文集、图书、标准和计量规程等文献。其会议论文数据库包括了中文会议论文库和外文会议论文库两部分。NSTL 会议论文数据库提供快速检索和高级检索、中图分类导航等功能。在快速检索中输入中英文检索词，系统会自动索引出对应中英文词汇，选择对应的词汇进行检索，也可以点击"搜索会议录"，仅对会议录进行搜索，可以进行二次检索。高级检索中选择题名、会议名称、ISBN、EISBN 等字段输入对应检索词，选择逻辑关系，同时可以借助学科分类导航功能进行限定，还可以对语种、馆藏位置、年份、查询范围、获取方式进行限定。

四、国外会议文献检索

（一）会议录引文索引

会议录引文索引（Conference Proceedings Citation Index，CPCI）分为两个子库：科学技术会议录索引（Conference Proceedings Citation Index-Science，CPCI-S）和社会科学及人文科学会议录索引（Conference Proceedings Citation Index-Social Sciences & Humanities，CPCI-SSH）。CPCI 收录了最新出版的会议资料，包括农业（agriculture）、环境科学（environmental sciences）、生物化学（biochemistry）、生物学（biology）、生物技术（biotechnology）、医学（medicine）、工程（engineering）、计算机科学（computer science）、化学（chemistry）、物理（physics）等自然科学与技术领域的著名国际会议文献以及社会科学与人文科学等多学科领域的超过 120 000 个会议的国际会议录。CPCI 提供自 1990 年以来包括专著、丛书、预印本、期刊、报告等形式出版的国际会议论文文摘及参考文献索引信息，提供的

会议信息包括会议名称、主办机构、地点、论文篇名、论文摘要、参考文献等,是科研人员了解国际上权威会议文献最重要的检索工具,其具体检索方法可以参见第三章第四节和第五章第三节。

(二)国际学术会议论文索引

国际学术会议论文索引(PapersFirst)是联机计算机图书馆中心(Online Computer Library Center, OCLC)FirstSearch 数据库中的一个子数据库,其数据来源于 1993 年以来的大英图书馆文献供应中心(British Library Document Supply Centre,BLDSC)收藏的各类国际会议、专题讨论会、博览会、研究讲习会和其他会议的会议论文索引,共有 940 多万条,可通过馆际互借获取全文,数据每两周更新。

第三节　学位论文信息检索

一、概述

学位是专业人员根据其专业学术水平而授予的一种称号。学位制度起源于 12 世纪的意大利,随后风行于法国和英国。现在许多国家都实行了学位制,尽管各国学位的设置不尽相同,但多数国家都是采用三级学位制,即学士(bachelor)、硕士(master)、博士(doctor)学位制度。

学位论文是学生为获取学位而向高等院校或科研机构提交的学术研究论文,包括学士论文、硕士论文和博士论文,学位论文的英文写法在欧洲多采用 thesis,在美国采用 dissertation。学位论文是通过思维劳动而提出的学术性见解或结论,收集资料和进行研究的过程都是在具有课题专长的导师指导下进行的,学术性强、内容比较专深,引用文献全面、阐述详细,且都经过较为严格的学术审查,因此学位论文具有一定的独创性、新颖性,专业水准高、参考价值大。

学位论文除少数通过其他媒体出版发行外,多数不公开发行,一般由图书馆收藏。我国学位论文一般是保存在国家图书馆、研究生所在院校的图书馆、研究生管理处、院系资料室等。为了充分挖掘学位论文的潜力,各国几乎都将学位论文加工整理出版成学位论文数据库,目前学位论文数据库主要收录的是硕士和博士学位论文。

学位论文的结构一般包括封面、版权声明、题目、中文摘要、英文摘要、目录、序言、正文、注释、结论、参考文献、附录、致谢、独创性声明和授权使用声明、封底等。

二、国内学位论文检索

(一)万方数据中国学位论文全文数据库

中国学位论文全文数据库资源由国家法定学位论文收藏机构中国科学技术信息研究所提供,并委托万方数据加工建库,收录了 1980 年以来我国各学科领域的硕士、博士、博士后论文,年增 35 余万篇,涵盖基础科学、理学、工业技术、人文科学、社会科学、医药卫生、农业科学、交通运输、航空航天和环境科学等各学科领域;并采取逐年回溯、月度追加的办法不断更新,目前可以提供 1977 年以来的学位论文全文传递服务。其检索方法除了提供学位导航外,还提供快速检索和高级检索功能,详见第四章第三节万方中国学术期刊数据库。

(二)中国知网中国优秀博硕士学位论文数据库

中国知网中国优秀博硕士学位论文数据库包括中国博士学位论文全文数据库和中国优秀硕士学位论文全文数据库。其收录并出版 510 余家博士培养单位的博士学位论文 50 余万篇,790 余家硕士培养单位的硕士学位论文 520 余万篇(截至 2022 年 10 月 28 日)。该数据库最早回溯至 1984 年,覆盖基础科学、工程技术、农业、医学、哲学、人文、社会科学等各个领域。其检索包括一框式检索、高级检索、专业检索等,详见第四章第一节中国知网中国学术期刊(网络版)。

(三)国家科技图书文献中心学位论文数据库

国家科技图书文献中心(NSTL)学位论文数据库主要收录了 1984 年至今我国高等院校、研究生院及研究院所发布的硕士、博士和博士后的论文。学科范围涉及自然科学各专业领域,并兼顾社会科学和人文科学,每年增加论文 6 万余篇,每季更新。提供论文的文摘等基本信息,全文获取需要注册通过 NSTL 文献传递系统实现。其提供学科分类导航、快速检索和高级检索功能。在高级检索中用户可以从不同角度选择字段包括题名、学位、导师、院校、专业等进行逻辑组配检索。

(四)中国高等教育文献保障系统学位论文数据库

中国高等教育文献保障系统(China Academic Library&Information System,CALIS)学位论文数据库收录了包括北京大学、清华大学等全国著名大学在内的 83 个 CALIS 成员馆的硕士、博士学位论文的文摘信息 25.8 万余条。该数据库只收录题录和文摘,没有全文,全文服务通过 CALIS 的馆际互借系统提供。

三、国外学位论文检索

(一)ProQuest 国外学位论文检索系统

ProQuest 全球版博硕士论文全文数据库(ProQuest Dissertations and Theses Global,PQDT Global)是目前世界上使用广泛的博硕士论文数据库,是美国国会图书馆官方指定的典藏美国博硕士学位论文的馆外机构,收集并保存全球博硕士毕业生的学术成果。收录 1743 年至今全球超过 3 000 余所高校、科研机构逾 448 万篇博硕士论文信息,其中,博硕士学位论文全文文献逾 250 万篇以及 490 多万篇学位论文文摘索引记录,便于用户集中访问所需论文。涵盖了从 1861 年获得通过的全世界第一篇博士论文(美国),回溯至 17 世纪的欧洲培养单位的博士论文,到本年度本学期获得通过的博硕士论文信息。PQDT Global 内容覆盖科学、工程学、经济与管理科学、健康与医学、历史学、人文及社会科学等各个领域,年增 20 余万篇,该库是学术研究中十分重要的参考信息源。PQDT Global 在 PQDT学位论文文摘库基础上,为中国高校用户提供了一个国外学位论文中国集团全文检索平台,这是由国内高校共同选购共建的一个全文库(图 6-9),截至目前可以使用的论文全文数据已经达到 90 万篇。

图 6-9　ProQuest 国外学位论文中国集团全文检索平台界面

（二）NDLTD 学位论文库

NDLTD 学位论文库全称是 The Networked Digital Library of Theses and Dissertations，是由美国国家自然科学基金会支持的一个网上学位论文共建共享项目，为用户提供免费的学位论文文摘，还有部分可获取的免费学位论文全文（根据作者的要求，NDLTD 文摘数据库链接到的部分全文分为无限制下载、有限制下载、不能下载几种方式），以便加速研究生研究成果的利用。论文由美国、加拿大、澳大利亚、法国、德国、日本、中国等约 40 个国家和地区提供，并收集有部分国际资源。

第四节　科技报告与标准文献信息检索

一、概述

科技报告（scientific and technical report）是关于某科研项目或活动的正式报告，多是研究、设计单位或个人以书面形式向提供经费和资助的部门或组织汇报其研究设计和开发项目的成果或进展情况的汇报。它是一种既不同于书本也不同于期刊的特殊类型文献。科技报告由科技人员按照有关规定和格式撰写，是真实、完整反映科技人员所从事科技活动的内容和经验的特种文献，以积累、传播和交流为目的，内容新颖广泛，专业性强，数据具体，是尖端学科信息来源的一个重要渠道，因而成为科研人员、工程技术人员优先参考的资料。尤其在交流科研思路、推动发明创造、评估技术差距、改进技术方案以及避免科研立项的重复等方面，科技报告起到了积极的作用。

标准（standard）是科研、生产、交换和使用的技术规定，也是质量管理和质量保证的依据。技术标准是标准文献的主体，是具有法律效力的文件，对科学实验、工程建设、产品质量、规格、检验方法等方面所做的技术规定和依据，是科学技术和经济管理研究工作成果的一种表现形式。标准文献针对性强，数据与规定严密，具有较高的可靠性、准确性和权威性。对科技人员提高技术与工艺水平，开发新产品，有重要的参考作用。

二、科技报告与标准文献检索

（一）科技报告检索

1. **万方数据中外科技报告数据库**　中外科技报告数据库是万方数据知识服务平台数据库之一，其中中文科技报告收录始于 1966 年，源于中华人民共和国科学技术部，共计 10 万余份。外文科技报告收录始于 1958 年，涵盖美国政府四大科技报告（AD、DE、NASA、PB），共计 110 万余份。截至 2022 年 10 月 31 日，中文科技报告收录国家高技术研究发展计划 9 002 份、国家重点基础研究发展计划 5 586 份、国家科技支撑计划 5 081 份、国家重点研发计划 3 852 份、国家科技重大专项 2 468 份、国家重大科学研究计划 2 224 份、国家国际科技合作专项 795 份、国家重大科学仪器设备开发专项 343 份和国家科学技术奖励项目 187 份。外文科技报告收录 AD 报告 415 949 份、DE 报告 318 555 份、PB 报告 286 923 份、NASA 报告 117 008 份。提供分类浏览、基本检索、高级检索、专业检索和作者发文检索等检索途径，在分类浏览方面，中文科技报告可以按来源、按学科、按地域和按类型进行浏览，外文科技报告可以按四大科技报告和字母顺序浏览。高级检索、基本检索、专业检索和作者发文检索方法可以参考第四章第三节相关内容。

2. **中国知网科技报告数据库**　中国知网科技报告数据库提供 AD 报告、DE 报告、NASA 报告、PB 报告和其他报告资源。提供报告类型浏览、专业检索和高级检索。具体检索方法可以参考第四章第一节相关内容。

3．**美国政府科技报告**　是全球最权威的政府科技报告管理体系，包括美国国防部 AD 报告、美国能源部 DE 报告、美国航空航天局 NASA 报告、美国商务部 PB 报告，可通过万方数据知识服务平台、中国知网和国家科技图书文献中心进行检索。

（二）标准文献检索

1．**万方数据中外标准数据库**　中外标准数据库（China Standards Database）收录了中国国家标准（GB）、中国行业标准（HB）以及中外标准题录摘要数据，共计 200 余万条记录，其中中国国家标准全文数据内容来源于中国质检出版社，中国行业标准全文数据收录了机械、建材、地震、通信标准以及由中国质检出版社授权的部分行业标准。分类分为综合，农业、林业，医药、卫生、劳动保护，矿业，石油，能源、核技术，化工，冶金，机械，电工，电子元器件与信息技术，通信、广播，仪器、仪表，工程建设，建材，公路、水路运输，铁路，车辆，船舶，航空、航天，纺织，食品，轻工、文化与生活用品和环境保护。其中医药、卫生、劳动保护细分为医药、卫生、劳动保护综合，医药，医疗器械，卫生，劳动安全技术，劳动保护管理，消防，制药、安全机械与设备等。检索方法可参考第四章第三节相关内容。

2．**中国知网标准数据总库**　包括国家标准全文、行业标准全文以及国内外标准题录数据库，共计 60 余万项。其中国家标准全文数据库收录了 1950 年至今由中国标准出版社出版，国家标准化管理委员会发布的 6 万项国家标准，占国家标准总量的 90% 以上。可通过标准号、标准名称、发布单位、起草人、发布日期、实施日期、中国标准分类号、国际标准分类号等检索项进行检索；行业标准全文数据库收录了 1950 年至今现行、废止、被代替、即将实施的 3 万项行业标准。可通过全文、标准号、标准名称、起草单位、起草人、发布单位、发布日期、中国标准分类号、国际标准分类号等检索项进行检索；国内外标准题录数据库收录了 1919 年至今中国以及世界上先进国家、标准化组织制定与发布的标准题录数据，分为中国标准题录数据库和国外标准题录数据库。其中，中国标准题录数据库收录了所有中国国家标准、国家建设标准，中国行业标准的题录摘要数据，共计 10 余万项标准；国外标准题录数据库收录了世界范围内重要标准，如国际标准、国际电工标准、欧洲标准、德国标准、英国标准、法国标准、日本工业标准、美国标准、美国部分学 / 协会标准（如 ASTM、IEEE、UL、ASME）等 18 个国家的 30 余万项标准题录摘要数据。可通过标准号、标准名称、关键词、发布单位、起草单位、发布日期等检索项进行检索。检索方法可以参考第四章第一节相关内容。

第五节　循证医学信息检索

一、循证医学简介

循证医学（evidence-based medicine，EBM）是临床医生对患者的诊治应基于当前可得的最佳研究证据，结合自己的临床实践经验和专业知识技能，并尊重患者的选择和意愿做出的临床诊治决策。"基于问题的研究，遵循证据的决策，关注实践的后果，后效评价、止于至善"是循证医学的思想灵魂。广义的循证医学应包括一切医疗卫生服务的循证实践，除临床实践活动以外，还包括医疗法规和政策的制定、公共卫生和预防策略的制定、医疗卫生服务组织和管理、医疗卫生技术准入、新药审批、医疗保险计划的制定、临床指南的制定、医疗事故法律诉讼等一切与医疗卫生服务有关的活动和行为。

1．**循证医学临床实践方法**　循证医学临床实践方法包括五个步骤：①提出问题：提出的问题是否恰当，关系到临床研究是否具有重要的临床意义，是否具有可行性，并影响着整个研究方案的设计和制定。②检索证据：根据提出的临床问题，确定关键词或主题词，选择合适的循证医学数据库，制定合理完善的检索策略，通过计算机检索、手工检索、网络信息检索等多渠道系统、全面检索有关文献。③评价证据：应用临床流行病学关于研究质量的评价标准，严格评价收集到的相关文献。④应用证据：利用最佳证据进行临床决策时，必须根据具体情况，结合临床医生的专业知识、临床经验和技能，尊重患者的意愿、需求和价值取向，将三者完美结合才可使最佳决策得以实施。⑤后效评价，止于至善：最佳证据经过临床实践应用后，如果效果好，总结经验，推广应用，提高认识。如果效果不佳，分析问题，查找原因，总结教训，重新检索证据、评价证据、应用证据，直到取得理想的效果，止于至善。

2. **循证医学证据检索与传统文献检索的区别**　循证医学证据检索的目的是为循证临床实践查找此前所有最佳临床证据，因而其检索范围、策略、方式必然有别于传统的文献检索，主要区别如表 6-1 所示。

表 6-1　循证医学证据检索与传统文献检索的比较

比较点	循证医学证据检索	传统文献检索
信息来源	强调全面收集各种数据库、检索工具书、相关期刊及正在进行和未发表的临床研究	很少对正在进行和未发表的临床研究进行检索
检索范围	强调获得当前可得的全部相关文献（多国别、多语种文献）	对检索范围和查全率没有严格要求
检索方式	以计算机检索为主；辅以手工检索，参考文献追查，灰色文献的搜索	很少对参考文献追查和灰色文献搜索
数据库选择	检索所有相关的临床证据数据库、临床实践指南数据库和书目型数据库	对数据库的选用无严格要求
检索策略的制订	严谨，科学	无严格要求
对检索结果的关注	关注临床证据级别，尤其重视系统评价和随机对照试验的研究结果，重视证据真实性、方法学的评价	较多关注述评文献或综述文献，不涉及文献真实性和方法学的评价

二、循证医学文献检索步骤

1. **基于临床实践情景，提出临床问题并分解为 PICOS**　当临床医师在医疗实践中提出一个具有临床意义的问题，首先分析、确定欲检索临床问题涉及的主要概念，并对回答该临床问题的信息需求进行分析和整理。通常这类临床问题可以分解为 PICOS 五个要素：①P 表示 patient or population or participants（患者 / 人群 / 研究对象）：年龄、性别、种族、所患疾病种类，如青少年近视；②I 表示 intervention（干预措施）：治疗措施或暴露因素，如针灸；③C 表示 comparison（比较措施）：对照措施，如药物或安慰剂对照等；④O 表示 outcome（结局指标）：即干预措施的影响，包括主要结局指标和次要结局指标；⑤S 表示 study（研究设计）：即采用何种研究设计回答临床问题。

2. **选择恰当的数据库**　根据所提临床问题的类型和现有条件，先检索密切相关的数据库，若检索的结果不能满足需要，再检索其他相关数据库。同时，可根据 "6S" 模型（表 6-2），检索时按照计算机辅助决策系统、证据总结、证据摘要、系统评价、原始研究摘要和原始研究顺序逐级检索，如果从上一级数据库检索获得的文献解决了提出的临床问题，则不需要继续检索下一级数据库，以避免不必要的时间浪费。

表 6-2　循证资源的 "6S" 模型

分类	特点	举例
证据整合系统 / 计算机辅助决策系统（systems）	将医院信息系统，如电子病历系统、电子健康档案系统、电子医嘱系统等与循证知识高度整合，主动向临床医务人员提供基于证据诊治、护理等相关的重要信息	这类理想的计算机辅助决策系统目前还很少见，目前做得比较好的有 Zynx Care、UpToDate 等
证据总结（summaries）	代表循证知识库、循证临床实践指南，针对临床问题直接给出相关背景知识、专家推荐意见、推荐强度和证据级别	Best Practice、DynaMed Plus

续表

分类	特点	举例
证据摘要（synopses）	对系统评价和原始研究证据的简要总结，以及专家对证据质量和证据结论的简要点评和推荐意见，通常表现形式是系统评价文摘库、循证医学/护理期刊、临床实践指南等	ACP Journal Club、EBM、GIN 等
系统评价（syntheses）	基于同一临床问题，全面评价并整合所有研究证据作为原始临床研究的系统评价	Cochrane Library，各种期刊上发表的系统评价等
原始研究摘要（synopses of studies）	对原始研究进行阅读、整理归纳和分析，再结合自己的经验给出自己的观点，进行评论，即传统的文献综述	各种期刊上发表的原始研究的摘要及评论
原始研究（studies）	收录在生物医学文献数据库中的原始临床研究	PubMed、Embase 等

3. **确定检索词**　数据库选择好后，还应针对已分解的临床问题选择恰当的检索词。在选择检索词时，既要重视对主题词的选择，充分利用主题词检索系统的优点（如主题词的树状结构，主题词和副主题词的组配，对主题词扩展或不扩展检索等），又不能忽视关键词检索方式的应用。选择 P 和 I 或二者之一作为检索词，根据检索结果数量决定是否增加检索 Meta 分析/系统评价。

4. **制定检索策略并实施检索**　制定针对疾病和干预措施的检索策略的一般步骤如下：①针对某疾病的检索词（主题词/关键词）及其同义词和别名，将所有检索词以"OR"连接，意为只要其中任一个检索词相符就命中。②针对干预措施涉及的检索词也用"OR"连接。③将涉及疾病和干预措施的两组检索词用"AND"连接。④如果检索结果较多时，可考虑加入研究设计检索策略，如系统评价/Meta 分析检索策略，与疾病和干预措施进行逻辑"AND"运算。若关注证据生产，通过提高敏感性扩大检索范围，提高相关文献被检出的比例，提高查全率；若关注证据利用，通过提高特异性缩小检索范围，排除非相关文献被检出的比例，提高查准率。用户可根据检索目的选择。而检索策略的制订原则是敏感性要高，通过提高敏感性，达到提高检出率，降低漏检率的目的。

5. **评估检索结果**　对检索结果进行评价主要是看检索的结果是否在预期的范围之内。若为制作证据而进行检索，对检索结果的评价步骤有：浏览检出记录的标题和摘要，评价该记录是否符合事先制定好的纳入和排除标准，纳入符合要求的文献。对潜在的有可能符合纳入标准的记录以及不能确定是否需要纳入和排除的记录，应阅读全文，以进一步判断或评估。若为使用证据而进行检索，主要是从证据的内部真实性、临床重要性和适用性评价证据。①内部真实性：指从当前研究对象得到的结果能否准确地反映目标/源人群的真实情况。影响内部真实性的主要因素有研究对象范围和研究实施环境等。可通过采取对研究对象类型、研究的实施环境和干预措施进行限定来改善内部真实性。②临床重要性：针对不同的临床研究问题，其临床重要性评价指标也有所不同。以干预性研究证据为例，除需呈现每组干预措施相关结局指标外，还应报告该干预措施的效应量及其 95% 可信区间（95%CI）以表示估计值的精确度。③证据适用性：指基于当前证据中的研究对象得到的结果能否适用目标人群以外的其他人群（外推性）。研究人群与其他人群的特征差异、研究对象类型等因素会影响外部真实性。增加研究对象的异质性可以提高外部真实性。

三、主要循证医学信息检索

（一）UpToDate

UpToDate 是以循证医学为基础的优质临床决策支持工具，为全球医生提供高效的医疗决策支持。内容覆盖了 25 个临床专科（变态反应与免疫学、麻醉学、心血管医学、皮肤病学、成人和儿童急救医学、内分泌学和糖尿病、家庭医学和全科医学、胃肠病学和肝脏病学、普通外科学、老年病学、血液病学、医院医学、感染病学、肾脏病学和高血压、神经病学、妇产科学和女性健康、肿瘤学、舒缓医学、儿科学、成人初级保健、青少年和成人初级保健运动医学、精神病学、肺部病学与重症医学、风湿病学和睡眠医学）的 11 800 多个临床主题，每个主题之下划分有更细的专业类别，全部临床主题由 7 100 余名医生作者、编辑和同行评审专家运用其专业的临床知识，严格评估现有的医学文献，以简洁的语言和便于检索的方式撰写原创性内容。同时，提供 6 300 多篇英文药物专论、1 200 多篇中文药物专论、3 400 多篇药物说明书、1 500 多篇患者教育资料、35 000 多张图片资料、9 600 多条经过 GRADE 分级的推荐意见、440 000 多篇参考文献摘要 /MEDLINE 引文和 200 多个医学计算器。

通过 UpToDate 主界面导航，直接进入专题分类、诊疗实践更新、重要更新和患者教育。提供浏览和检索两种途径。

（二）DynaMed Plus

DynaMed Plus 为 DynaMed 升级版本，早期 DynaMed 免费，用户自愿充当审稿者、作者和编辑，其运行主要依靠志愿者团体的奉献。DynaMed Plus 有 3 个独特优势：①系统评估当前所有相关的研究，力求呈现给临床医生最小偏倚的证据；②每天更新，新的研究证据一经发表就会在第一时间被整合到 DynaMed Plus 中；③可采用多种方式进行检索和阅读。

DynaMed Plus 提供的内容包括：①证据概述与推荐意见：提供与临床问题密切相关的最新研究证据以及基于证据的推荐意见；②循证临床实践指南：常见疾病的临床诊疗过程的循证临床实践指南以及证据分级概要；③患者相关信息：为患者提供常见疾病的临床症状、病因、治疗和预防等信息；④辅助决策的计算功能：通过录入患者年龄、已有的实验室结果等信息预测某些临床结局指标、疾病的严重程度以及健康状况，包括根据医学公式、临床标准、决策树、统计学计算器进行预测，并可根据不同的医学专科选择该学科常用的计算模块。

DynaMed Plus 将证据分为 3 级。同时根据 GRADE 将证据的推荐意见分为强推荐和弱推荐。可按照主题浏览数据库的内容，也可直接输入检索词进行检索。

（三）BMJ Best Practice

BMJ Best Practice 是在"Clinical Evidence"（临床证据）基础上全新升级版的临床诊疗辅助系统。内容来自最新临床证据，以要点形式简明呈现，可迅速、精准定位所需的诊疗知识；专题内容结构规范，按临床思维设计，可指导临床诊疗全流程；支持网页和移动端访问，并可与医院信息系统进行智能集成应用；支持中低年资医师、住院医师、医学生的临床实践与学习，高年资医师进行多学科会诊、教学及医院信息化建设；全库中英文双语内容，并保持高频率持续更新。内容涉及 32 个临床专科的 1 000 余种疾病和症状专题（其中 80% 为临床常见疾病）、10 000 余种诊断方法、3 000 余种诊断性检测、3 000 余种治疗分组、12 500 余种细分诊疗方案、25 600 余种合并症治疗方案、6 800 余部国际指南、4 000 余个临床操作视频、65 000 多篇参考文献、250 多个医学计算器、700 多个关联 Cochrane 临床答案（Cochrane Clinical Answers）。其中医学计算器采用量表评分或公式的计算方式，填写相关参数后，系统会自动计算结果并给出相关参考区间，可帮助评估临床指标和疾病风险。每个疾病提供概述（小结）、理论（流行病学、病因学和病史）、诊断（诊断路径 / 诊断建议、病史和体格检查、辅助检查、鉴别诊断、诊断标准和筛查）、治疗（治疗路径 / 治疗建议、治疗流程、新兴治疗、预防和患者指导）、随访（监测、并发症和预后）和资源（指南、图片和操作视频、参考文献、医学计算器和证据）等。

通过 BMJ Best Practice 主界面导航直接进入最近更新、学科、医学计算器、操作视频、病例报告和证据等。提供学科浏览和疾病、症状检索两种途径。

（四）Essential Evidence Plus

Essential Evidence Plus 是一个综合的临床决策支持系统，其包括若干个子数据库，如 Essential Evidence Topics（Essential Evidence Plus 的主要数据库，涉及 11 个主题）、Cochrane Systematic Reviews（Cochrane 系统评价数据库）、POEMs Research Summaries（POEMs 研究概要）、EBMG Guidelines

（EBMG 指南数据库）、EBMG Evidence Summaries（EBMG 证据概要）、Decision Support Tools（决策支持工具库）和 Diagnostic Test Calculators（诊断试验计算器）等。提供的内容主要包括：①证据主题精要：对所有相关文献按主题进行评价以保证证据的真实性，并将证据整合成为临床医生短时间内做出决策所需的精要；②针对患者的证据（patient oriented evidence that matters，POEMs）摘要和患者信息：为患者提供常见疾病的临床症状、病因、治疗和预防等信息；③决策支持工具和计算工具：用以评估诊断和预后措施、计算患病风险、选择有效和安全的药物剂量等；④Cochrane 系统评价：提供 Cochrane 系统评价的摘要；⑤循证临床实践指南：常见疾病的临床诊疗过程中的循证临床实践指南。

Essential Evidence Plus 提供全部数据库跨库检索和单一数据库的检索与浏览查询，在检索结果界面，用户在左侧界面 Content（内容）部分可通过 Epidemiology（流行病学）、Diagnosis（诊断）、Screening and Prevention（筛查与预防）、Treatment（治疗）和 Prognosis（预后）对检索结果进行优化，在 Resource（资源）部分，可以分别浏览 Evidence（证据）、Guidelines（临床实践指南）和 Calculators（计算器）等内容。

（五）Cochrane Library

Cochrane Library 是 Cochrane 协作网的主要产品，是一个提供高质量证据的数据库，也是临床研究证据的主要来源，主要内容包括：①Cochrane 系统评价库（Cochrane Database of Systematic Reviews，CDSR）：由系统评价全文和研究计划书 2 部分构成，主要收集由 Cochrane 系统评价各专业工作组在协作网注册后发表的研究计划书和系统评价全文；②Cochrane 临床对照试验中心注册库（Cochrane Central Register of Controlled Trials，CENTRAL）：由 Cochrane 协作网临床对照试验注册中心进行管理，向 Cochrane 协作网系统评价工作组和其他制作系统评价的研究人员提供信息。主要来自 PubMed、Embase 和 CINAHL 的随机对照试验或对照临床试验，以及 ClinicalTrials 试验注册平台和世界卫生组织临床试验注册平台的正在进行的临床试验。

1. 检索规则

（1）支持逻辑运算：逻辑运算符为"AND""OR"和"NOT"，如：headaches AND（aspirin OR paracetamol），（liver OR kidney）AND tumour NOT cancer 等。

（2）支持位置运算：应用位置运算符"NEXT"，如 lung NEXT cancer，可针对短语 lung cancer 进行检索；位置运算符"NEAR"，如"Back pain" NEAR/5 "exercise therapy"可针对两个检索词或两个短语同时出现在一个句子中的记录进行检索，检索词或短语的相邻范围为 5 个词汇，互换"NEAR"前后的检索词或短语对检索结果没有影响。

（3）支持截词检索：截词符为"*"，例如使用 cardio* 进行检索，将检出 cardiology 和 cardiography 等一批前缀为 cardio 的词汇。"*"除用作截词符外，独立使用该符号还可用于检索全部记录。

2. 检索方法　Cochrane Library 提供浏览功能，包括按主题（Browse by Topic）和 Cochrane 系统评价协作组（Browse by Cochrane Review Group）等浏览，以及基本检索、高级检索、主题检索和 PICO 检索，这里主要介绍高级检索和主题检索。

（1）高级检索：点击主页左上角"Advanced Search"进入高级检索界面，选择检索字段（Title Abstract Keyword、Record Title、Abstract、Author、Keywords、All Text、Publication Type、Source、Digital Object Identifier（DOI）、Accession Number、Trial Registry Number、Cochrane Group、Cochrane Topic），输入检索词，点击"Run search"执行检索，在检索结果界面点击"Send to search manager"将本次检索添加到检索历史中，方便组配检索。也可根据检索词的数量增加和减少检索行，点击检索项前的"+"和"¬-"，分别增加和减少检索行。在高级检索界面可实现对检索条件进行选择和限定，进一步提高查准率。

（2）主题检索：点击高级检索界面"Medical terms（MeSH）"进入主题检索界面，在"Enter MeSH term"检索框内输入检索词，在检索框后选择副主题词（需要时选择），点击"Look up"可查看输入检索词的主题词及其定义和树状结构,若想要移到 MeSH 树状结构的上位词,则只需点击位于树状结构上层的上位词即可。选好要查询的主题词后,选择"Explode all trees"选项,会自动扩大检索结果。有些主题词有多个树状结构,可选择是否包括所有的树状结构,或者只选择所需的树状词汇进行检索。点击"Add to search manager"将执行的主题检索添加到检索历史中,以便组配检索。

（3）组配检索:在高级检索界面点击"Search Manager"进入检索历史界面,可显示已进行检索的检索策略和结果。在检索框内,可使用逻辑运算符将多个检索结果的检索序号组合在一起进行二次检索。

（六）临床医学知识库

临床医学知识库致力于帮助临床科研人员、临床医生,快速、便捷地获取疾病诊断、检查、治疗、用药等方面系统、全面、动态的临床医学知识,以疾病库、药物库、症状库和检查库为核心,收录内、外、妇、儿等专科疾病 2 000 余种、药物 2 600 余种、症状 150 余个和检查 250 余个。提供检索和浏览2 种检索方式。在浏览查询方面,可实现按疾病、药物、检查和症状浏览;在检索方面,按检索资源不同,可实现多资源一键式智能检索和仅在某一资源的单资源检索,均支持快速检索和高级检索,同时,支持检索结果的二次检索、过滤条件筛选等。

（七）临床诊疗知识库

临床诊疗知识库提供疾病、检查、药品、操作、文献、专题、路径和法规等信息,其中临床疾病库、临床检查库、临床药品库、临床操作库、专题内容库、临床路径库、指南共识库、循证文献库、病例文献库和法律法规库分别收录 3 508 种疾病、2 042 种检查、27 275 种药品、3 021 种操作、2 319 个专题、1 808 条临床路径、1 万余篇指南共识、百万余篇循证文献、数十万余篇病例文献和 1 万余篇法律法规。可通过学科导航浏览查询和输入关键词检索。

第六节　生物信息学数据库检索

一、概述

生物信息学是 20 世纪 80 年代末开始,随着基因组测序数据迅猛增加而逐渐兴起的一门新兴学科,是利用计算机对生命科学研究中的生物信息进行存储、检索与分析的科学。生物信息学与信息科学、计算机科学、数学、统计学、物理学和化学等学科相互渗透、交叉,应用计算机技术和信息论方法采集、存储、传递、检索、分析和解读蛋白质及核酸序列等各种生物信息,以阐明和理解大量生物数据所包含的生物学意义。

生物信息学发展很快,数据量和数据库的种类与日俱增,数据库功能也日益完善。通常把这些数据库分为一级数据库和二级数据库。其中一级数据库的数据直接来源于实验获得的原始数据,只经过简单地归类整理和注释。如核酸序列数据库、蛋白序列数据库和生物大分子结构数据库等。二级数据库是根据生命科学不同研究领域的实际需要,对基因组图谱、核酸和蛋白序列、蛋白质结构以及文献等数据进行分析、整理、归纳、注释,所构建的具有特殊生物学意义和专门用途的数据库。

根据数据库所收录的信息内容可分为以下几类:①核酸序列数据库:核酸序列是了解生物体结构、功能、发育和进化的出发点。国际上权威的核酸序列数据库有三个,分别是美国国立生物技术信息中心（NCBI）的 GenBank、欧洲分子生物学实验室的 EMBL 以及日本遗传研究所的 DDBJ 数据库。三者相互合作,除数据格式有所不同外,数据库中的数据基本一致。②蛋白序列数据库:主要有 PIR（Protein Information Resource）、SWISS-PROT 等。PIR 是由美国、德国和日本的研究机构共同维护的国际蛋白质序列数据库,包含所有序列已知的自然界中野生型蛋白质的信息。SWISS-PROT 数据库主要由日内瓦大学和欧洲生物信息学研究所合作维护,包括了从 EMBL 翻译过来的经过检验和注释的蛋白质序列。③基因组数据库:随着核酸测序技术的迅速发展,人类已经得到一部分生物的全基因组数据,如人、小鼠等。人类基因组信息的主要来源是 NCBI 的基因组数据库 Genomes 和 GDB 数据库,GDB 数据库主要内容是人类基因组计划所得到的图谱数据。④大分子结构数据库:主要收集蛋白质、多肽的三维结构(X 线和磁共振测定的)数据以及酶、病毒、碳水化合物和核酸的晶体结构数据库,如 PDB(蛋白质结构数据库)、核酸结构数据库(NDB)、剑桥结构数据库(CSD)、蛋白质结构数据库(MMDB)等。⑤图谱数据库:主要收录基因组图谱数据,如遗传图谱、物理图谱、转录图谱和序列图谱,如 NCBI 的人类基因组图谱、欧洲生物信息学研究所(EBI)的放射杂交图谱(RHDB)等。⑥突变数据库:主要收录基因突变以及多态性数据,有综合性和特殊位点突变数据库两种。综合性突变数据库如人类基因突变数据库(HGMD)、蛋白质突变数据库(PMD)等;特殊位点数据库主要收录某一位置或某一特殊类型的基因突变和多态性数据。如 *P53* 突变数据库、*APC* 基因突变数据库等。

二、主要数据库检索

(一)生物信息中心

1. 美国国立生物技术信息中心　美国国立生物技术信息中心(National Center for Biotechnology Information,NCBI)可同时检索包括 GenBank 在内的多个子数据库中的所有信息。主要有:①Nucleotide Database:核酸序列数据库,包括 GenBank、EMBL、DDBJ 三数据库中的核酸序列数据;②Protein Database:蛋白序列数据库,包括从 GenBank、EMBL、DDBJ 核酸序列编码区翻译过来的蛋白质序列,以及 PIR、SWISS-PROT、PDB 等数据库中的蛋白质序列数据;③Structure:大分子三维结构数据库,包括 X 线晶体衍射和磁共振测得的蛋白质三维结构数据,这些结构数据主要来源于 PDB;④Genomes:完全基因组库,是世界上最主要的多物种的基因组资源,包括基因组序列,图谱,染色体、片段及注释等;⑤Online Mendelian Inheritance in Man(OMIM):人类孟德尔遗传联机数据库,开始于 1963 年,现发展为网络数据库,搜集人类正常基因和基因失常的信息;⑥SNP:单核苷酸多态性数据库,收录单核苷酸置换以及短的删除和插入所导致的多态性;⑦PopSet:种群研究数据库,包括在具有亲缘关系的种群之间序列同源性配对序列,以及进化或突变研究中产生的配对序列;⑧dbGaP:基因型和表型数据库,研究基因型和表型之间的相互作用,包括全基因组关联研究、医疗测序、分子诊断检测,以及基因型和临床特征之间的关联。

NCBI 的检索平台功能强大,检索途径多。①综合检索:可利用 Entrez 检索系统直接检索 NCBI 全部数据库,输入检索词后可获得多个数据库的检索结果;②特色检索:选择要检索的资源或数据库,利用数据库本身提供的检索途径如基本检索、高级检索等进行较为复杂的检索。

2. 欧洲生物信息学研究所　欧洲生物信息学研究所(European Bioinformatics Institute,EBI)于1994 年在英国剑桥建立,是一个非营利性的学术组织。其前身是 EMBL(欧洲分子生物学实验室,European Molecular Biology Laboratory)的信息服务分部。EBI 承担了所有此前由 EMBL 掌管的项目,开展了多方面的生物信息服务与研究,包括所有数据库的管理与维护,成为欧洲主要的生物信息研究与服务中心。其主要使命除了为用户提供生物信息学的服务、培训以及帮助传播前沿科技产业外,主要着重于生物信息学的研究并以核酸、蛋白质序列和大分子结构等数据库的形式为广大用户免费提供有关数据。其主页上不仅详细列出可以提供的生物信息学数据库及工具的名称和链接,还提供了培训的内容及时间。

EBI 提供了包括基因组、转录、蛋白质、通路与系统等多方面研究的生物信息数据资源与工具,其中:①Ensembl:EBI 和 Sanger 中心共同发展的具有良好图形界面的综合注释系统,它集基因组数据库、序列分析注释和结果比较显示等功能为一体。目前集成了人类、小鼠、斑马鱼等基因组数据。②ENA：欧洲核苷酸序列资源，记录了核苷酸测序流程中的相关信息，包括输入信息（样品、实验装置、机器配置）、输出数据（序列的痕迹、内容和质量分数）和解释信息（汇编、映射、功能注释）。③InterPro：通过对蛋白质进行分类，提供蛋白质的功能分析，是一个强大的综合数据库和诊断工具。④UniProt：是包含蛋白质序列、功能信息和研究论文索引的蛋白质数据库，由 UniProtKB、UniParc、UniRef 和 Proteomes 组成。⑤ArrayExpress：是功能基因组学数据集的主要公共存储库之一，主要包括 Microarray（微阵列芯片）和 High-throughput sequencing（高通量测序）数据，也包括甲基化、CHIP-seq 和基因分型（genotypping）等数据。

EBI 的基本检索功能方便、快捷、全面。用户在检索框中输入检索内容后，一次即可查出多个数据库中的信息。EBI 还可以选择目标数据库，进行更加深入细致的检索。

3. 日本国立遗传学研究所　日本国立遗传学研究所（National Institute of Genetics，NIG）作为遗传研究学的中心成立于 1949 年，除研究外还参与了教育和服务工作，包括与大学合作培养研究生，提供各种遗传资源和核酸测序，维护和管理日本核酸数据库（DDBJ）等。

4. 中国科学院上海生命科学研究院生物信息中心　中国科学院上海生命科学研究院生物信息中心目前除维护我国的核酸序列公共数据库外，还提供包括各种链接的生物学导航信息。

5. 北京大学生物信息中心　北京大学生物信息中心通过 SRS 系统（Sequence Retrieval System）可以检索欧洲多个数据库。目前是国内数据库种类多、数据量大的生物信息站点，为国内外用户提供了多项生物信息服务。

（二）核酸序列数据库

1. GenBank　GenBank 是由 NCBI 管理和维护的大型、综合性公共核酸序列数据库。包括所有已知的核酸序列和蛋白质序列，以及相关的文献和生物学注释。数据来源于测序工作者提交的序列数据、由测序中心提交的大量表达序列标签（expressed sequence tags，ESTs）序列和其他测序数据以及与 EBML、DDBJ 等数据机构协作交换的数据。GenBank 的数据来源于约 260 000 个物种，其中 8% 是人类的 EST 序列。每条 GenBank 数据记录包含对序列的简要描述、科学命名、物种分类名称、参考文献、序列特征表以及序列本身。序列特征表包含序列生物学特征注释，如编码区、转录单元、重复区域、突变位点或修饰位点等。数据记录被划分成若干个子库，如细菌类（BCT）、病毒类（VRL）、灵长类（PRI）、啮齿类（ROD）以及 EST 数据、基因组序列数据（GSS）、高通量基因组序列数据（HTG）等 19 类。GenBank 的数据可以从 NCBI 的 FTP 服务器上免费下载。NCBI 还提供广泛的数据查询、序列相似性搜索以及其他分析服务。

通过 Entrez Nucleotide 搜索 GenBank 的序列，提供了基本检索与高级检索等多种方法，用户可以利用检索界面上提供的限制（limits）、索引（index）、检索式构建（builder）、检索历史（history）和逻辑运算符等功能来实现复杂的检索查询要求。

2. EMBL-Bank　EBML 建立于 1982 年，由欧洲生物信息学研究所（EBI）管理，主要实验室设在德国海德堡，在德国汉堡、法国、英国、意大利设有分部。除了实验研究，它还提供多种生物计算和数据库服务，特别是序列分析方面的服务。EMBL-Bank 是国际三大核酸序列数据库之一，现由欧洲生物信息学研究所（EBI）管理和维护，主要收集欧洲产生的核酸序列数据，每条核酸序列的记录包括一般信息、描述、参考文献、特征表、序列五个部分。每一次检索后，都将显示符合检索条件的记录列表和简单信息，包括序列标识号、登记号、序列描述、序列长度等。点击序列标识号，即可得到该记录的详细信息。

3. DDBJ　日本核酸数据库（DNA Data Bank of Japan，DDBJ）创建于 1986 年，由日本国立遗传学研究所的生物信息中心（CIB/DDBJ）管理和维护。作为一个国际性的核酸数据库，它主要负责收集亚洲地区的核酸数据,并与 GenBank 和 EMBL 相互协作,同步更新。DDBJ 主页除了提供 getentry、ARSA 和 TXSearch 数据检索功能外,还提供数据提交工具和数据分析工具。

(三)基因组数据库

1. NCBI Genomes　NCBI 的 Genomes 提供世界上多物种的基因组资源,可提供基因组序列、图谱、染色体、片段及注释等信息,分为人类(Human Genome)、微生物(Microbes)、细胞器(Organelles)、病毒(Viruses)、原核生物参考基因组(Prokaryotic reference genomes)五大类信息,是获取基因组数据的主要工具。①Human Genome:人类基因组计划是一个国际性研究工作,其目标是破译人类遗传密码,并免费向公众提供这些数据。NCBI 致力于提供一个综合的,一站式的基因组信息资源,为保证人类生物学和疾病防治新方法提供了新的见解。点击 Genome 主页中的"Human Genome"进入"人类基因组资源"(Human Genome Resources)页面。用户不仅可以以不同形式浏览页面左侧提供的全部人类染色体,还可在其下方提供的检索区进行人类基因的查找。除此之外系统还提供了 Gene、OMIM、Map Viewer、Blast、Geo 等数据库链接。②Map Viewer:是一种从众多资源中汇集图谱和序列信息的图谱浏览器。允许用户浏览和检索某有机体完整基因组信息,在序列水平通过浏览单个染色体图谱或某染色体上的特定区域,探查完整基因组信息。通过 Map Viewer,可以方便地获取一个基因在染色体上的具体位置、一条染色体上排列的基因及其顺序、染色体特定区域的基因种类、染色体特定区域的碱基顺序、两个基因的距离、染色体两个位点之间的序列及细胞遗传图谱等信息,并可根据两个图谱中的标记进行对比分析,以及在已知某一基因在遗传图谱中的位置,确定其在物理图谱中的位置。

2. Ensembl　是一个有关人类基因组及其他物种基因组的综合数据库。该项目始于 1999 年,由 EMBL-EBI 和 Sanger 研究所共同开发,目前包括人类、鼠、斑马鱼、马、猩猩、猪、羊驼等几十种生物基因组的注释分析。其目标是对基因组进行自动的注释并与其他生物数据整合。主要根据已经测得的基因组序列,定位所有已知基因,并预测未知新基因,同时为这些基因提供功能、疾病相关特征等方面的注释信息。

(四)蛋白质序列及结构数据库

1. SWISS-PROT　SWISS-PROT 由瑞士生物信息学研究所(Swiss Institute of Bioinformatics,SIB)和欧洲生物信息学研究所(EBI)共同维护和管理。SWISS-PROT 数据库中的所有序列条目都经过有经验的分子生物学家和蛋白质化学家仔细审读并通过计算机工具和查阅有关文献资料核实。多名科研人员专门从事蛋白质序列数据的搜集、整理、分析、注释和发布,力求提供高质量的蛋白质序列和注释信息。SWISS-PROT 数据库的每一条记录都有详细的注释,包括结构域、功能位点、跨膜区域、二硫键位置、翻译后修饰、突变体等。该数据库中的记录还与核酸序列数据库 EMBL/GenBank/DDBJ、蛋白质结构数据库 PDB 等多个数据库建立了交叉引用链接。

2. PDB　PDB(Protein Data Bank)是国际上最著名、最完整的蛋白质三维结构数据库。PDB 数据库已经收录了利用 X 线衍射、磁共振、电子显微镜实验数据或理论计算得出的蛋白质、核酸、蛋白质/核酸复合物等结构数据。PDB 数据库以文本文件格式存放数据,每条记录即是一个独立的文件,包括物种来源、化合物名称、原子坐标、结构提交者以及有关文献等基本注释信息。此外,还包括分辨率、结构因子,温度系数、主链数目、配体分子式、金属离子、二级结构信息、二硫键位置等和结构有关的数据。

3. MMDB　MMDB(Molecular Modeling Database)是 NCBI 的蛋白质分子模型数据库,收录了由晶体衍射和磁共振实验研究得到的蛋白质三维结构。MMDB 采用 ASN.1 记录格式,而不是采用 PDB 记录格式。MMDB 结构与原始的 PDB 结构相比,增加了许多附加信息,如经程序验证的显性化学图像,一致的二级结构衍生定义,与 MEDLINE 相匹配的引用等。MMDB 可利用 Entrez 进行文本查询。MMDB 检索项包含 PDB、MMDB 的存取号,源自 PDB 注释记录的自由文本,作者名及其他书目检索项。

（五）其他常用数据库与工具

1. UCSC Genome Browser　随着新一代测序等高通量技术的发展,包括人类在内的不同物种的大量基因组序列信息被不断完善,各物种的基因组精细作图也不断完成。随之而来的是基因组中序列信息生物学注释的快速更新。以往被认为是基因组中垃圾序列的部分区域,被发现具有转录调控等重要的生物学功能。将这些不同层面的信息加以整合,并以图形化的形式呈递给生物学家,一直是生物信息学研究与实践中一个重要的方向。由美国加利福尼亚大学圣克鲁兹分校 UCSC Genome Bioinformatics group 开发并维护的 UCSC Genome Browser 便是该领域中具有代表性的信息整合与图形化显示平台。它以 NCBI 数据库中序列信息为基础,用户可以以基因名称或染色体位置为关键词进行检索,通过基因组浏览器以单碱基的精度浏览包括人类在内的不同物种的基因组序列。

在查询序列信息的同时,用户可以浏览 Genome Browser 整合的该基因组区域内的其他染色体序列特征与功能注释。包括 CpG 岛区域、SNP 位点、体细胞突变位点、选择性剪切、microRNA、长链非编码 RNA、转录调控因子结合位点等。用户可通过下拉菜单选择每个分类目录下的具体注释项目,进行图形化显示。除此之外,UCSC Genome Browser 还允许用户上传自己的数据,与其现有注释信息相整合,显示于同一界面中,用于数据的整合挖掘与交流。除 Genome Browser 外,UCSC Genome Bioinformatics group 还开发了一系列工具,用于基因组数据的分析与可视化(如 BLAT、Table Browser、Genome Graphs 等)。值得一提的是,UCSC Genome Browser 中所有的工具均为开源软件,用户可下载实现其本地化。

2. GEO　随着高通量技术的发展,高通量数据急剧增加,研究者们需要一个储存与分享这些海量数据的平台。隶属于 NCBI 的 GEO 便是其中之一。它包括了基因芯片(包括 DNA 拷贝数、SNP 芯片、mRNA 表达谱、microRNA 表达谱等)、第二代测序等类型的高通量功能基因组数据。GEO 中共存储数据集 4 348 个,包括 24 435 种平台类型,涉及数据来源于针对 5 339 418 个样品的检测结果。这些数据按照 MIAME(minimum information about a microarray experiment)规则整理后上传至 GEO 数据库。用户可根据需要对数据进行检索,并下载感兴趣的数据集,进行进一步的生物信息学分析,用于科学研究。

3. miRBase　microRNA 是一类具有重要转录后调控作用的短链核苷酸(平均长度 22 个碱基)。高通量技术的发展,使得越来越多的 microRNA 被人们发现并获得实验数据的支持。用户可通过检索,获得成熟 microRNA 及其前体的序列信息及其在染色体上的定位等注释信息。所有的序列及注释均对科研用户提供免费下载,用于科学研究。

思考题

1. 商业性专利检索工具与国家或组织专利机构的检索系统各有哪些优势和不足?
2. 有哪些网站可以提供会议预报信息?
3. NSTL 学位论文数据库与 CALIS 学位论文数据库有什么区别?
4. 循证医学证据检索与传统文献检索有何异同?
5. NCBI 与 EBI 提供的生物信息学资源有何异同?

（杜志银　田金徽）

第七章

网络医学信息资源利用

学习目标

掌握网络信息资源的概念及特点、搜索引擎的定义、常用搜索引擎的使用；熟悉主要的国际组织与政府机构网站资源、学术机构与社会组织网站资源、开放存取资源；了解网络信息资源的评价。

第一节　网络信息资源

一、概述

20世纪60年代，计算机技术与现代通信技术结合形成了互联网，并且得到迅猛发展。互联网的成功不仅在于技术层面，更重要的是对人的影响，促使知识的传播由口述、书面、广播、电视变为互联网媒体，即网络化、虚拟化的媒体，促使知识的传播更加方便、快捷，实现了知识交流的无中心化。对科技工作者来说，互联网更是重要的科研工具，通过它不仅可以了解科技发展的最新动态，获取最新的信息资料，而且可以进行广泛的国际科技协作和学术交流。

互联网承载广泛的信息资源和服务，比如相互关联的超文本文件，还有万维网的应用、电子邮件、通话，以及文件共享服务等。网络信息资源（network information resources），又称电子信息资源、因特网信息资源、联机信息、万维网资源等，是随着互联网的发展和网上信息资源的不断积累而产生的。网络信息资源可以从广义和狭义两个层面来理解。广义的定义：网络信息资源就是通过计算机网络可以利用的各种信息资源的总和。狭义的定义：网络信息资源是指以电子数据形式把文字、图像、声音、动画等多种形式的信息记录存放在数字存储介质上，并通过网络通信、计算机和终端等方式进行传递和再现出来的信息资源。网络学术信息资源是通过计算机网络可以利用的各种用于学术研究的信息资源总和，是网络信息资源的重要组成部分。网络资源的范围非常广泛，类型多种多样。

二、网络信息资源的特点

与传统的信息资源相比，网络信息资源在数量、结构、分布和传播的范围、载体形态、传递手段等方面都显示出新的特点，这些新的特点赋予了网络信息资源新的内涵。

（一）信息量大、增长迅速

随着互联网的普及以及各类互联网产品的推出，我们走入信息爆炸时代，每个人、每个组织都是信息的创造者，数据呈现出爆炸式的指数级增长。据互联网数据中心（Internet Data Center，IDC）发布《数据时代2025》的报告显示，全球每年产生的数据将从2018年的33ZB增长到2025年的175ZB，相当于每天产生 491EB 的数据。如果把 175ZB 全部存在 DVD 光盘中，那么 DVD 叠加起来的高度将是地球和月球距离的 23 倍（月地最近距离约 39.3 万千米），或者绕地球 222 圈（一圈约为 4 万千米）。据某社交网站统计每天产生 4PB 的数据，包含 100 亿条消息，以及 3.5 亿张照片和 1 亿小时的视频浏览。

（二）内容丰富、形式多样

网络信息内容包罗万象，几乎涵盖了所有学科、领域、地域、语种，包含政府、高校、科研院所、学术团体、行业协会、企业和个人创造的网络信息。就内容而言，既有与科学技术相关的信息，也有与工作和生活信息相关的信息；有知识性和教育性的信息，也有体育、娱乐、旅游等消遣类的信息。传统信息资源的表现形式以文字和图像为主，网络信息资源以数字形式存在，且与多媒体技术和超文本技术相结合，形成文本、图像、音频、视频、软件、数据库等多种表现形式。

（三）共享性强、传播广泛

网络信息资源是以现代信息技术为记录手段而形成、以机读的形式存在的数字化信息，其本质特征是虚实结合、互通有无。它们既可以在计算机内被高速处理，又可以通过通信网络进行远距离传送，不受时间和空间的限制，这就使全球资源共享成为可能。网络信息资源共享是社会发展的必然，倡导部门、组织、机构、全系统、全行业、全社会乃至全球共享的观念，实现真正的全球一体化的网络空间。互联网打破了传递的时空界限，用户可以在任何时间、任何地点获取信息资源，网络信息资源传播的时间和空间范围得到了最大程度的延伸和扩展。

（四）动态性强、变化频繁

与传统信息资源相比，网络信息资源具有高度的动态性，不仅各种信息处于不断生产、更新和淘汰的状态，而且各网络、网站、网页也都处于不断变化中。任何网络资源都有可能在短时间建立、更新、更换地址或者消失，使得网络信息瞬息万变。信息更新速度很快，几乎时时都在更新。

（五）发布自由、交互性强

随着自媒体的快速发展，用户可以在互联网任意发表任何个人意见，与传统的媒介相比，信息发布更自由，且传播交互性更强。人们能在网上主动找寻自己所需的信息，网络信息的流动是双向互动的。

（六）分散无序、价值不一

网络信息资源是以不同的形式存在于不同国家、不同地区的各种服务器上，相互之间是通过网络以超文本方式链接的。其发布和存储方式不能预先规划，数据重复，缺乏控制，导致资源质量参差不齐。正式出版物与非正式出版物交织在一起，学术信息、商业信息和个人信息无序地混为一体。网络信息资源包罗万象，覆盖各行业的各个领域，但存在着信息污染严重，如信息失真、信息重复、信息过时、信息误差、信息噪音等，加上缺少相关机构和机制的有效管理与控制，导致信息鱼龙混杂。

三、网络信息资源的组织

网络信息资源组织（organization of network information resources）又称网络信息组织，根据网络信息的特点，采用各种工具和科学的方法，对大量分散、杂乱的网络信息进行筛选、整序、优化，使之有序化、规律化和系统化，进而便于网络信息的存储、传播、检索、利用，以满足人们网络信息需求的过程。互联网为网络信息资源的组织提供了空前复杂的环境，提出了更高的要求。当前网络信息资源组织的主要方法包括：分类组织法、主题组织法和元数据组织法。

（一）分类组织法

分类组织法从宏观的角度揭示信息资源的知识内涵，为用户描述"知识地图"。随着网络信息技术的发展，大量的网络信息和电子书籍不断涌现，这一传统方法也逐渐被应用于网络信息资源，并借助于现代信息技术中数据库、搜索引擎的帮助，焕发出新的生机。分类组织法的便捷之处在于它将繁杂且庞大信息资源分门别类，使得原本错综复杂的信息资源变得清晰有条理，用户只需按图索骥，就能方便地得到自己想要的信息资源。

分类组织法的优势主要有：①以学科分类限定检索范围，可以提高查准率；②其等级结构可以提供检索词的上下文，方便用户进行网络查询，当检索目的不确定时，分类浏览更加有效；③以知识分类为基础，以符号为标识，可作为不同语言之间的转换中介；④非文本信息在网络信息资源中所占比例日益增大，其内容特征难以用文字表达，分类组织法的聚类功能及号码标识为之提供了一条解决途径。目前，某些网站和搜索引擎直接采用传统文献分类系统组织网络信息资源。为了适应网络环境，许多自编分类系统相继出现。

（二）主题组织法

主题组织法以名词术语为检索标识，按照主题字顺组织信息，弥补了分类组织法专指性不强的不足。主题组织法建立在为网络信息提供可识别的层次分明的主题的基础上，以其严谨、指向性强、检索准确性高、系统严密等特点迅速成为网络信息资源组织中的热点。网络环境下，主题组织法利用词汇关系链揭示相关知识的最大优势得以充分显示，在网络资源组织中发挥了显著作用。

主题组织法的使用主要有两种类型：一是利用现有词表，如叙词表组织网络信息资源。现有词表通常都是控制词表，其基本功能是通过同义词控制和词语之间的关系促进更好的检索结果反馈、通过同形异义词控制达到更高的精确度，如医学主题词表（MeSH）。二是关键词法，关键词法在几乎所有搜索引擎中得到了广泛的应用。网站、网页的题名、地址、摘要及正文中的自然语言都可被选作关键词来建立索引数据库，用户通过检索系统的关键词检索功能获取指向相关网络信息的超链接。其优点在于用户选择检索词时灵活方便，不受词表控制，但命中过多，查准率较低。

（三）元数据组织法

元数据组织法选用一定数量的通用数据单元来描述网络信息的检索特征，描述结果或以数据库形式存在，或嵌入信息资源之中，目的在于使网络信息资源的管理者及使用者可以通过元数据了解并辨别资源，促进网络环境中信息对象的发现、组织和检索利用。元数据是对资源信息的描述，也即关于数据的数据，目前常见的类型有 MARC、GILS、TEI、FGDC、DC、IAFA 等。从元数据的定义中可以看出，元数据组织法是相比前几种方法而言更深层次的组织方法，可帮助用户更好地识别、评价、引用网络信息资源。在对网络资源的组织上，元数据组织法具有更大的优势。

元数据组织法主要作用为：①知识描述：描述信息资源的内容、主题、关键词等，利于用户了解信息资源的中心内容；②知识定位：提供信息资源的来源、存储位置等；③语义搜索：提供链接或其他便于找到信息资源的信息；④知识评估：对信息资源的价值、准确性、权威性等进行评估。通过以上信息的描述和整理，用户就能更便捷地对信息资源进行组织，判断其能否满足自己解决问题的需要，能为自己创造什么利益，进而做出选择。

四、网络信息资源的评价

网络信息资源爆炸式增长，使广大的互联网用户变得无所适从，信息获取和选择犹如大海捞针；同时网络信息资源存在良莠不齐、真伪难辨等问题，使得有价值的信息被淹没。网络信息资源评价（evaluation of network information resources）是对网络信息加以"过滤"，选择满足用户信息需求的过程，其实质是对网络信息资源的信息质量进行评价，将符合用户质量需求的信息选择出来。

（一）网络信息资源评价的必要性

1. **网络信息资源的开放性与用户需求的科学性之间存在着矛盾**　网络信息的开放性，导致了网络信息资源的繁盛。任何学科、主题均可查到大量的网络信息。网上信息广泛、丰富，却缺乏有效组织和质量控制，呈现出无限、无序、良莠混杂的发展状态。一般网民要求网络信息资源具有真实性、公正性与及时性，而科学研究人员要求网络信息资源具有客观性、时效性、准确性、权威性。面对这种网络信息资源的质量不均衡状态,建立和发展网络信息资源的评价方法及相关标准是至关重要的。

2.**网络信息资源的广泛性与用户需求的有限性之间存在着矛盾**　网络信息资源的内容包罗万象,既有大量高水平的学术研究成果,也有许多质量低下的信息。互联网用户一般只需其中的一小部分信息,且用户没有足够的时间和精力浏览所有的网络信息。从信息海洋中甄别、挑选有学术价值或利用价值的精华部分,可以较好地屏蔽一些信息污染和检索噪声,极大提高用户利用网络信息资源的效率。

3.**网络信息资源的自由性与用户需求的准确性之间存在着矛盾**　互联网也改变了传统的信息发布和评价程序。以往印刷型文献的评价和过滤是由编辑、出版者、评论人员或权威部门,如政府机构、学科专家等来完成的。而网络信息时代信息的生产缺少了编辑出版这一重要的质量控制环节,直接在互联网上发布,使得信息以极快速度在互联网上传播,但信息的生产者、出版者以及相关的网络信息有待考证,在满足用户对信息新颖性需求同时还要考虑其准确性,对网络信息的评价更多地是由网络用户自己承担。因此用户必须了解和掌握一些网络信息资源的评价标准和评价方法,能对自己所搜集到的信息资源的价值有所判断。网络用户同时又会成为网络信息的生产者,掌握有关评价标准,能够使其在信息生产中有所规范,进一步提高和改善网络信息的质量。

(二)评价方法

1.**定性评价法**　按照一定的评价标准对被评价站点的各方面特征、质量进行主观评判,主要包括指标体系法和调查表法。比如很多网站都有诸如"热门站点推荐""站点精选""最佳站点""信息资源荟萃"等栏目。优势主要表现为可以对评价对象进行全面、细致和深入的分析。但是其可操性较差,个人主观色彩较浓,缺乏量化标准,评价结果表现出来合理性弱、可信度低、时效性差。

2.**定量评价法**　定量评价实际上是量化分析方法,根据网络整理资源的评估工具提供的数据信息对网络信息资源进行优选与评价,主要包括访问量统计法和链接关系分析法。访问量统计法是依据网站流量(网络用户对各网站的登录、访问情况)对网站进行评价,类似于对传统印刷型出版物发行量的统计。链接关系分析法是通过分析站点被其他站点链接的情况,来测定网络信息资源的重要性,从而可以帮助确定核心站点,为网络信息评价提供依据,其基本思想与印刷型文献评价中的引文分析方法相近,如搜索引擎 Google 采用的 PageRank。优点表现为客观、规范、科学的数量,与定性分析方法相比,评价结果更为直观、精确,可信度相对较高。缺点表现为量化的标准简单化和表面化,评价结果过于简单,往往无法达到真正地对资源进行深层次的剖析和考察。

3.**综合评价法**　由于定性评价法和定量评价法都存在各自的局限性,学者将两者有机结合起来,既能发挥定性评价方法的优势,又具备定量方法的系统、客观、规范的长处。如层次分析法、模糊综合评价法和概率统计方法等。

4.**评价性元数据评价法**　有学者提出利用评价性元数据开展网络信息资源评价,该方法不是一种新方法,而是一种新的评价模式。评价性元数据的主要目的是评估和选择信息资源,用分散方式进行评价,通过调动多个评价机构参与并相互合作,使用共同的元数据规范来表达、描述信息。以软件可识别的标准方式与用户交互,最终使用户能够获得丰富的元数据信息支持个人决策。如欧盟资助的 MedCER-TAIN 和 MedCIRCLE 项目。

第二节　搜　索　引　擎

一、概述

搜索引擎(search engine)是根据一定的策略、运用特定的计算机程序从互联网上搜集信息,对信息进行组织和处理后,将检索相关结果展示给用户的系统。搜索引擎利用了网络的自动索引、动态缓存、分布计算、内容评价等多种技术,对互联网的各种资源进行有效组织、标引,不断适应快速增长的用户检索需求。简单说,搜索引擎就是一个基于互联网,集信息收集、整理和检索服务为一体的,以服务用户信息检索为中心的系统平台。

搜索引擎的前身是加拿大麦吉尔大学的学生 Alan Emtage 等人于 1990 年发明的 Archie,用于以文件名搜索散布在不同 FTP 主机上的文件。受其启发,1992 年美国内华达大学的一个研究组开发了 Gopher 搜索工具 Vernoica。1993 年出现了最早的四款网络爬虫(web crawler):World Wide Web Wanderer、Jump Station、World Wide Web Worm 和 RBSE Spider。随着互联网技术的飞速发展,人们在"蜘蛛"程序的工作原理上加以改进,从跟踪单个网页的链接开始,进而检索整个互联网,搜索引擎的作用得到了充分发挥。

(一)搜索引擎的工作原理

搜索引擎的基本流程是:首先利用网络爬虫在互联网爬行和抓取网页信息,并存储到网页数据库;然后对原始网页进行信息抽取和组织,并建立索引库;最后根据用户输入的关键词,快速找到相关文档,并对找到的结果进行排序,并将查询结果返回给用户。

1. **网页抓取**　网页抓取主要通过网络爬虫来实现。网络爬虫又称网络蜘蛛,是一种按照一定规则,自动抓取互联网信息的程序或脚本。网络爬虫的工作过程是:网络爬虫从一个或若干个初始网页的 URL 开始,获得初始网页上的 URL,在抓取网页的过程中,不断从当前页面上抽取新的 URL 放入队列,直到满足系统的一定停止条件。网络爬虫的爬行策略分为深度优先和广度优先。

2. **预处理后建立索引**　通过索引系统对收集到的网页内容进行预处理操作(提取出相应的网页信息);然后将预处理后的关键词抽取出来,并记录每个词的出现次数及相应位置,再根据一定的算法得到每一个网页文档相对于页面内容及超链接中每一个关键词的相关数据;最后,将这些数据存入索引数据库的对应列表中。

3. **查询服务**　首先,在搜索引擎界面输入关键词,提交至服务器;然后,后台程序分析用户给出的查询或提问方式,生成结构化的查询请求,在已经建立好的索引表下进行查询;最后,通过匹配算法,从网页索引数据库中获得与关键词相匹配的所有相关网页并进行排序,将查询结果有序地返回给用户。

(二)搜索引擎的分类

搜索引擎按其工作方式主要包括全文搜索引擎、目录索引式搜索引擎、元搜索引擎、垂直搜索引擎和其他类型搜索引擎。

1. **全文搜索引擎**(full-text search engine)　自动提取互联网信息,建立网页数据库,用户以关键词查找信息时,搜索引擎即在网页数据库中进行搜索,然后将符合信息需求的网页链接返回给用户。

2. **目录索引式搜索引擎**(search index/directory)　事先设定分类框架,以人工或半自动方式搜集信息,由信息员对信息进行分析后,人工形成信息摘要,再置于相应的分类类目中。

3. **元搜索引擎**(meta-search engine)　又称集合搜索引擎,没有自己的数据,而是将用户的信息请求同时发给多个搜索引擎,将返回结果进行去重、排序等处理后提供给用户。

4. **垂直搜索引擎**(vertical search engine)　是针对某一特定领域、某一特定人群或某一特定需求提供的有一定价值的信息和相关服务。具体而言,垂直搜索引擎就是对网页库中的某类专门的信息进行一次整合,定向分字段抽取出需要的数据,进行处理后再以某种特定形式返回给用户,它是搜索引擎的细分和延伸。垂直搜索引擎和普通的网页搜索引擎的最大区别是对网页信息进行结构化抽取,也就是将网页的非结构化数据抽取成特定的结构化信息数据。如果说网页搜索是以网页为最小单位,那么垂直搜索就是以结构化数据为最小单位。将这些数据存储到数据库,进行进一步的加工处理(如去重、分类等),然后分词、索引,最终以对结构化数据搜索的方式满足用户的信息需求。整个过程中,数据由非结构化数据抽取成结构化数据,经过深度加工处理后返回给用户。

5. 其他类型搜索引擎　随着人工智能、自然语言处理和大数据的发展和广泛运用,产生了知识型搜索引擎、问答型搜索引擎和云平台搜索引擎等。

（三）搜索引擎的评价

1. 响应时间　响应时间即搜索速度,是指从用户输入关键词开始,提交查询请求,到系统返回检索结果之间所花费的总时间。排除网速等其他因素,用户一般都会选择能够快速给出结果的搜索引擎。

2. 查全率　搜索引擎的查全率是衡量某一搜索引擎从数据集中检索出相关网页成功度的一项度量指标。用户查询关键词后,系统检索出的相关文献与全部相关文献的百分比。其计算公式为:

$$R(查全率) = \frac{N(检索出的相关信息数量)}{M(实际相关信息总量)} \times 100\%$$ 式 7-1

查全率 R 的取值范围在 0～1 之间,越接近于 1,表明查全率结果更好。

3. 查准率　查准率是检索出的相关信息量与全部相关量的比值,计算公式为:

$$P(查准率) = \frac{S(检索出的相关信息数量)}{T(检索出的信息总量)} \times 100\%$$ 式 7-2

查准率 P 的取值范围在 0～1 之间,越接近于 1,表明查准率结果更好。

4. F_1 值　该评价标准是综合查全率和查准率形成的反映整体的指标,计算公式为:

$$F_1 = \frac{2 \times P \times R}{(P + R)}$$ 式 7-3

搜索引擎的评价标准不止于此,还包括数据库的覆盖度、系统的稳定性、网页数据更新速度和用户的负担等。

二、综合性搜索引擎

（一）谷歌和谷歌学术

1998 年,拉里·佩奇和谢尔盖·布林共同开发了谷歌在线搜索引擎,同年,发明 Google PageRank 专利。谷歌搜索引擎主要的搜索服务有网页、图片、音乐、视频、地图、新闻、问答和学术等。

谷歌学术搜索（Google Scholar）是一个可以免费搜索学术文章的网络搜索引擎,2004 年 11 月,谷歌第一次发布了谷歌学术搜索的试用版,该项索引包括了世界上绝大部分出版的学术期刊。目前,谷歌与许多科学和学术出版商进行了合作,使用户能够检索众多学科的文献资源,包括学术著作、出版商、专业性社团、预印本、各大学及其他学术组织的经同行评论的文章、论文、图书和摘要等。谷歌学术搜索可帮助用户在整个学术领域中确定相关性最强的研究。

（二）百度和百度学术

1. 概述　百度是全球最大的中文搜索引擎,2000 年 1 月创立于北京,致力于向人们提供"简单,可依赖"的信息获取方式,其核心技术超链分析技术。

百度学术于 2014 年 6 月上线,是百度旗下的免费学术资源搜索平台,致力于将资源检索技术和大数据挖掘分析能力贡献于学术研究,为海内外科研工作者提供全面的学术资源检索和科研服务体验。百度学术收录了包括知网、维普、万方、Elsevier、Springer、Wiley、NCBI 等 120 多万个国内外学术站点的内容,索引了超过 12 亿学术资源页面,建设了包括学术期刊、会议论文、学位论文、专利、图书等类型在内的 6.8 亿多篇学术文献,并在此基础上,构建了包含 400 多万个中国学者主页的学者库和包含 1.9 万多中外文期刊主页的期刊库。

2. 检索方法　百度学术主要提供学术首页、学术搜索、学术服务三大主要服务。学术搜索是百度学术提供的基础功能,也是用户使用频率最高的功能,主要包括文献检索、期刊频道、学者主页三个维度。进入百度学术搜索主页，在输入框中输入检索词，直接回车或者点击右侧的"百度一下"。主要包括：关键词／主题检索、标题检索、DOI检索（支持输入DOI检索文献）和参考文献检索。

除以上基础检索外，百度学术还支持用户进行高级检索（图7-1），百度学术首页和搜索结果页的搜索框的右侧均可进入高级检索界面，也可以利用高级语法直接进行检索。

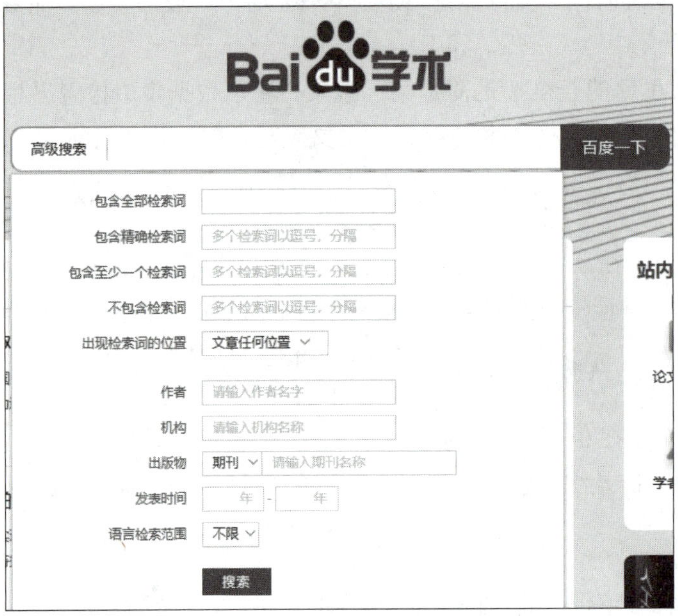

图 7-1   百度学术高级检索

在高级检索中，可以对检索词进行"包含全部检索词""包含精确检索词""包含至少一个检索词""不包含检索词""出现检索词的位置""作者""机构""出版物""发表时间"和"语言检索范围"等进行详细限定。

检索结果页面包括了题名、作者、出处、数据库来源（百度学术不仅收录了同一篇文章的多个来源，还提供了多个下载入口）等，还提供筛选（用户可点击左侧列表和右上角中／英文转换进行结果筛选）和排序功能（按相关性、按被引量、按时间降序，默认排序方式为按相关性）。另外，从检索结果页点击某一条检索结果即可进入详情页面，该页面主要展示来源期刊、引用走势、研究点分析、文献关系等内容。

为方便用户引用文献做参考文献等使用，在文献功能区提供了单篇引用和批量引用功能。目前主要支持 GB/T 7714、MLA、APA 三种常见引用格式，以及 BibTeX、EndNote、RefMan、NoteFirst、NoteExpress 五种导入链接。

（三）微软必应和微软学术

微软必应（Microsoft Bing）是 2009 年 5 月推出的一款用以取代 Live Search 的搜索引擎。简体中文版取名"必应"有"有求必应"的寓意。必应搜索在首页设置了每日更新的背景图片，通过来源于世界各地的高质量图片，加上与图片内容紧密相关的热点搜索提示，使用户在访问必应搜索的同时获得愉悦体验和丰富资讯。

微软学术是微软研究院于 2009 年开发的免费学术搜索引擎，它为研究员、学生、图书馆馆员和其他用户查找学术论文、国际会议、权威期刊、作者和研究领域等提供了一个更加智能、新颖的搜索平台，同时也是一个对象级别垂直搜索、命名实体的提取和消歧、数据可视化等许多研究思路的试验平台。

微软学术搜索整合了海量的知识信息资源，覆盖了农业科技、艺术与人文、生物学、化学、计算机科学、经济、工程、环境科学、地球科学、材料科学、数学、医药、物理、社会科学等专业领域的信息，学术论文每周更新。

微软学术搜索允许用户在线编辑信息。如果用户发现作者的资料、论文的资料或作者的论文列表有误，或提供的信息已过时，可以直接在网上进行修改或更新，修改信息经编辑验证后将更新在网页上。

三、生物医学搜索引擎

（一）全球医学索引

1.**概述**　全球医学索引（Global Index Medicus，GIM）可供全世界访问低收入和中等收入的国家产生的生物医学和公共卫生信息，主要目标是提高此类重要资源为人所知的程度和可用性，通过世界卫生组织区域办事处图书馆将资源整合成一个统一搜索平台。

2.**检索方法**

（1）关键词检索：全球医学索引首页面就是简单检索页面（图7-2），包含有检索项和数据源两个选择项和一个输入框。在检索结果页面点击"Advanced Search"可以进入高级检索页面。高级检索的检索项，以及检索项之间的逻辑关系，用来构建逻辑检索表达式。

图7-2　全球医学索引简单检索

（2）主题词检索：在检索首界面中点击"Search by DeCS/MeSH descriptors"，进入到"Subject descriptor lookup"页面，可以通过检索查找到需要的主题词概念，也可以通过浏览的方式查找到主题词。如果有多个检索主题词，需要选择检索主题检的逻辑关系，包括"all descriptors（AND）"和"any descriptor（OR）"。

3.**检索结果**　可以对检索结果进行优化，包括过滤器、显示方式、排序方式、每页文档数量、RSS、XML、结果保存等功能。过滤器可以对结果从不同维度进行优化，并提供可视化分析功能。

（二）Medscape

1.**概述**　Medscape是最早的医学专业门户之一，主要为全球的临床医生和医务工作者提供医疗信息，以及为医生和卫生专业人员提供继续教育。Medscape会员是免费的，供用户无限制地访问整个网站和服务网络。

2.**检索方法**

（1）分类检索：点击Medscape主页（图7-3）上方的"NEWS&PERSPECTIVE""DRUGS&DISEASES""CME&EDUCATION""ACADEMY""VIDEO""DECISION POINT"等链接可以进入相应资源，浏览有关方面的信息。在"DRUGS&DISEASES"资源下，还可以进一步浏览有关药物、疾病及

MEDLINE 等资源。"CME&EDUCATION"是 Medscape 中最值得关注的内容，提供丰富而且免费的学习课程。"ACADEMY"为所有执业医师提供了相应需求的课程设计，包括获取基础知识和实践经验以及基于需求和时间订制自己的特定课程。"VIDEO"整合了 Medscape 电视节目、临床程序、医学继续教育等有关视频。"DECISION POINT"收集了国际上临床指南和最佳实践临床证据等。

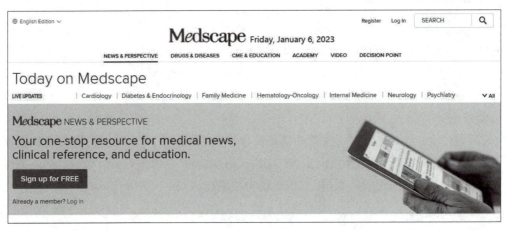

图 7-3　Medscape

（2）关键词检索：在图 7-3 上方右侧的输入框内输入检索词，按回车键完成检索。其检索方法支持布尔逻辑运算。

（3）检索结果：在 Medscape 中不同的检索，结果显示也不完全相同。在分类检索中，检索结果按照相应的类别列出，点击浏览即可显示。在关键词检索中，检索结果主要以 5 个主题进行显示："All""News&Perspective""Drugs&Diseases""CME&Education"以及"MEDLINE"。不同主题又包含不同的优化（Refine）格式，如"CME&Education"包含"Relevance""Any time""All specialties""All content types"和"All credit amounts"等。

（三）HON

由瑞士日内瓦国际非营利性组织"健康网络基金会"（Health On the Net Foundation，HON）于 1996 年 5 月推出的一个检索型医学免费全文搜索引擎，该网站提供的医学信息可靠，为一些不懂医学的人、医学信息使用者和医学专业人员提供了可靠的信息来源，成为最受欢迎的互联网非营利性门户网站。HON 还提供 3D Anatomy Quiz、Provisu、HONselect 和 HON Toolbar 等工具，其中 HONselect 是最重要的是网上资源搜索引擎。

1. **概述**　HONselect 是一个多语种、智能型、功能强大的针对医药卫生领域中不同类型网络资源的搜索引擎，它具有英文、法文、德文、西班牙文、葡萄牙文、意大利文 6 个版本。HONselect 检索的核心是美国国立医学图书馆的医学主题词（MeSH）。HONselect 不仅允许读者查访医学主题词的等级结构和释义，而且通过 MeSH 系统将 MEDLINE/PubMed、HONmedia、NewsPage、MenHunt 4 个分散异构的数据库整合到一起。

2. **检索方法**　进入 HONselect 页面（图 7-4），提供了分类目录式检索和关键词检索方法。分类目录式检索有 4 个入口：Diseases（疾病）、Viruses&Drug（病毒和药物）、Anatomy（解剖）、Psychiatry and Psychology（精神病学和心理学）。关键词检索可以在表单中输入单词和词组，其中的虚词一般会被忽略，还可通过下拉菜单进一步限定。

3. **检索结果**　如果 MeSH 中有不止一个主题词含有用户的检索词，则全部列出，与检索词密切相关（但不含有检索词）的主题词也全部列出。用户可根据需要选择其中的一个主题词进入。各种检索方法显示结果的页面结构基本相同。

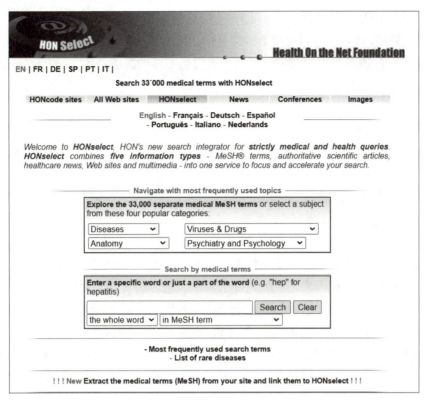

图 7-4　HONselect

（四）ALLMEDX.com

1. 概述　ALLMEDX.com 是一个专业的、免费的医学搜索引擎,运用机器学习逻辑算法,从权威医学来源提供临床相关搜索结果,同时过滤掉不相关和不可靠的内容,从而为临床医生提供了更快、更精确的指导,以满足他们的即时决策需求。ALLMEDX.com 包括近 200 万(并且还在增长)高质量 URL 的链接,包括期刊文章、临床指南、药物数据库、医学新闻等。

2. 检索方法　进入 ALLMEDX.com,提供了分类目录式检索和关键词检索方法。分类目录式检索有 4 个入口:ALLMedicine(疾病)、ALLConference(会议)、ALLDRUG(药物)等。关键词检索提供了"ALL""RESEARCH&REVIEWS""GUIDELINES""DRUGS""RARE DSEASES""CLINICALTRIALS. GOV""NEWS"和"PATIENT EDUCATION"等不同主题。

3. 检索结果　在 ALLMEDX.com 中不同检索方式,结果显示结构基本相同。包括结果列表、排序方式(时间、相关性)和 Subtopics 等,通过选择具体的 Subtopics 可以实现对结果进行优化。

（五）OpenMD.com

OpenMD.com 是一个专业的医学搜索引擎,临床医生和相关人员可以轻松检索高质量的医学信息。OpenMD.com 收集了来自政府机构、全球卫生组织、医学期刊和参考网站等数十亿份文件。网站的特色:医学搜索引擎、医学网站、医学词典和医学研究指南。

第三节　常用医学信息网站

一、概述

伴随着现代科技的高速发展,网络医学信息资源内容更加丰富,分布更加广泛,更新速度加快,已成为医学专业人士获取专业信息、进行科学交流、掌握科技动态不可或缺的媒介。本节选取部分专业性强、学术水平高、内容丰富的权威性网站进行介绍，包括具有代表性的国际组织与政府机构网站、学术机构与社会组织网站，主要面向医学工作者提供专业的医学学术资源。

二、国际组织与政府机构网站

（一）世界卫生组织

世界卫生组织（World Health Organization，WHO）简称世卫组织，成立于1948年，是联合国下属的专门机构，现有194个会员国，总部设于瑞士日内瓦，是国际上最大的政府间卫生组织，负责对全球的卫生事务提供指导和技术支持、拟定卫生研究议程、制定规范和标准、监测和评估卫生趋势，目标是为世界各地的人们创造一个更健康的未来。

网站主要设有以下栏目。

1. **健康主题（Health Topics）** 提供按健康相关的主题字顺组织的列表，可筛选类型（如调查、生活方式选择、生命阶段、环境因素、疾病与状况、原因及危险因素、药物与手术治疗等），并可用关键词检索。同时，目录下还提供了资源链接（资料目录、图片中的事实、多媒体、出版物、问答、工具和工具包）和热门主题链接（埃博拉出血热、空气污染、肝炎、十大死因等）。

2. **国家（Countries）** 提供按字顺排列的194个WHO成员国名录，可了解各国一些最新的统计信息。如人口总数、期望寿命、不同年龄段死亡率及卫生总支出占国内生产总值的百分比、国家卫生概况，以及疾病负担等各项动态的统计信息。

3. **媒体中心（Newsroom）** 提供世卫组织新闻、要事、评论、简讯及图片等实况信息。

4. **突发卫生事件（Emergencies）** 实时报道各国最新疫情及疾病暴发新闻，提供技术指南、常见问题与回答、如何保护自己、最新情况报告。WHO最新疾病暴发新闻，提供关于已确认的紧急公共卫生事件或引起关注的潜在事件的信息。

5. **数据（Data）** 世界卫生数据平台，提供全球卫生观察站数据，世卫组织定期发布与全球卫生有关的数据趋势和分析报告。该栏目提供要闻、特色数据集（全球卫生估计、卫生可持续发展目标、死亡率数据库、免疫数据、洞察与可视化等）。

6. **关于世卫组织（About WHO）** 介绍世卫组织的工作程序、资金来源及理事机构等情况。

（二）美国疾病预防控制中心

美国疾病预防控制中心（Center for Disease Control and Prevention，CDC）是美国卫生及公共服务部所属的一个机构。网站主页设有疾病与条件（Diseases&Conditions）、健康生活（Healthy Living）、旅行健康（Traveler's Health）、应急准备（Emergency Preparedness）等栏目，除介绍美国最新公共卫生动态新闻、各种相关领域杂志外，还提供了各种公共卫生基础统计数据。公众可通过字顺（A-Z Index）浏览信息，也可以通过关键词检索本网站的内容。

（三）美国国立卫生研究院

美国国立卫生研究院（National Institutes of Health，NIH）创建于1887年，隶属于美国卫生及人类服务部，是国际上最重要的生物医学研究机构之一。NIH拥有27个研究所、研究中心和1个院长办公室，任务是探索生命本质和行为学方面的基础知识，并充分运用这些知识延长人类寿命，以及预防、诊断和治疗各种疾病和残障。NIH不仅指导院内的实验室从事医学研究，还通过研究基金支持国内外大学、研究所、医院等的非政府科学家的研究，并开展研究人员培训，促进医学和卫生信息的交流。

NIH网站主要设有以下几个栏目。

1. **健康信息（Health Information）** 可按主题字顺A～Z浏览相关信息，也可以直接在检索框中输入关键词进行主题检索。设置了卫生保健提供者和设施、健康信息热线、保健网、MedlinePlus 健康资讯、健康工具包、参与 NIH 临床研究试验、与你的医生联系等栏目，另外还提供了科学教育资源、社区资源、出版物列表、MedlinePlus 健康信息的链接。

2. **资助基金**（Grants&Funding）　提供研究基金的详细信息，包括申请要求、资助政策、各个研究所的资助计划等，也可在检索框中直接输入关键词检索有关资助项目。

3. **新闻事件**（News&Events）　主要通过媒体资源、社交媒体以及 NIH 新闻出版物报道 NIH 院内及所资助院外项目的最新成果、近期重要活动、重大卫生问题的健康教育等。

4. **研究资源与培训**（Research&Training）　提供科学热点、科学教育、实验室与临床研究、培训机会、图书馆资源、研究资源、临床研究资源等信息。

5. **机构**（Institutes at NIH）　提供 NIH 下属 27 个研究所与办公室的网站链接。

另外，NIH 网站还提供了站内信息的基本检索，在主页右上角的检索框中输入检索词，点击"Search"即可，检索结果页面可以进行文件类型的限定（新闻、视频、临床试验等）。

（四）美国国立医学图书馆

美国国立医学图书馆（National Library of Medicine，NLM）隶属于美国国立卫生研究院，是世界上最著名的生物医学信息中心，收录有生物医学和健康关怀等方面资料，包括书籍、期刊、技术报告、手稿、缩微胶片、声像资料、数据库等。NLM 网站主要提供以下信息服务：①PRODUCTS AND SERVICES：提供国立医学图书馆知名的生物医学数据库的链接，如 PubMed/MEDLINE、MeSH、Open-i、MedlinePlus、ClinicalTrials.gov 等；②RESOURCES FOR YOU：为不同类型的用户提供相应的入口链接，包括研究人员、出版者、图书馆员、教育者 / 培训人员、健康专家、公众；③Explore NLM：提供 NLM 的介绍、图书馆服务、医学史等方面的信息；④GRANTS AND FUNDING 为生物医学信息学和数据科学的基础研究和应用研究提供资助，包括详细的资助计划、NLM 大学培训计划、校外计划等信息。

NLM 提供对站内文档进行简单检索。检索结果有三种筛选模式：Health Information、Programs&Services、Exhibits&Collections。

（五）美国食品药品管理局

美国食品药品管理局（U.S. Food&Drug Administration，FDA）是由美国联邦政府授权成立的国际医疗审核权威机构，也是世界上最大的食品与药物管理机构之一，其主要职能为确保美国国内生产或进口的食品、膳食补充剂、药品、疫苗、生物医药制剂、血液制剂、医疗设备、放射性产品、兽药和化妆品的安全。

FDA 官网内容十分丰富，是医药工作者不可或缺的重要信息来源。主要栏目及功能如下：①食品审批信息（Food）：食品的召回、疫情爆发和紧急情况、食源性疾病与污染物、配料、包装和标签、膳食补充剂、食品科学与研究、食物的指导与调控政策文件等；②药物审批信息（Drugs）：应急准备、药物审批和数据库、提供来自 FDA 的药物相关数据库和药品审批信息，查看某种药物是否被 FDA 批准上市以及该药的生产商、剂型剂量、临床和实验研究等详细信息；③医疗器械（Medical Devices）：提供医疗器材的审批信息、研发进展、安全信息、法规和指南；④疫苗与血液制品（Vaccines，Blood，and Biologics）：提供血液、疫苗、基因治疗、细胞治疗、器官移植等方面的相关审批、研发和管理的信息；⑤辐射性产品（Radiation-Emitting Products）：提供具有辐射性产品的审批信息、研发进展、安全信息、法规和指南；⑥兽用药品（Animal and Veterinary）：提供动物的食品及药品的审批、实用性、安全性和有效性等信息；⑦化妆品（Cosmetics）：包括化妆品注册程序、化妆品制造商、包装和经销商使用的报告系统，以及有关化妆品的法律、法规和政策问题的资源和 FDA 有关化妆品法规的信息等；⑧烟草制品（Tobacco Products）：烟草相关的产品、指导和规章以及执行等信息。

三、学术机构与社会组织网站

（一）中华医学会

中华医学会成立于 1915 年，是中国医学科技工作者自愿组成并依法登记的学术性、非营利性社会组织，是发展我国医学科技和卫生事业的重要社会力量。截至目前，已经拥有近 70 余万名会员、89 个专科分会、478 个专业学组，加入了 42 个国际性 / 区域性医学组织，并与 47 个省、自治区、直辖市以及副省级城市地方医学会保持着密切的合作。学会每年主办、承办近 200 个国际国内医学学术会议，出版发行 191 种纸质、电子系列医学期刊，形成了国内外医药卫生界数量多、影响大、权威性强的医学期刊系列。中华医学杂志社也成为目前国内最大且最具影响力的医学专业杂志社，为用户提供期刊、论文和资讯的检索，以及医学会议的相关信息。

（二）中国药学会

中国药学会成立于 1907 年，是我国近代成立最早的学术团体之一，是全国药学工作者自愿组成并依法登记成立、具有法人资格的全国性、学术性、非营利性社会组织。学会主要任务是开展国内外药学科学技术交流，编辑出版发行药学学术期刊、书籍，发展同世界各国及地区药学团体的交往与合作，表彰奖励优秀工作者；组织开展对会员和药学工作者的继续教育培训以及相关学科科学技术知识的普及推广工作。学会网站主要设立了学术活动、国际交流、编辑出版、继续教育、科学普及、科技咨询等栏目，可进行站内信息的检索。

（三）中华中医药学会

中华中医药学会是中国成立最早、规模最大的中医药学术团体，是全国中医药科学技术工作者和管理工作者及中医药医疗、教育、科研、预防、康复、保健、生产、经营等单位自愿结成并依法登记成立的全国性、学术性、非营利性法人社会团体。学会网站提供了以下内容：科技奖励评审系统、继教管理与证书查询、中医药期刊网、中医师承继教平台、中医药科普传播平台、学术会议管理系统等。

（四）美国医学会

美国医学会（American Medical Association，AMA）是世界上三大医学会之一，致力于促进医学科学和艺术性的发展以及更好地改善公共健康，在医学领域拥有很高的地位。AMA 网站拥有不同类型的用户，包括医生及医学院学生、卫生保健专业人员和患者。美国医学会学术出版平台出版众多高影响力的期刊用作学术交流，是一个汇集各种医学专业观点的平台。

网站按分类提供各种信息，如医学教育、医学杂志、临床实践、公共卫生、产品及服务，可以点击分类类目名进行浏览，注册会员享有一定的权利。AMA 出版的系列学术刊物包括：*JAMA*、*JAMA Network Open*、*JAMA Cardiology*、*JAMA Dermatology*、*JAMA Health Forum*、*JAMA Internal Medicine*、*JAMA Neurology*、*JAMA Oncology*、*JAMA Ophthalmology*、*JAMA Otolaryngology–Head&Neck Surgery*、*JAMA Pediatrics*、*JAMA Psychiatry*、*JAMA Surgery Archives of Neurology&Psychiatry*（1919—1959）。

（五）美国国立癌症研究所

美国国立癌症研究所（National Cancer Institute，NCI）是美国国立卫生研究院下属的 27 个研究所中历史最为悠久的研究所，处于全美肿瘤学研究的前沿。该网站提供免费的、可信的、全面的关于癌症的信息，包括癌症预防和筛查、诊断和治疗、癌症谱系的研究、临床试验、新闻和其他 NCI 网站的链接。该网站还提供了 NCI 支持的研究项目以及 NCI 的资助和培训项目的相关信息。

四、其他常用相关网站

（一）生物谷

创建于 2001 年，属于生物医药领域网站，注重科学性、实用性和权威性，发布生物医药有关的新闻和信息。主要栏目有医药产业、制药、转化医学、生物产业、生物研究、医疗健康、医疗器械等。生物谷旗下的"生物在线"网站,目前是国内最大的生物科研服务专业平台,下设仪器设备库、耗材库、试剂库、抗体库、技术服务库等栏目。

（二）中国医药信息查询平台

创建于 2015 年,作为医药行业信息服务平台,该网站内容涵盖面广、信息量大、权威性强,实现了对医药行业信息的全覆盖,为广大人民群众提供真实权威的医药信息查询。目前中国医药信息查询平台共建有 15 个医药专业数据库,按功能主要划分为:疾病、症状、医疗美容、医院、医生、药品、中药材、保健品、医疗器械、方剂、药膳食疗、针灸穴位、术语、视频、化妆品。

第四节　开放获取资源

一、概述

开放获取(open access,OA)又称开放存取,是国际科技界、学术界、出版界等为推动科研成果利用网络自由传播而发起的一种新型出版模式。即把经过同行评议的学术文献放到互联网上,使用户可以免费获取,而不需考虑版权和授权的限制,以打破学术交流中的人为壁垒。OA 一方面可以保障学术信息免费向公众开放,打破了价格障碍;另一方面可以保障学术信息的可获得性,打破了使用权限障碍。

提供开放获取服务的资源类型主要包括两大类:①开放存取期刊(open access journals):指论文经过同行评审的、网络化的免费期刊,编辑评审、出版及资源维护的费用不是由用户,而是由作者本人或其他机构承担,包括新创办的开放存取期刊和由原有期刊改造转变而来的开放存取期刊。②开放存取仓储(open access repository):就是作者把他们的科研论文存储在一个公用的数字仓库中,供大家免费检索。OA 仓储不仅存放学术论文,还存放其他各种学术研究资料,包括实验数据和技术报告等,是以 OA 技术档案(technical archives)方式发布,或称 OA 知识库(repository)。电子印本文档库(E-print archive)是开放仓储的主要形式之一,包括作者论文的电子预印本和后印本。

二、国内常用开放获取资源

（一）中国科技论文在线

1. 简介　中国科技论文在线是经教育部批准,由教育部科技发展中心主办,利用现代信息技术手段,打破传统出版物的概念,免去传统的评审、修改、编辑、印刷等程序,为科研人员提供科研成果快速发表或交流而创建的科技论文网站。系统不仅提供论文检索,还为作者提供打印刊载证明、申请打印邮寄星级证明。截至 2021 年底,新平台包括 4 个数据库:首发论文库(预印本论文库,在库论文约 10 万篇)、期刊论文库(全免费 OA 论文库,在库论文约 130 万篇)、知名学者库(学者主题 OA 论文库及学者关系库,在库学者论文约 14 万篇)、学术资讯(全球最新科技热点与政策资讯,在库科技资讯约 4 万篇)。

2. 数据库检索

(1)跨平台全文检索:可输入题目、作者、关键词、文中一句话等信息在全部数据库中进行全文检索。

(2)跨平台高级检索:如图 7-5 所示,根据不同的检索需求(找文章、找伙伴、找机构),选择在全部或部分数据库中进行检索。根据所知信息输入检索词并组配检索式,可按题目、关键词、作者、作者单位、基金和摘要限定检索,还可对时间范围进行筛选。

(3)首发论文库检索:基本检索界面提供了全文检索、作者检索、机构检索、基金检索字段。可按学科专业浏览,细分为数理科学、地球资源与环境、生命科学、医药健康、化学化工与材料、工程与技术、信息科学、经济管理8大领域。

（4）期刊论文库检索：基本检索界面提供了期刊名称检索、论文题目检索。可按学科专业浏览，细分为五大领域：自然科学（收录期刊284种，论文约40万篇）；工程技术（收录期刊203种，论文约32万篇）；医药卫生（收录期刊105种，论文约26万篇）；农业科学（收录期刊60种，论文约10万篇）；人文科学（收录期刊198种，论文约21万篇）。

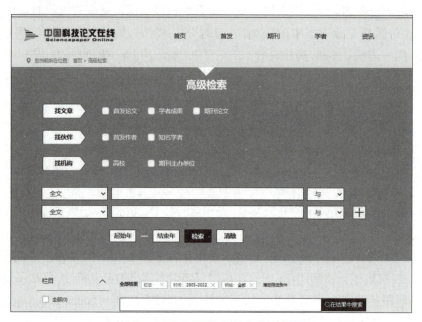

图7-5　中国科技论文在线高级检索界面

（二）中国预印本服务系统

1. 简介　预印本（preprint）是指科研工作者的研究成果还未在正式出版物上发表，而出于和同行交流目的自愿先在学术会议上或通过互联网发布的科研论文、科技报告等文献。与刊物发表的文章以及网页发布的文章比，预印本具有交流速度快、利于学术争鸣、可靠性高的特点。

中国预印本服务系统是由中国科学技术信息研究所与国家科技图书文献中心联合建设的，以提供预印本文献资源服务为主要目的的实时学术交流系统，是国家科学技术部科技基础条件平台项目的研究成果。国内预印本服务子系统主要收藏的是国内科技工作者自由提交的预印本文章，提供分类浏览、文章检索、文章提交三种功能，可进行全文浏览与下载。

2. 数据库检索

（1）分类浏览：全部文章按学科专业分为五个大类：自然科学、医药科学、人文与社会科学、工程与技术科学、农业科学，每个大类下再细分二级类目，专业领域按自然科学国家标准学科分类与代码分为43类。点击二级类目名称，即可进入该类目下的文章目录页。

（2）文章检索：选择全部或部分学科，输入检索词，限定检索字段（标题、关键词、摘要、作者、全部），组配检索式。

（三）中国科学院机构知识库网格

中国科学院机构知识库网格（Chinese Academy of Sciences Institutional Repositories Grid，CAS IR Grid）以发展机构知识能力和知识管理能力为目标，快速实现对本机构知识资产的收集、长期保存、合理传播利用，积极建设对知识内容进行捕获、转化、传播、利用和审计的能力，逐步建设包括知识内容分析、关系分析和能力审计在内的知识服务能力，开展综合知识管理。机构列表下设114个，可按名称、OAI收割量、iSwitch采集量、下载量、浏览量、地区分布等方式浏览，包括各学科研究所及文献中心等。

系统提供的检索方式：成果浏览与检索、机构导航、学者主页、知识统计与分析。网站收录的成果包括：期刊论文（908 684 条）、会议论文（139 822 条）、其他（132 784 条）、专利（114 490 条）等。

（四）国家自然科学基金基础研究知识库

国家自然科学基金基础研究知识库（Open Repository of National Natural Science Foundation of China，NSFC-OR），作为我国学术研究的基础设施，收集并保存国家自然科学基金资助项目成果的研究论文的元数据与全文，向社会公众提供开放获取，致力于成为传播基础研究领域的前沿科技知识与科技成果、促进科技进步的开放服务平台。

基础研究知识库已公开 2000—2022 年度共计 907 445 篇研究论文全文，涉及 2 052 家研究机构、789 669 位作者。收录的成果资源数量按研究领域与其隶属学部分布如下：数理科学部（514 095 篇）、化学科学部（501 513 篇）、生命科学部（417 223 篇）、地球科学部（364 128 篇）、工程与材料科学部（817 857 篇）、信息科学部（607 133 篇）、管理科学部（226 918 篇）、医学科学部（550 384 篇）等。

三、国外常用开放获取资源

（一）Free Medical Journals

1. 简介　由法国 Bernd Sebastian Kamps 建立的提供免费医学期刊全文的网站，资源涵盖了基础医学和临床医学领域的各个专业。截至 2021 年底，该网站收集了 5 088 种重要的免费医学期刊，包括完全免费期刊、定期 / 过期免费期刊。网站提供的免费医学期刊原文多数为英文期刊，还包括少量非英文期刊，涉及语种有英文、西班牙文、葡萄牙文、法文等。另外，在该网站通过"Books"链接可以直接进入到"OA 医学图书网站"——FreeBooks4Doctors，该网站按照主题、书名等方式列出了 375 种网上免费医学图书，部分图书全文可免费阅读。

2. 数据库检索　网站提供了四种浏览方式（图 7-6）。

（1）主题（Topic）：将收录的免费医学期刊按照学科专业，细分为 89 个主题，每个主题名称后面列出相应的期刊数量，点击主题名称或其后的数字，即可进入相应主题的期刊列表，查看每种期刊的简要介绍（包括：影响因子、免费时间、语种、收录年限），再根据需要点击具体刊名，进入该期刊网站进行文章的浏览或检索。

（2）FMJ 影响因子（FMJ Impact）：网站将所有期刊按影响因子进行了排序，分为 Top 20、#21-40、#41-60、#61-80 和 #81-100 等，首页列出了 Top20 的期刊。

（3）免费入口（Free Access）：按照免费获取时间浏览，将所有期刊分为 Immediately、After 1-6 months、After 7-12 months 和 Later 等。

（4）刊名（Title）：刊名列表中，按刊名字顺（A～Z）进行排序，先排英文语种，再按西班牙文、葡萄牙文、法文等排序。

3. 检索结果处理　通过以上浏览方式，选择合适的期刊，进入相应的界面，根据需求可以进一步检索或浏览、下载全文。

（二）DOAJ

1. 简介　开放获取期刊目录（Directory of Open Access Journals，DOAJ）是一个专门的开放存取期刊联机指南性信息网站，由瑞典隆德大学（Lund University）图书馆于 2003 年 5 月推出。截至 2021 年 7 月，网站共收录来源于 126 个国家和地区、80 个语种的 16 645 种期刊，其中 11 866 种期刊提供文章内容检索，论文约 634 万篇。DOAJ 收录的均为学术性、研究性 OA 期刊，包括很多 SCI 收录的期刊，具有免费、全文、高质量的特点，对所收录的期刊均进行了同行评议或严格评审。DOAJ 的全部期刊按学科主题分成 20 个大类，其中，医学大类有约 4 000 种期刊，其下又细分为：牙科学、公共卫生、皮肤病科、妇产科学、内科学、护理学、眼科学、耳鼻咽喉科学、药理学、病理学、儿科学、药学与药物、外科学等。

图 7-6　Free Medical Journals

2. 数据库检索　网站提供了期刊和论文的检索和浏览。用户可在 DOAJ 首页选择期刊或论文，在检索框输入期刊名称或检索词后执行检索，也可以在首页上方工具栏中点击"SEARCH"，选择期刊或论文进入二级页面进行检索。

二级页面期刊检索入口包括：All fields、Title、Keywords、Subject、ISSN、Publisher、Country of Publisher、Journal Language。用户也可以直接通过期刊名称字顺（Sort by title）、学科主题（Subject）、语种（Languages）、许可（License）、出版社（Publishers）、出版国家（Publishers' countries）、同行评议类型（Peer review types）、加入日期（Date added）、是否有出版费用（Without article processing charges，APCs）、是否获 DOAJ 印章（With a DOAJ seal，DOAJ 印章授予给在开放获取出版方面表现优秀的期刊，此类期刊约占 DOAJ 收录期刊的 10%）等过滤条件选择浏览相关期刊。

二级页面论文检索入口包括：All fields、Title、Abstract、Keywords、Subject、Author、ORCID、DOI、Language。检索完成后，用户可以通过学科主题（Subject）、期刊名（Journals）、出版年（Year of Publication）、期刊是否获 DOAJ 印章（Journal has the seal）等过滤条件对检索结果进行筛选。

3. 检索结果处理　提交检索后，系统列出检索结果的简要信息，默认每页显示 50 条结果，可按相关度、题名及出版时间等排序。

（三）PubMed Central

1. 简介　PubMed Central（PMC）是由美国国家生物技术信息中心（National Center for Biotechnology Information，NCBI）于 2000 年 2 月建立的生命科学电子期刊数据库，保存的研究论文全文供公众免费使用。NCBI 同时是 GenBank 和 PubMed 的创立者，PMC 的所有全文在 PubMed 中都有相应的条目。PMC 目前已收录了 3 739 种期刊，其中完整收录的期刊 2 553 种，收录 NIH 资助论文的期刊 307 种（至少收录了发表在这些期刊上的由 NIH 资助出版的论文），提供选择性论文的期刊 8 268 种（选择性地提供少量论文的期刊）。

2.**数据库检索**　PMC 提供按期刊目次浏览和检索两种功能。

（1）期刊目次浏览：点击 PMC 主页上的 Journal List 进入期刊名称字顺界面，用户根据字母顺序浏览查找相应的期刊。

（2）基本检索：PMC 主页检索词输入框中输入检索词点击按钮执行检索。可以直接输入单词、短语或缩略语词进行检索，也可直接使用布尔逻辑运算符组合检索词进行检索。

（3）高级检索：点击 PMC 主页上的 Advanced 进入高级检索界面，检索方法同 PubMed。

3.**检索结果筛选与处理**　同 PubMed，增加了 Article attributes（文献来源）和 Research Funder（研究基金）限定。

（四）PLOS 免费期刊

美国公共科学图书馆（The Public Library of Science，PLOS）是由一家非营利、开放获取的出版商建立的，旨在为公众免费推广世界各地的科学和医学领域的最新研究成果。PLOS 所有的内容都是开放存取，免费获取全文，用户可以通过这样一个不受限制的平台来了解最新的科研动态。PLOS 出版发行了 9 种经同行评议的生命科学与医学领域的开放存取期刊，包括：*PLOS Biology*、*PLOS Medicine*、*PLOS Computational Biology*、*PLOS Genetics*、*PLOS Pathogens*、*PLOS ONE*、*PLOS Neglected Tropical Diseases*、*PLOS Digital Health*、*PLOS Global Public Health*。每种期刊提供刊内文章的检索，所有论文保存在 PubMed Central 中。

第五节　常用公共科学数据平台

一、概述

大数据时代数据是重要的资源，比如社会大数据、政府管理大数据、互联网大数据等，完全可以支撑国家信息产业或者大数据产业，且数据资源越用越有价值。

（一）科学数据相关概念

目前关于科学数据没有统一的定义。2018 年国务院颁布的《科学数据管理办法》中定义，科学数据主要包括在自然科学、工程技术科学等领域，通过基础研究、应用研究、试验开发等产生的数据，以及通过观测监测、考察调查、检验检测等方式取得并用于科学研究活动的原始数据及其衍生数据。《科技平台 通用术语》中定义，科学数据是人类社会科技活动积累的或通过其他方式获取的反映客观世界本质、特征、变化规律等原始性、基础性数据，以及根据不同科技活动需要进行系统加工整理的各类数据的集合。总的来说，科学数据（scientific data）是各类科学研究活动中形成的相关参数和观测记录等数据的总称。

科学数据管理是指对科研工作者在科学研究活动中产生的科学数据进行统筹协调、科学配置和整合管理，涉及对各类型科学数据进行采集、分类、标准化、发布及共享，以形成管理科学数据的理念、政策、规范、环境、措施与体系，发挥科学研究数据资源的最大效益。

科学数据中心是利用信息、网络等现代技术对科学数据进行搜集、加工、汇交、整合、安全存储和管理，并向社会各界提供科学数据共享服务的专业化机构。

（二）科学数据相关政策

世界各国把科学数据作为发展创新和提升社会经济质量的重要战略资源，制定了推进数据开放共享的法律框架和政策体系。

美国 1966 年颁布实施的《信息自由法》(*Freedom of Information Act*)规定任何人都有权向行政机关申请查阅和复制政府信息,经过多次修订,该法案成为美国信息和数据资源公开的基本制度框架。1996 年的《信息技术管理改革法》、2002 年的《电子政府法》等均有关于公共资源的管理和使用规定,为美国科学数据管理提供了法律基础。第二次世界大战后,美国逐步建立了联邦政府资助的科研项目报告体系,该体系是政府科学数据开放共享的雏形。2001 年,联邦政府通过"总统管理议程",要求联邦经费资助产生的科学数据须在最大程度上实现公开、开放和共享。2013 年,白宫科技政策办公室发布《提高公众获取联邦资助科研成果的备忘录》,要求将公共财政资助的科研项目成果、科研论文和数据在公开发表后不晚于 12 个月向社会免费公开。美国国家自然科学基金委员会制定了"数据管理计划",对国家自然科学基金委员会研究成果传播和共享方针进行了详细规定。

英国从 1997 年开始制订并颁布实施新的《信息自由法案》,至 2005 年全面生效,该法案赋予公众获取公共部门相关信息的权利。1995 年,英国经济和社会委员会制定了数据管理计划,要求该委员会资助研究产生的科学数据应尽可能公开共享。英国研究理事会分别发布了《研究数据管理最佳实践指南》《开放研究数据协议》和《通过拨款资助支持研究数据管理成本》等数据管理政策。

除了国家和相关机构发布的有关科学数据管理的政策法规之外,国际组织也采取了相应的措施。2004 年经济合作与发展组织成员国的科技部长签署宣言,提倡所有公共资金支持而获得的科学数据都应该能被公众获取,2007 年颁布了《公共资助科学数据开放获取的原则和指南》。2009 年德国国家科技图书馆牵头在伦敦成立了 DataCite 组织,以此来增加科学数据的学术价值,促进科学数据的引用。

我国政府非常重视科学数据管理和共享。2020 年《中共中央 国务院关于构建更加完善的要素市场化配置体制机制的意见》明确提出将数据作为生产要素融入经济价值创造中。我国科学数据管理与共享工作大致经历三个阶段:①探索起步阶段(2001—2005 年):科技部进行试点项目建设,发布了科学数据共享计划,如 2001 年的《气象资料共享管理办法》、2002 年的《地址资料管理条例》;②快速发展阶段(2006—2010 年):主要涉及基础设施建设和数据集成;③统一管理下的规范化发展阶段(2010 年至今)主要围绕开放存取、评估与授权开展服务建设。2018 年国务院颁布了《科学数据管理办法》,进一步加强和规范科学数据管理,保障科学数据安全,提高开放共享水平,更好地为国家科技创新、经济社会发展和国家安全提供支撑。

二、国内常用公共科学数据资源

(一)中国科技资源共享网

中国科技资源共享网是科技部、财政部推动建设的国家科技基础条件平台门户网站,其宗旨是充分运用现代技术,推动科技资源共享,促进全社会科技资源优化配置和高效利用,提高我国科技创新能力。

中国科技资源共享网资源包括科学数据、生物种质与实验材料、重大科研基础设施、大型科研仪器和期刊文献等,共包含 2 016 534 个资源目录。

1. **分类检索** 主要包括科技资源(选中科技资源检索条件标签,检索关键词,针对所有元数据)、资源标识(选中资源标识检索条件标签,精确检索核心元数据,定位包含 CSTR 码核心元数据)和服务案例(选中服务检索条件标签,检索关键词,只针对所有服务案例)。

2. **高级检索** 通过逻辑关系(与、或、非)、元数据对应属性(中文名称、英文名称、上传机构、关键词等)、属性匹配方式(模糊查询、前缀查询、分词模糊查询、短语搜索等)、属性查询值和属性所占权重进行检索(图 7-7)。

3. **检索结果** 包括检索结果目录、多种排序方式(综合排序、更新时间排序、生成日期排序、浏览量排序、评分排序)、筛选条件(服务机构、学科分类、主题分类、生成年份、上传机构、共享范围、共享途径)和在结果中检索的筛选条件(标题、关键词)等。

图 7-7 中国科技资源共享网

（二）国家人口健康科学数据中心

国家人口健康科学数据中心（National Population Health Data Center）是国家科技部和财政部认定的 20 个国家科学数据中心之一，属于国家科技基础条件平台下的国家科技资源共享服务平台，主管部门是国家卫生健康委，依托中国医学科学院建设。人口健康数据中心于 2003 年作为科技部科学数据共享工程重大项目立项，2004 年 4 月正式启动，2010 年通过科技部和财政部认定转为运行服务，面向全社会开放，提供数据资源支撑和共享服务。经过近二十年的发展，已集成涉及生物医学、基础医学、临床医学、药学、公共卫生、中医药学、人口与生殖健康等多方面的科学数据资源，截至 2021 年 8 月 16 日，包含项目 64 个，数据集总数 1 541 个，数据总量 113.04TB，数据记录 9 692.3 亿条。

1. **浏览检索** 平台提供项目类型浏览、人体器官分布浏览、地理范围浏览、项目起止时间浏览和关键词浏览。

2. **基本检索** 系统提供了科学数据、共享文档和工作动态检索，以科学数据检索为例，在系统首页选择科学数据菜单，选择检索字段（项目名称、数据集名称、数据集描述、数据集关键词、数据表名称等），在检索框中输入检索词，点击"搜索"就可以获得检索结果。

3. **高级检索** 点击检索框右边的高级检索，就可以进入高级检索页面，包含项目来源数据和其他来源数据两类。通过逻辑关系（与、或、非）、检索字段、属性匹配方式（模糊、精确）来构建检索表达式，就可以实现高级检索。

4. **检索结果** 检索结果可按发布日期、数据量和点击量排序，显示命中项目的项目名称、项目编号、项目类别、项目负责人、项目负责单位、数据集数量、项目摘要、关键词等，用户还可根据检索筛选（项目信息、项目数据集）、成果类型、数据大小和数据格式对检索结果进行进一步的筛选。

（三）国家数据

国家数据网是国家统计局发布统计信息的网站，包含了我国经济、民生、农业、工业、运输、旅游、教育、科技、卫生等多个方面的数据，可通过数据库"搜索"、选择"指标"等方式，方便快捷地查询到历年、分地区、分专业的数据，是公众快速查阅统计指标及系列数据的便捷途径。

（四）其他

1. **中国国家调查数据库** 以中国人民大学中国调查与数据中心和中国人民大学中国政府统计研究院为依托，以我国首个社会调查数据库——中国社会调查开放数据库（Chinese Social Survey Open Database，CSSOD）以及中国人民大学科学研究基金"数据高地项目"资助下的各项大型追踪项目和横断面调查项目数据为基础，全面而广泛地收集在中国大陆所进行的各类抽样调查的原始数据及相关资料。

2.国家基础学科公共科学数据中心　依托中国科学院计算机网络信息中心,联合中国科学院、国家教育部、国家工业和信息化部、国家国防科技工业局、国家林业和草原局、黑龙江省等下属40余个单位共同建设,数据资源覆盖17类一级学科、形成23个主题库,在线服务数据总量1.515PB,数据记录近9亿条,形成完善的标准体系、技术体系和软件栈,服务体系全面覆盖"数据服务 - 信息服务 - 知识服务"。

3.香港健康宝库　提供了大量有关中国香港特别行政区的公共卫生的统计资料。所有的数据都是由公共卫生资讯系统从不同的机构搜集得来,并经整理及分析。

三、国外常用公共科学数据资源

(一)全球卫生观察站

全球卫生观察站(The Global Health Observatory,GHO)通过开放数据协议为世界卫生组织的数据和统计内容提供了一个简单的查询界面,目的是方便获取国家数据和统计信息和分析全球、区域和国家情况与趋势。内容指标包含死亡率和疾病负担、千年发展目标(儿童营养、儿童健康、产妇和生殖健康、免疫、艾滋病毒/艾滋病、结核病、疟疾、被忽视的疾病、水和卫生)、非传染性疾病和风险因素、易流行疾病、卫生系统、环境卫生、暴力和伤害等1 000余项。GHO提供了多种检索方法和数据展示方式。

1.浏览检索　GHO提供了指标浏览(Indicators)、国家浏览(Countries)、地图库浏览(Map Gallery)等多种浏览方式。

2.数据检索　提供了数据检索方法,点击"Data Search"进入页面,则可以数据检索词进行检索(图7-8)。

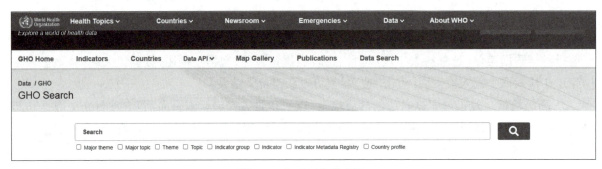

图7-8　全球卫生观察站

3.数据结果展示　通过可视化、数据表、元数据和相关指标来对指标数据进行展示。

(二)联合国数据

联合国数据(UNdata)是由联合国提供的免费数据检索和下载的平台,是由联合国统计司与瑞典统计局和瑞典国际开发合作署合作开发,共包含32个数据库,6 000多万条记录,涵盖的领域包括农业、犯罪、教育、能源、工业、劳工、国民账户、人口和旅游业。

1.浏览检索　所有数据库都列在"Explorer"中。"Explorer"提供了数据集、数据源和主题三种浏览方式,且数据以层次结构组织。

2.基本检索　在检索框中输入搜索词,然后单击"Search"。UNdata允许关键字的任意组合在不同来源的机构数据库中进行搜索。

3.高级检索　高级搜索进行精细搜索,提供统计地区、数据源和时间选项,还有一个"Include data series content in the search"(图7-9)。

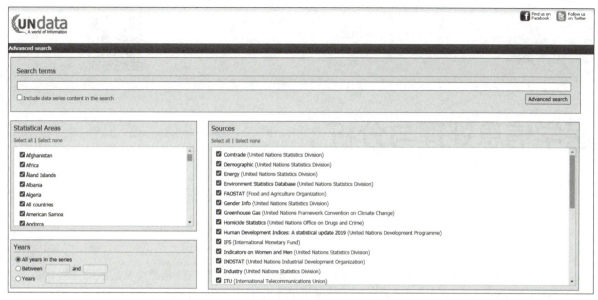

图 7-9　联合国数据

4. 结果展示　提供预览和数据查看，数据查看包含筛选（国家 / 地区、时间）、排序等。数据可以下载。

（三）美国政府数据中心

美国政府数据中心是美国总务管理局技术转型服务处 2009 年推出的联邦、州、地方和部落政府信息的存储库，包含 30 多万数据集，为公众提供了进行研究、开发 Web 和移动应用程序、设计数据可视化等的数据、工具和资源。

（四）英国政府数据中心

英国政府数据中心是英国政府 2010 年推出的公共数据平台，旨在帮助人们查找和使用开放的政府数据，并支持政府出版商维护数据。

（五）CDC Wonder 数据库

CDC Wonder 是美国疾病预防控制中心一个内容广泛的流行病学研究在线综合数据库，包含美国出生、死亡、癌症诊断的公共使用数据，结核病病例、疫苗接种、环境保护、环境暴露和人口估计等主题数据。公众可在线检索数据库，获取相关的摘要统计、地图、图表和数据摘录。

思 考 题

1. 简述搜索引擎的工作原理。

2. 结合实例，运用百度学术探索某一主题的发展脉络。

3. 通过 WHO 网站，如何查找世卫组织成员国的数据？

4. 利用开放获取资源 Free Medical Journals 查找两种与癌症主题有关的期刊，并了解期刊信息。

5. 通过国家人口健康科学数据中心，如何查找科学研究所需要的数据资源？

（张军亮　韩玲革）

第八章

医学信息处理与分析

第一节　检索策略的编制与优化

　　21 世纪医学科学迅猛发展，医学信息量也急剧增长，信息检索的最终目的是对浩如烟海的信息加以利用。目前令医学科研人员烦恼的往往不是信息匮乏，而是信息过多造成无法利用。因此在对所获得的检索结果不满意时，用户需要对检索策略不断地修订以使最终的结果能够满足需求。检索策略（retrieval strategy）是为满足信息需求，实现检索目标，在分析课题内容的基础上，运用检索方法和技术制定的查找信息的全盘计划和方案。检索策略的编制包括分析信息检索需求，选择合适的数据库和检索系统；分析检索主题，确定合适的检索用词及检索途径，形成检索式并进行预检索，必要时进一步优化检索策略；对检索效果进行评价；根据检索线索，获取文献全文。

一、检索工具的选择

（一）根据课题所属学科选择检索工具

　　每一个数据库都有自己的学科收录范围，例如 PubMed 数据库侧重收录生物医学领域的期刊文献，Web of Science 数据库则收录包括生物医学、计算机、理科、工程等自然科学诸学科以及包括管理学、教育学等社会科学和艺术与人文科学的诸多学科的期刊论文。因此在明确所检索课题的归属学科的基础上，应选择合适的数据库进行检索。例如，检索医学文献，首选 PubMed 和 Embase 数据库；检索生物学领域的文献，首选 BIOSIS Previews；检索基因芯片的测序数据，首选 GEO 数据库。

（二）根据检索需求选择检索工具

　　根据用户对查找信息侧重点，如侧重查全、查准、查新等不同需求，选择数据库。①欲强调查全，可选择纳入信息多的大型数据库，或多个相关检索工具相互补充。例如：在对关于胃癌的研究做科技查新时，由于胃癌在欧美发病率很低，而在日本、中国等亚洲国家发病率很高，除对 PubMed、Web of Science、SinoMed 等常规数据库进行检索外，还可以考虑增加日本的"医中誌"。②欲强调查准，可选择提供数据准确、权威的检索工具。例如：检索某年美国死因排名前十位的疾病，应检索美国疾病预防与控制中心发布的官方统计数据，而不是查找个人发表的文献报道。③欲强调新颖，可选择数据更新快、包含最新信息的检索工具，或通过限定检索年限获取最新的信息。

二、主题概念分析

在确定了检索的数据库之后，接下来是对所要检索的课题进行主题概念分析，以便形成比较恰当的检索策略。主题概念分析是在分析信息需求的结构、类型和内容的基础上，从中提炼主题概念、确定主题类型、剖析主题结构和确定概念间关系的过程。主题概念分析是信息检索的一个重要环节，分析主题的正确与否直接影响到信息检索是否能查全、查准。

对主题概念进行分析，在深入理解检索课题需求的基础上，提炼出能概括信息需求的主题概念。在提炼主题概念时，往往需要用户先了解相关的背景知识，可以通过查阅教科书、工具书、咨询专家等方式了解要查的概念是否有其他的表达术语，例如维生素 C 的另一个名称是抗坏血酸。此外也可以通过阅读检出文献的题目、摘要、主题词等内容，筛选出与课题密切相关的概念。例如：检索人工智能在医学影像辅助诊断中的应用，利用关键词人工智能检索出相关文献后，通过阅读检索结果，发现关键词机器学习、深度学习、神经网络等均是相关概念，可补充到检索策略中。

在提炼主题概念时需要注意：①避免提炼不全：提炼主题概念过少，仅提炼了最主要的概念，造成漏检。例如：查"消化性溃疡"的文献时，如果仅选"消化性溃疡"作为关键词，会漏掉包含"胃溃疡""十二指肠溃疡"的文献。②避免提炼过多：提炼主题概念过多，过度提炼了不必要的概念，造成漏检。例如：检索课题为"维生素 E 对糖尿病患者肾脏的保护作用"。提炼"维生素 E""糖尿病""肾"三个概念即可，如加入概念"保护作用"，会造成检索结果过少，漏掉相关文献。③避免提炼错误：提炼主题概念以小代大或以大代小，甚至提炼错误的主题概念，造成误检。例如：检索饮食疗法治疗糖尿病，如果只提炼出"糖尿病的治疗"，就是以大代小，如果只提炼出"2 型糖尿病的饮食疗法"，就是以小代大。

三、检索策略的优化

用初步拟定的检索策略进行预检索后，应对检索结果进行评价，判断是否能满足检索需求。通常情况下，需要多次修改检索策略，才能获得满意的检索结果。在实际检索中，当所获得的检索结果过少，不能满足检索需求时，需要放宽检索条件以提高查全率；反之，当检索结果过多，无法有效地筛选出相关文献时，需要缩小检索范围以提高查准率。因此要正确地分析漏检、误检的原因，优化检索策略。

（一）扩大检索范围，提高查全率的措施

1. 选择多个数据库进行检索，或增加所检数据库的检索年限。

2. 增加各种形式的同义词、近义词、缩写等，并用"OR"相连，同时减少"AND"或"NOT"的使用次数。

3. 采用截词检索。

4. 采用模糊检索。

5. 调整检索字段，并适当放宽检索条件，如将篇名字段改为摘要字段或全部字段，取消文献类型，研究对象的限定等。

6. 针对主题词检索途径，可采用上位主题词、扩展下位主题词、组配全部副主题词、使用其他相关主题词等进行检索。

（二）缩小检索范围，提高查准率的措施

1. 减少所检数据库的数量，或减少所检数据库的检索年限。

2. 增加主题概念面，并用"AND"运算，或利用"NOT"排出无关概念。

3. 精确为词组检索。

4.采用位置检索。

5.调整检索字段,并增加限定条件,如将检索词限定到篇名字段中,增加文献类型、语种、核心刊的限定等。

6.针对主题词检索途径,可采取下位主题词检索、不扩展、加权检索、组配专指的副主题词等措施。

四、检索效果的评价

检索效果的评价是指根据检索到的相关信息,对检索活动及其过程,乃至对检索系统的质量、效率和价值做出的判断,是检索活动中的一个不可分割的环节,也是对信息检索系统进行整体评价的一个重要组成部分。

在进行评价时首先要明确其目的。评价的目的大致包括两点:①检索系统的用户可以根据评价结果调整检索思路、修正检索表达式,使检索本身逐步达到理想状态以获得满意的检索结果;②检索系统的开发者可以发现系统中存在的程序错误,通过优化文本相似度算法,进一步完善系统功能,提高系统的检索性能。如果侧重评价检出结果的本身,则重点衡量结果的切题性(即查准),还要兼顾结果的完备性(即查全),根据评价结果,修正检索策略,在满足了用户的信息需求时,检索即可终止。如果侧重评价检索系统的本身,则要考量系统功能的完备性,是否易用便捷,同时结合检索结果的全面性与准确性,进一步提高系统性能。

(一)评价指标

评价的常用指标包括查全率和查准率。对于单次检索,假设检索系统的检出文献为 $a+b$,其中 a 为课题的相关文献,b 为课题的不相关文献;未检出文献为 $c+d$,其中 c 为课题相关文献,d 为课题不相关文献(表8-1)。

表8-1　检索结果分类统计表

	相关文献	不相关文献	总计
被检出文献	a	b	$a+b$
未检出文献	c	d	$c+d$
总计	$a+c$	$b+d$	$a+b+c+d$

则查全率(recall ratio,R)为:

$$R = \frac{检出相关文献量}{文献库中全部相关文献} = \frac{a}{a+c}$$ 式8-1

查准率(precision ratio,P)为:

$$P = \frac{检出相关文献量}{检出文献总量} = \frac{a}{a+b}$$ 式8-2

检索中,若放宽检索的限制条件可以达到较高的查全率,但查准率会相应地下降;反之,若施加诸多严格限制,可以提高查准率,而查全率则不能保证。因此,查全率和查准率之间是一个典型的反变关系。在同一个检索系统中,查全率越高,查准率就越低,反之亦然。在具体的检索活动中,应当根据具体课题的要求,选择恰当的检索策略,合理调节查全率和查准率,保证检索效果。

(二)相关问题

任何评价工作,其本质是一种价值判断活动,都有一个从宏观到微观、从系统到具体、从初始的粗略到逐步精确的发展过程。检索结果的评价亦不例外,它本身就是作为信息检索系统评价的一个组成部分,既有其相对的独立性,又有与整体评价工作的密切相关性。就其评价指标而言,查全率与检索系统的覆盖范围,系统提供的检索途径的种类和数量,对文献标引的全面性等有密切的关联;而查准率往往与主题词表的专指度、先组度,与标引的深度和一致性等直接相关。所以,不应孤立地看待检索效果的评价,应将其置于一个更为宽阔的背景之下,用联系和发展的观点去设计和完成每一个步骤、环节。

此外,检索结果评价的一个重要步骤是对检出结果与检索需求之间的相关度进行判断。通常认为,数据检索是"确定性"的,文献检索是"相关性"的。对于确定性的数据检索,提供给用户的是其所需要的确切的数据,检索结果是对或错、有或无。对于文献检索而言,检索结果不直接回答用户所提出的问题,而是提供与之"相关的"文献资料。文献"相关性"的界定往往建立在用户对检索结果人为判断的基础上,使得查全率和查准率的测算,乃至信息检索的评价,带有一定的主观性和模糊性。因此,对"相关性"概念的理解、解读与表示,成为信息检索研究领域的一个重要课题,是信息检索系统设计与评价中的一个焦点问题。研究的核心是如何使"相关性"这一主观认知判断相对客观化地进行表示,并提出了多种文献与检索提问相关性的计算方法,并且至今仍没有一个共识性的结论。

五、医学全文文献的获取

(一)馆藏文献查询与获取

近年来,我国高校投入了大量经费用于图书馆购买医学类纸质版期刊和图书,以及全文型文献数据库,如 Elsevier Science Direct、Wiley Online Library、SpringerLink、OVID 等综合类全文型数据库。这些图书馆购买的资源对本校师生免费开放,因此直接查找本机构图书馆馆藏是获得医学全文文献的首选。常用的查找方式为:①选择本机构购买的全文型数据库,在数据库内进行检索,直接下载检索到的文献全文。②在 PubMed、Web of Science 等题录型数据库进行检索,此类数据库提供文献全文的链接,如 PubMed 检索结果页面下方的 LinkOut 链接,Web of Science 检索结果下的"出版商处的全文"(Full Text at Publisher)等链接。如果本机构购买了这些全文资源,通过点击这些全文链接,可从出版商的网站阅读或下载全文。

(二)馆际互借及文献传递

馆际互借是图书馆之间相互利用对方馆藏来满足本馆用户需求的一种资源共享服务,图书馆根据用户需求,将本馆没有收藏的图书,从其他收藏馆借阅过来提供用户使用的一种服务。文献传递是在"互联网+"的环境下,将用户所需的文献复制品以电子邮件等方式传递给用户的一种非返还式的文献提供服务。文献传递是在馆际互借的基础上发展起来的,由于该方式为非返还式,因此更优于馆际互借。

目前提供馆际互借和文献传递的机构包括:国家图书馆、国家科技图书文献中心(National Science and Technology Library,NSTL)、中国高等教育文献保障系统(China Academic Library & Information System,CALIS)、中国高校人文社会科学文献中心(China Academic Social Sciences and Humanities Library,CASHL)等。

用户使用此项服务时,可在本机构图书馆网页查找文献传递链接,在线填写或通过电子邮件提供所需文献的信息,如文献的题名、出处、PubMed ID、DOI 等,然后提交申请,等待一定时间后,可通过电子邮件接收到文献的全文。

(三)免费提供全文的开放获取资源

开放获取(open access,OA)是国外学术界、出版界等提出的一种新型出版模式和信息传播模式,它是指人们自由获取网上经同行评议的科学文献、科学研究成果、学位论文、技术报告、科研工作进展等科研信息的一种新的学术传播方式,允许用户对这些文献做包括阅读、下载、拷贝、传播、检索等处理。目前国际上建有多个专门的 OA 期刊网站,常用的包括:DOAJ、PubMed Central、BioMed

Central、Free Medical Journals 等,详细内容见第七章第四节。

(四)利用 Google Scholar 获取文献全文

Google Scholar(谷歌学术搜索)是一个可以免费搜索学术文献的网络搜索引擎,内容涵盖自然科学、社会与人文科学等众多学科。谷歌学术搜索于 2004 年 11 月发布,包括同行评议的在线学术期刊和图书、会议论文、学位论文、预印本、摘要、技术报告和其他学术文献。

对于本机构没有订购的资源或医学交叉学科(如医学教育、医学信息技术等)资源,通过检索 Google Scholar,可以在互联网范围内查找相关论文及其全文,往往获得意外的收获。

例如,查找文献"Competency-based medical education: theory to practice.Medical teacher,2010,32(8):638-645"的全文,在 Google Scholar 的查询框中输入文献题目即可得到检索结果。题录旁边提供 PDF 格式全文的链接,题录的下方提供本文的被引次数及引证文献的链接,此外还提供互联网上可能提供该文献全文的网站链接。

(五)向作者索取

用户可以向作者索取其论文全文。向论文作者索取可以通过如下途径:①通过发电子邮件直接向作者索取。通过上网查找或从数据库(如 Web of Science)题录中获取作者的电子邮件向作者索取全文,可在邮件中简要介绍自己工作,表达对方的文献对自己研究的重要性。通常情况下,大部分作者都乐意及时提供全文文献,以便使自己的工作得到更好的交流。②通过科研社交网络平台的个人用户获取全文。作者在科研社交网络服务网站上注册,在平台上传自己发表的文章以增加同行交流的机会,同时也可以下载其他人发表的文章。

第二节　数据处理与可视化工具

一、知识组织工具

(一)一体化医学语言系统

一体化医学语言系统(Unified Medical Language System,UMLS)是美国国立医学图书馆(National Library of Medicine,NLM)开发的一体化医学语言系统,该系统收录了上百种医学词表,涉及多种语言,涵盖了临床、基础、药学、生物学、医学管理等生物医学及相关学科。UMLS 对生物医学领域上百种受控词表进行集成,通过建立词表间术语的映射,使不同词表系统之间能彼此转换,不仅是一种计算机化的医学知识组织工具,也是一个智能检索辅助系统。UMLS 由超级叙词表、语义网络、专家词典和词汇工具三部分组成。超级叙词表是大型的多词源、多语种生物医学词库,是 UMLS 的基础和核心,包括概念、术语、词汇及其等级范畴、属性及词间关系等。语义网络为超级叙词表中所有概念建立相互关系,通过语义类型为概念提供一种目录组织结构,通过语义关系为概念提供生物学领域中重要的关系。目前语义网络包括 127 种语义类型和 54 种语义关系。专家词典和词汇工具包括英语词汇数据库及其配套程序,其开发是为了满足"专家"自然语言处理系统对词汇信息的需求,用于识别生物医学术语集和文本中的词汇变形。它可被看作是一个包括大量生物医学术语的普通英语词典,既包括通用英语词汇,也包括生物医学词汇。目前 UMLS 已被广泛应用于各领域,主要包括:①生物医学信息系统的智能化检索;②术语学研究及自然语言系统研究;③数据挖掘分析及知识发现;④对实体、关系和知识抽取等自然语言处理任务;⑤临床数据的提取、标准化编码,以及不同部门、不同系统间的数据交换。

同时在 UMLS 的基础上,NLM 还开发了若干适用于自然语言处理的工具,MetaMap 和 SemRep

是其中应用较为广泛的工具。

（二）MetaMap

MetaMap 是 NLM 开发的生物医学实体识别工具，能够从生物医学文本识别出名词术语，并将其映射到 UMLS 的概念。MetaMap 提供在线交互式、批处理式和 Java API 三种服务形式。MetaMap 首先对待处理的文本进行切分，识别出其中的名词短语，然后利用专家词典和一定的算法对短语与候选词之间的匹配程度进行打分，输出评分最高的完整匹配。例如对于句子"Lumbar Spine Surgery in Patients with Parkinson Disease"，MetaMap 分别匹配出了 UMLS 概念"Lumbar spine surgery""Patients"和"Parkinson Disease"，以及各概念对应的语义类型"Therapeutic or Preventive Procedure""Patient or Disabled Group"和"Disease or Syndrome"（图 8-1）。

```
Processing tx.1: Lumbar Spine Surgery in Patients with Parkinson Disease.

Phrase: Lumbar Spine Surgery in Patients
>>>>> Phrase
lumbar spine surgery in patients
<<<<< Phrase
>>>>> Mappings
Meta Mapping (816):
    862    lumbar spine surgery (Operation on lumbar spine) [Therapeutic or Preventive Procedure]
    593    Patients [Patient or Disabled Group]
<<<<< Mappings

Phrase: with Parkinson Disease.
>>>>> Phrase
parkinson disease
<<<<< Phrase
>>>>> Mappings
Meta Mapping (1000):
   1000    PARKINSON DISEASE (Parkinson Disease) [Disease or Syndrome]
<<<<< Mappings
```

图 8-1　MetaMap 处理结果

（三）SemRep

SemRep 是 NLM 开发的语义分析器，它借助于 UMLS 的专家词典和 MedPost 词性标注器实现语法和句法分析，在 MetaMap 概念映射结果的基础上进一步识别概念间的语义关系，实现从生物医学文本中提取概念间的语义关系，形成 SPO 三元组。SemRep 将输入的文本处理为形如"主语 | 谓语 | 宾语"的 SPO 三元组形式，其中主语和宾语为 UMLS 中的概念，谓语为 UMLS 中的语义关系。例如输入句子"Lumbar Spine Surgery in Patients with Parkinson Disease"，SemRep 输出"|Lumbar spine surgery|topp|TREATS|Parkinson Disease|dsyn|"。其中 Lumbar spine surgery、TREATS 和 Parkinson Disease 分别为主语、谓语和宾语，而"topp"和"dsyn"是主语和宾语语义类型的缩写形式。

目前 MetaMap 和 SemRep 的应用领域包括：生物医学领域的信息抽取、文本分类、文本摘要、问题应答、数据挖掘与知识发现等生物医学文献与临床文本的自然语言分析任务。

二、数据处理工具

（一）DDA

DDA（Derwent Data Analyzer）是知识产权情报信息分析工具，能够为科研人员从大量的科技文献或专利文献中分析科技发展趋势、确定发展方向提供有价值的依据。DDA 内设多种数据库的导入过滤器，包括 Derwent Innovation、Web of Science 等，同时对 EXCEL、CSV、ACCESS 等结构化数据提供自定义过滤器，以此实现数据导入。对于导入的数据，DDA 利用匹配规则、叙词表定制等功能对数据进行清洗，从而保证分析结果的准确性。在计量学方面，该软件提供一键生成统计列表和常规分析图形功能，同时可生成共现矩阵、自相关矩阵、互相关矩阵，对不同机构在应用领域、合作伙伴等方面进行分布对比,从而揭示机构间的研究共性和差异。在可视化方面,基于矩阵中各项之间关联强度生成矩阵示图,直观展示矩阵中各项之间关联,从而挖掘各项间的强关联及潜在关联。同时对关键词、分类代码等词汇绘制词云,对机构、国家等字段进行图谱分析,从而发现机构及研究人员之间的潜在合作关系。DDA 以新兴趋势指标(emerging index)筛选热点话题和关键研究人员,从而进行研究方向筛选、新技术预测。DDA 能够帮助研究人员从多角度发现潜在合作人员,筛选研究方向,从而准确把握科学技术演化新方向。

(二) ITGinsight

ITGinsight 是一款实现科技文本挖掘与可视化分析工具,作者是汪雪锋和刘玉琴,该工具主要针对中英文科技文本,如专利、论文、报告、报刊等进行可视化的分析与挖掘。ITGinsight 支持 EXCEL、TXT、ACCESS 等格式的科技文本,结合自定义词表、人名词表、机构词表、地名词表进行数据清洗后,基于共现矩阵和文本关联构建科研关系,并进行可视化展示。在计量学方面,以科研主体间的合著关系、共现关系、学科间关联关系、文献间引证关系等构建网络,并采用网络图、热力图、世界地图、演化图等形式进行可视化展示,从而发现研究主体之间的关联性和差异性,用于寻找潜在合作伙伴。此外可应用 ITGinsight 进行主题演化跟踪,根据主题词演化反应研究领域的主题变化情况,从而了解研究变化趋势及研究热点。该软件对国内科研院所免费开放,对于提升我国情报分析软件工具研发具有积极的参考意义。

(三) SATI

文献题录信息统计分析工具(Statistical Analysis Tool for Informetrics, SATI)是浙江大学刘启元、叶鹰开发的文献题录信息统计分析工具,旨在通过对期刊全文数据库题录信息的字段抽取、频次统计和共现矩阵构建,利用一般计量分析、共现分析、聚类分析、多维尺度分析、社会网络分析等数据分析方法,对数据进行挖掘和可视化显示,为学术研究提供期刊文献数据统计与分析的辅助工具。SATI 支持 HTML、EndNote、NoteExpress 等格式的多种数据库题录数据,通过分词、时间切片、特征提取等数据预处理方式形成结构化数据用于构建网络,同时利用 Equivalence 系数作为规范化度量指标进行关系整理。在文献计量学方面,可进行共词分析、(作者间、机构间)合著分析、文献共被引分析、时序分析等。该软件相较于其他题录分析工具,优势在于可进行分词、去停用词数据预处理,同时进行时间划分,利用 NetDraw 插件进行可视化展示,但在矩阵截取方面存在不足,要求矩阵行列数相同且不超过 100,否则无法进行矩阵截取。SATI 利用文献题录信息进行网络构建,从时间、主题、著者、引文等多角度进行网络分析,揭示研究领域的潜在结构及其内在联系。

(四) BICOMB

书目共现分析系统(Bibliographic Item Co-Occurrence Matrix Builder, BICOMB)是由中国医科大学崔雷开发的一款基于文献数据库中书目信息共现的文本挖掘工具。BICOMB 可对 Web of Science、PubMed、万方、知网、CBM 等多种数据库书目信息进行处理与分析。BICOMB 从文献的书目信息中提取出主题词、著者、引文等条目,通过计算各条目的频次,截取高频次条目,形成共现矩阵,具体包括主题词(关键词)共现矩阵、(作者间、机构间、国家间)合著矩阵、(作者、文献、期刊)同被引矩阵等。借助于第三方统计软件(如 SPSS、gCLUTO 等)以及可视化工具(如 UCINET 等),BICOMB 可对生成的共现矩阵做进一步的聚类分析和社会网络分析,从而实现信息抽取、数据预处理、数据挖掘及分析等文本挖掘处理,为发现元数据管理规则提供基础性数据服务。

(五) HistCite

HistCite 是由加菲尔德开发的一款基于 Web of Science 数据平台的引文分析工具,能够用图示的方式展示某一领域不同文献之间的关系,用来处理 Web of Science 的文献书目信息。该软件对文献检索结果进行组织和分析,通过勾画文章出版时序图,获得特定研究领域的发展态势。通过生成文献引用关系图,更易于发现高被引研究和高被引学者。软件常用的分析指标包含 GCS(引用次数)、LCS(本地引用次数)、TGCS(引用总次数)、TLCS(本地引用总次数)、CR(文章引用参考文献数量)等。该软件除可进行统计分析外,同时可基于引文数据绘制引文编年图谱,突显关键历史事件,以及事件发生时间顺序和影响关系,帮助学者了解学科发展的历史脉络、重大历史事件及各研究机构、学者的产出分布规律,从而分析出领域的发展趋势。

三、可视化工具

(一)Neo4j

Neo4j 是一个高性能的图数据库,作为一种基于图论的新型 NoSQL 数据库,Neo4j 可直观地展示数据间的复杂关系,如组织架构,因果关联等。相较于传统关系型数据库(如 MySQL 数据库),Neo4j 的数据结构和查询方式都是以图论为基础,可有效快速对图中数据进行访问。Neo4j 基本的数据结构表达为 G=(V, E),V=vertex(节点),E=edge(边),节点为人、地名等概念实体,边为实体间的关系,同时通过增加键值对来表达节点及边属性。通过将节点、关系及其属性数据结构化并储存为 CSV 文件,利用 load csv 指令和 neo4j-import 工具进行数据导入,构建知识图谱。Neo4j 提供一种图数据库查询语言 Cypher,该语言查询效率高,扩展性良好,用户可自定义查询语句。对于查询结果可输出为文本、JSON 等格式。图数据库以自定义查询方式有效挖掘数据间的潜在关联,发现隐含知识关联。目前图数据库已广泛应用于用户推荐系统、数据资源管理等领域,有效推动各领域研究快速发展。

(二)Pajek

Pajek(蜘蛛)是斯洛文尼亚的 Mrvar A 和 Batagelj V 共同开发的一款经典的网络分析与可视化工具,早期用于社会网络分析,目前广泛应用于文献计量分析、生物数据分析等大型复杂网络分析研究。Pajek 支持 .net 格式文件构建网络,同时支持 Ucinet DL、GED 等格式数据,可构建有向网络、无向网络、一模网络、二模网络、多模网络、时间网络等多种模式的网络。Pajek 提供强大的网络分析功能,可对网络的拓扑结构指标进行计算,对网络的节点进行分类和聚类,提取网络的凝聚子群,网络信息传播分析、路径分析、系谱分析、引用分析、建模分析等。在应用方面,Pajek 应用于共词网、合著网、引文网、蛋白质互作网、社交网、家谱、数据挖掘等多类型网络的量化分析和可视化。

(三)VOSviewer

VOSviewer 是荷兰莱顿大学开发的用于构建和可视化书目网络的软件工具,在处理复杂数据时能快速运行并呈现清晰的聚类网络。VOSviewer 支持 Web of Science、Scopus、PubMed 等数据库文本,可分析标题和摘要中词汇的共现,文献、期刊、作者、机构等的共引和耦合关系。在可视化方面,VOSviewer 提供聚类密度视图、密度视图、标签视图、分散视图四种视图浏览方式,利用节点颜色和大小说明学科之间相似性、相互引证的关系。标签视图将节点用标签及圆点表示,圆点越大则节点越重要。密度视图将节点以不同颜色表示,节点颜色取决于其周边节点数量及重要性,该视图可有效了解重要节点。聚类密度视图与密度视图相似,区别在于聚类密度视图中每类集群的密度视图单独进行展示,该视图有利于快速查看单独聚类内容。分散视图将节点分散,用不同颜色表示,多用于观察网络的一般结构。以作者合作网络为例,节点代表作者,节点形状越大代表该作者发文数量越多,节点间连线越粗代表两者合著次数越多。VOSviewer 同时提供文本挖掘功能,学者根据研究需求从不同角度构建网络,进行可视化分析,获取各学科领域研究进展,发现研究领域内的主流学术群体及热点主题。

(四)CiteSpace

CiteSpace 是由美国德雷塞尔大学陈超美开发的,旨在分析科学数据中蕴含的潜在知识,集科学计量学分析和信息可视化为一体的分析工具。CiteSpace 能够采集 Web of Science、PubMed、Scopus、

CNKI、CSSCI 等多种数据库的文本数据,并对著者、刊名、关键词、机构、参考文献等不同文献题录字段进行统计分析并可视化,此外也能对其他网络可视化工具(如 Pajek)生成的网络文件进行可视化。在科学计量学分析方面,主要包括(作者间、机构间及国家间)合作分析、共词分析、学科领域共现分析、(文献、作者、期刊)共被引分析等。在可视化方面,CiteSpace 对关键词共现、领域共现等分析结果进行可视化,从而实现对学科研究热点、主题分布以及学科结构等进行分析。CiteSpace 能够帮助研究者从文献数据库全面搜集自己感兴趣的主题的文献,从主题、引文、著者、期刊、地域等不同角度分析该领域重要的核心信息,理清研究的发展脉络,从而分析出该领域的研究前沿和发展趋势。

(五) Gephi

Gephi 是一款基于 JVM 的开源、跨平台复杂网络分析软件,由 Bastian M 等多国年轻学者共同开发维护,该软件主要用于各种网络和复杂系统,动态和分层图的交互可视化与分析。Gephi 可支持CSV、GDF、GML 等文件格式。软件提供平均度、网络直径、图密度等网络分析指标,度中心度、特征向量中心度等节点中心性指标。在可视化方面,Gephi 提供多种网络布局方式,以力导向算法、圆形布局和胡一凡布局最为常用。力引导布局可充分展现网络整体结构及自同构特征,布局越紧凑,网络的可解读性越强。同时利用度、模块类别等分割参数对网络进行分割或分组,清晰展示网络的节点分布特征。Gephi 经过可视化网络、分割、过滤等步骤对数据进行可视化分析,揭示数据节点分布特征,为研究人员挖掘节点间联系提供帮助,目前已广泛应用于链接分析、社交网络分析、生物网络分析等研究。

(六) Cytoscape

由美国国家综合医学研究所(National Institute of General Medical Sciences,NIGMS)资助的Cytoscape 是一款开源网络可视化及分析的软件,最初应用于生物网络的分析和可视化,目前广泛应用于各种复杂网络。该软件提供用户输入自定义的网络数据,包括节点及属性信息表单,关系及属性表单,此外还支持对 Pathway Commons、IntAct、BioMart 及 NCBI Entrez Gene 数据库等多种大型公共生物数据库联机检索获得的生物数据进行建网。由于该软件最初的开发目的是分析生物数据,因此 CytoScape 的特色之一是提供数量众多的生物数据分析插件,如 cytoHubba 插件可用于发现 Hub基因,MCODE 插件可从基因或蛋白质网络中发现功能模体,BiNGO 插件可用于 GO 富集分析等。Cytoscape 提供比较强大的编辑及布局功能,使用户较容易地做出美观的网络图,利用网络分析功能梳理生物分子间相互联系,从而挖掘潜在的生物分子关联。

第三节 个人参考文献管理

一、概述

科技论文写作需要引用大量参考文献,伴随着信息技术的发展,各类数字参考信息源急速增长,传统的文献分析和管理方式无法满足科研人员高效、准确、便捷地利用参考文献的要求。为了满足这种需求,文献管理软件应运而生。文献管理软件集文献检索、收集、整理以及导入、导出功能于一体,能帮助用户高效管理和快速生成参考文献,推出后迅速得到推广应用。

目前,国内外有多种文献管理软件,如 Endnote、Mendeley、Reference Manager、Zotero、NoteExpress、NoteFirst、医学文献王、RefWorks 等。国外软件设计时主要考虑英语国家的期刊论文和期刊数据库的使用习惯,随着国内此类软件的问世,其优秀的性能、简洁的中文界面、良好的用户体验,受到广大用户的青睐。本节主要介绍如何使用 NoteExpress 及 Endnote 这两款有代表性且比较常用的软件进行文献管理。

二、文献管理软件的基本功能

（一）文献管理功能

这是文献管理软件最基本的功能，可以解决参考文献难于管理、数据丢失、查找不便等问题。软件允许用户建立和删除数据库，并可进行分类、查重、合并等操作。对于已有的数字文献，可采取手工录入，也可采用导入参考文献的功能来建立数据库。方便用户对百万计的电子文献进行管理，并可按不同研究方向分门别类，按照年份、作者、标题等进行排序。

（二）在线检索功能

软件内置常用数据库的搜索引擎以供检索，包括国内外各类免费和商业文献数据库，如 Web of Science、PubMed、CNKI 等，以了解本行业最新科研动态。软件能通过互联网对数据库检索，并将结果直接导入，包括文献的题名、作者、刊名、年代、卷、期、页码、关键词、摘要乃至全文等重要信息。

（三）协助论文写作功能

科技论文的撰写，尤其是综述文章、专著和学位论文，引用的文献动辄几十篇，有的甚至多达上百篇，且引文标注的准确与否关系到科技论文的严谨性和可信度。在科技论文的写作过程中，引文的整理、标注和顺序排列的工作量巨大，既费时费力又枯燥乏味。文献管理软件通过与常用文本编辑软件（如 Word 等）紧密结合，进行引文的整理、标注和顺序排列，实现参考文献引用的自动化，可自动生成符合要求的参考文献列表。

不同科技期刊论文的书写和引文格式各不相同，一般的文本编辑软件不能满足其格式要求。许多文献管理软件内置大量科技期刊论文模板供用户使用，针对其他的格式，可以通过自建格式过滤器，轻松完成书写、引用和标注工作。这对于用户来说非常重要，方便用户在稿件转投时进行参考文献格式的便捷转换，以达到所投刊物的要求。

（四）科研社交功能

一些文献管理软件，如 Mendeley、NoteFirst、EndNote 等，正在由单一的文献管理功能向云同步和跨系统信息资源社会分享基础上的管理工具发展，具有开展用户协作与开放型的科研社交功能。有的软件用户可设置共享群组，授权他人分享组内资料；有的软件可以增加好友，与同事、同行、同学分享知识资源，分配实验任务管理，自建机构数据库，共同开发和利用参考文献资源等，借以实现科研人员之间的无缝交流，达到协同创新的目的。

除了以上四种基本功能外，有些软件还提供分析功能，可量化分析检索结果，对题录信息进行多字段统计分析，便于用户快速了解某领域内的重要专家、研究机构和研究热点等。此外，多数软件还提供发现功能，即笔记模块，可方便用户随时记录阅读文献时的思想火花，高效有序地管理笔记，方便以后查看；检索条件可以长期保存，自动推送符合条件的文献，方便追踪研究动态，等等。

三、NoteExpress

NoteExpress（以下简称 NE）是一款专业级别的文献管理软件，它可导入各类文件进行有序管理；具备文献信息检索与下载功能，可以用来管理各种文献的题录，并以附件方式管理文献全文或任何格式的文件；可以按各种期刊的要求自动完成参考文献引用的格式化；支持多语言格式化输出；具有笔记功能，可以实现隐性知识的显性化管理。总之，针对研究人员在文献管理方面的实际需求，NE 提供了比较完整的解决方案。

（一）建立个人数据库

NE 安装完毕后首次启动会打开自带的示例数据库，该数据库存放在"我的文档"目录下，供新用户练习使用。用户正式使用时应建立新的数据库，在工具栏"数据库"下拉菜单中选择"新建数据库"，选择好数据库存放的路径,建议不要建立在系统盘,避免系统崩溃或者系统重装带来的损失。

根据自己的需要,用户可在数据库"题录"分类下建立多级文件夹来分类管理资料。文件夹结构可以增删改、排序,更多相关功能在目标文件夹处点击鼠标右键展开。

参考文献的标题、作者及相关摘要、关键词等信息即通常所说的文献线索,在 NE 中称为题录。建立题录文件夹,一方面是为了写作时能实时插入题录作为文中标注,另一方面,可以通过看摘要节约科研的时间。建立好题录数据库和文件夹后就可以添加新的题录了。新建题录有三种方式:手工录入、格式化文件导入和在线检索。除此之外,NE 还支持插件程序"NE 网络捕手"。

1. 手工录入　手工建立题录是手工填写题录的各个字段。

2. 格式化文件导入　文献数据库检索结果批量导入是从数据库检索出结果后,把这些题录数据批量导入 NE 的数据库中。不同数据库检索结果导出的各种格式的格式化文件,导入 NE 时需要选择与格式相对应的过滤器。在进行结果保存时,一些中文数据库提供的格式中包括"NoteExpress 格式",如维普资讯网、万方数据知识服务平台、CNKI,结果保存时,按照此格式保存即可,导入时选择NE 过滤器。国外文献数据库多可以选择 Endnote 格式或者 RIS 格式,如不确定某数据库的检索结果应该使用何种格式进行保存才可顺利导入 NE 中时,可将数据库提供的所有格式与 NE 过滤器中的格式进行比对和尝试。

3. 在线检索　NE 集成了很多常用的数据库,不用登录到数据库页面,利用 NE 集成的在线检索作为网关即可检索获取题录信息。得到检索结果,勾选所需要的题录,使用批量获取功能,一次性将题录全部导入。

4. NE 网络捕手　NE 网络捕手是支持 Chrome 浏览器及 Chromium 内核浏览器的插件程序,可以将网页上的内容一键保存到 NE 当前数据库的任意指定目录,辅助用户高效收集资料。

(二)管理题录

数据库管理与使用 Windows 的资源管理器操作方式相似,用户可以对数据库中的题录进行任意排序、查重、做笔记、做标识、添加附件、库内检索,以及按不同字段进行统计等。数据库题录的管理方法主要有以下几点。

1. 排序、查重　单击题录区某字段(如年份、作者)标题栏,即按照该字段升序排序,再次单击该字段则按照该字段降序排列。第三次单击该字段,则取消按照该字段排序。

通过各种方式入库的题录,都可能产生重复的题录。重复的数据不但浪费系统的物理空间,也给数据的维护带来麻烦。NE 提供了数据查重和快速删除的功能,打开菜单栏中的"查重"窗口,选择待查重的文件夹和查重字段后,即可开始查重。查出的重复数据会高亮显示,点击鼠标右键根据需要进行删除。

2. 在线检索和文件夹内检索　通过菜单栏中的"在线检索"可以选择数据库、输入检索词、选定检索字段和逻辑组配关系,得出检索结果,再将选定的检索结果保存到指定的 NE 文件夹中。NE 还可在本地指定文件夹或全部文件夹中进行检索,检索后,在"最近检索"文件夹下会自动形成以检索词命名的新文件夹,利用鼠标拖动该文件夹到"保存的检索"文件夹下,可以永久保存检索结果。

3. 全文下载、以附件形式管理全文　NE 菜单栏中有"下载全文"功能,可以将全文下载到本地并与题录自动链接,下载完毕后即可打开阅读全文。由于数据库厂商的限制,同一个 IP 如果频繁请求下载全文,会被认为恶意下载或者会被封 IP。文献全文或任何格式的文件还可以通过添加附件的形式与题录关联起来管理,形成个人的资源库,实现个人知识资源的有序化和条理化。附件添加的方法:选中要添加附件的题录,点击题录列表下方的"附件"按钮,在附件下方的空白处点击鼠标右键,在"添加"菜单下选择添加附件的类型(单个文件、文件夹或笔记等)后,选择要添加的文件完成添加。此外,还可以通过鼠标直接拖拽文件的方式进行添加,一条题录可以添加多个附件。此后查看题录时,如想查看附件内容,双击附件就可打开。

4. 笔记功能　NE 的笔记功能可以很方便地让用户把瞬间产生的研究、阅读心得等及时地记录下来,并与相关的题录建立链接加以管理。用户选中笔记的文件夹后,在笔记列表上点击鼠标右键可以创建一个新的笔记,也可以在选中的题录上点击鼠标右键增加笔记。对于创建的新笔记,用户可以将之链接到题录,此后在查阅题录文献时,点击题录列表下方的"笔记"按钮即可看到以前有关此条文献的心得体会。此外,在编辑笔记窗口的工具栏里有"插入到 Word"按钮,可以非常方便地把笔记插入到论文中。此项功能支持图片和建立表格。

5. 数据统计和分析　在某一专题研究中,研究人员常常要对该专题的文献进行定量分析,如统计文献的年度分布、作者分布、期刊分布的情况等,以把握该专题的研究状况和发展趋势。NE 菜单栏中的"数据分析"可以在选定要分析的题录后,根据不同的分析字段进行分析,以词频统计、词频云图、词共现次数矩阵、词共现关系图、词共现 - 相关系数矩阵、词共现 - 相异系数矩阵等形式呈现。

6. 回收站与题录的导出　回收站分为题录和笔记两部分,删除的题录、笔记,均会出现在回收站中。可以直接从回收站中进行恢复,最大限度保护了数据安全。如果原始文件夹已经被删除,则无法直接恢复,但仍可以通过"移动到文件夹"菜单进行恢复。

NE 的题录可以导出,便于多个用户之间交流共享数据。为方便与其他文献管理软件交换数据,建议选择"RefMan—(RIS)Export"样式;如果在 NE 用户之间交换题录,可以选择默认的 NE 样式。然后选中要输出的题录,通过菜单"文件"—"导出题录",导出选中的题录。

(三)辅助论文撰写

NE 可以将参考文献题录作为文中注释插入文章中,并且在文章末尾按照各个期刊的格式要求自动生成参考文献列表,这样处理既精确又快速,节约了研究人员的宝贵时间。NE 安装后,如果计算机上有 Word 软件,则会自动安装一个 Word 插件。

在 Word 里插入参考文献题录的使用步骤为:①将光标移至文中想插入注释处;②选择 NE Word 插件上的按钮"切换到 NoteExpress",打开 NE;③在 NE 主界面选中"题录"文件夹,然后鼠标单击选中右侧题录列表中的某条题录;④点击 Word 插件列表中的"插入引文"按钮即可。

通过 Word 插件上的按钮"格式化参考文献",可以选择要使用的期刊参考文献输出样式,完成引文格式化。当所需的格式没有时,可以自己创建引文格式。用户还可以在 Word 插件的"设置"按钮中,启动实时格式化功能,这样用户插入文中标引后,NE 可以当即在文章末尾生成格式化的参考文献列表。

四、EndNote

EndNote 作为 Web of Knowledge 平台的组成部分,供用户检索和分析研究文献并且利用它来查找、组织和格式化他们的参考书目。EndNote 有单机版和网络版之分,购买了 Web of Knowledge 相关产品的机构,用户可以免费使用该管理工具的网络版。此处简要介绍网络版的基本功能,第一次使用时需要注册账户。由于文献管理软件的功能与操作大同小异,具体的操作过程不做赘述。

(一)收集参考文献

收集参考文献有三种方式。第一种是在线检索,它可以直接对 Web of Knowledge 产品、PubMed 和其他许多文献库目录和参考文献数据库网站进行检索。第二种是新建参考文献,通过手工录入逐条输入参考文献。第三种导入参考文献,EndNote 提供了适用于多种数据来源的数百种导入过滤器,以及标准的 RefMan(Ris)和制表符分隔格式,可以批量导入参考文献。用户可以根据自己的需要建立不同的组(即文件夹),将收集到的参考文献分门别类地进行管理。

收集的参考文献有的全文可开放获取,EndNote 提供全文链接,点击链接可以直接跳转到原文所在网页打开全文。没有全文链接的,可以把其他途径找到的全文,以给相应题录添加附件的方式纳入"我的参考文献"的管理。

（二）管理与共享参考文献

EndNote 的管理参考文献的功能主要集中在工具栏"我的参考文献"界面里,在该界面用户可以对收集进 EndNote 的参考文献进行编辑、检索、排序、删除等操作。用户还可以在"组织"界面对参考文献进行查重。

"组织"界面最重要的功能是可以建立共享组,将自己管理的参考文献通过添加电子邮箱的方式,与最多 100 个 EndNote 用户共享。用户同样也可以参加别人的组,分享别人的参考文献。通过这种方式,同事、同学、同行们可以共享文献资源,方便了大家相互之间的沟通和交流。

（三）辅助论文撰写

EndNote 提供了一个插件工具"Cite While You Write"辅助论文的撰写,下载并安装这个插件后 Word 的菜单栏里会增加一个"EndNote 20"下拉菜单,利用该下拉菜单可在 Word 中撰写论文时自动插入参考文献以及格式化引文和书目。

与 NE 相同,在 EndNote 中可以选择要使用的期刊参考文献输出样式,完成引文格式化。当所需的格式没有时,可以自己创建引文格式。

EndNote 提供了书目功能,用于以指定的书目输出格式和指定的文件格式将参考文献输出到电子邮件,或进行保存或打印。点击工具栏的"组织"按钮可以对参考文献进行格式化。

（四）辅助论文投稿

EndNote 有一个功能"找出最适合您的期刊"可以帮助用户查找合适的投稿期刊,该功能通过"Master Journal List"实现。Master Journal List 可以帮助用户在 Web of Science 平台上多个数据库中找到符合需求的期刊,这些数据库包括 Web of Science 核心合集、Biological Abstracts、BIOSIS Previews、Zoological Record、Current Contents Connect,以及 Chemical Information 产品。

用户输入至少 10 个字的标题和至少 100 个字的摘要后,Master Journal List 提取最相关的关键词进行匹配,将选中的期刊按匹配度降序罗列出来。用户还可以通过选择期刊所属数据库、是否开放获取、学科、国家地区、语种、是否有影响因子等条件对期刊进行再次筛选。

第四节　科 技 查 新

科技查新是在科技文献检索和科技咨询基础上发展起来的一项科技信息服务业务,是图书馆、情报信息研究机构的一项重要服务项目。

一、概述

（一）查新的定义

查新是科技查新的简称,是指查新机构根据查新委托人提供的需要查证其新颖性(在查新委托日以前,查新项目的科学技术内容部分或全部没有在国内外出版物上公开发表过)的科学技术内容,利用各种文献检索手段和文献分析方法,按照查新规范操作,从文献角度对所查证的科学技术内容做出新颖性判断,从而为科研课题的立项、科研成果的评判等提供科学依据的一项文献服务工作。

查新是以文献为基础,以文献检索和情报调研为手段,以检出结果为依据,通过综合分析对比,对查新项目的新颖性进行审查,写出有依据、有对比、有分析、有结论的查新报告。其核心是对查新委托人提供的科技内容的创新性进行评价,这个评价的过程实质上就是一个对查新项目内容的信息分析过程。

在查新工作中，从接受委托到最后形成查新报告，中间要经过很多环节，从与委托方的交流、检索手段的确定、查新结果的分析到查新报告的撰写，都要进行大量的信息分析。

（二）查新机构与查新人员

查新机构是具有查新业务资质的信息咨询机构。查新的特点决定了开展查新的人员及机构应具备一定的资质，按照2015年发布的国家标准《科技查新技术规范》(GB/T 32003—2015)要求，申请查新业务资质的信息咨询机构应当具备下列条件：①具有连续15年以上的基本覆盖本机构查新专业范围的国内外文献资源（数据库），同时具备方便获取相应原文的能力；具备国际联机检索或网络数据库检索的手段。②拥有固定的办公场所及接待用户的环境；配有必要的办公自动化设备及通畅的网络；配有文件归档管理的场所和设备设施，对涉密查新项目配有专用计算机、专用文件柜及固定存放场所存放查新文档，且有专人管理；具有查新计算机管理系统。③至少应具有取得资质的3名查新员和1名审核员。④有健全的内部规章制度、管理体系和规范的业务流程。⑤具有权威机构颁发的资质证书。

查新人员是指参与查新工作的人员，包括查新员、审核员及对查新工作负有责任的其他人员。查新员要求具有中级（含）以上专业技术职称及本科（含）以上学历和查新资格，参与查新全过程。审核员要求具有高级专业技术职称及本科（含）以上学历和查新审核资格，且有五年以上查新工作经历，负责审核查新报告及查新员所做的查新工作是否规范，并向查新员提出审核意见。

查新机构、查新员、查新审核员应当是查新项目无利害关系的第三者，查新工作不受任何行政部门控制，也不受其他机关、社会团体、企业、个人、查新委托人等的非法干预。

二、查新的作用与类型

（一）查新的作用和特点

查新是科技管理中的一个重要组成部分，具有较强的政策性、科学性和技术性，其主要目的是避免科研工作中的低水平重复，节省人力、物力、经费和时间；为科研立项、成果鉴定、评审及转化、新药研发、专利申请等提供客观依据。

查新过程离不开检索，但查新中的检索与一般文献检索有本质区别，与一般检索相比，查新具有如下特点：①目的不同：查新检索用于申报项目或成果鉴定等特定目的，而一般检索用于满足用户的信息需求；②性质不同：查新只能是由认定资质的查新单位开展，并且由具有资质的查新人员进行，其结果具有权威性和约束力，而一般检索不需资格认定，任何部门、人员以及用户自己均可进行，检出结果仅供参考，不具约束力；③要求不同：查新人员需对检出结果进行过滤，筛选出密切相关文献，再将密切相关文献与查新项目进行对比分析，评价出查新项目的新颖性并出具正规的查新报告，而一般检索仅提供检出文献的线索即可；④检索年限不同：查新检索的年限严格按照查新规范制定，一般应从查新委托之日起回溯检索15年的文献，而一般检索的年限没有要求，采取自定；⑤检索范围不同：查新的检索范围规范并且广泛，检索深度上以侧重查全为主，兼顾查准，一般检索范围自定，通常较窄，检索深度也根据检索目的及用户要求，灵活决定以查全为主还是以查准为主。

（二）查新的类型

根据不同的查新目的和要求，查新一般可以分为科研立项、成果鉴定和专利查新三种类型。

1. 科研立项查新 是在课题立项之前进行。查新人员以立项者提出的某一课题的研究内容、实验方法和研究结果、预期要达到的技术指标等，作为查新的依据或对比尺度，通过与所查出的文献进行对比、分析，查清该课题国内外是否已有人进行过研究，有何成果、水平如何、进展情况及前景如何等，从中找出它们之间的异同，总结出查新课题的主要新颖之处，从而为确定申请课题是否具有立项价值提供情报依据。同时，申请立项人可根据查新提供的文献资料，修正研究内容和方法，制定出创新的研究方案,从而避免科研工作的低水平重复。

2．成果鉴定查新　是对成果实施奖励和推广应用的前提。通过查新工作,将查出的文献与申报的成果进行对比分析,判断该申报成果的各指标在国内外是否有同类或相似的研究。如果检出同类或类似的研究,则需要对课题的创新点与检出的相关文献进行对比分析,做出新颖性的判断,为专家和科研管理部门鉴定时提供参考依据。

3．专利查新　为确定专利是否能取得专利权提供情报依据。专利查新与普通的科技查新不同,是由专利局的专业审查人员根据《专利合作条约》(Patent Cooperation Treaty,PCT)的规定进行国际检索,对专利进行新颖性、创造性和实用性的审查。

三、查新流程与查新报告

根据《科技查新技术规范》,结合医学查新的特点,查新的基本程序如下。

1．查新委托　首先需要查新委托人填写查新委托单,内容包括查新项目的科学技术要点、参考检索词及真实可靠的支撑资料,以及国内外同类和相关科学技术的背景资料。

2．查新受理　根据《科技查新技术规范》的有关规定,查新机构判断待查新项目是否属于查新范围,判断查新项目所属专业是否属于本机构承担查新业务的受理范围;确定专门查新员和审核员;查新员首先需要检查查新申请单填写是否规范,申请人提供的资料是否齐全,内容是否真实准确,判断委托人提出的查新要求能否实现,委托人提出的时间要求是否能满足,科研立项查新需提交科研立项申请书,成果鉴定查新需提供成果申请书。此外,尽可能提供与课题相关的、最常用的中英文关键词和主题词、国内外参考文献等。

接下来,查新人员需要就课题内容与查新委托人进行交流,了解该课题的国内外研究情况,与相关研究相比查新项目的新颖之处,重要的科学技术要点,尽可能详细地了解有关的专业知识、名词术语,以保证能对查新项目进行客观、准确的评价。若接受查新委托,查新机构与查新委托人办理相关确认手续或订立查新合同。

3．检索　接受查新委托后,查新员下一步的工作就是为检索做准备。由于查新检索侧重于检索项目研究的新颖性,因此,查新人员是否能准确地把握课题内容独特之处、关键技术点是至关重要的。这需要查新人员仔细阅读委托人提供的资料,详细了解课题内容,必要时需要再次与委托人联系,或向其他专业人员请教,以明确查新的重点内容。准备工作主要包括:明确检索目的;根据检索目的确定主题内容的特定程度和学科范围的专指程度,使主题概念能准确地反映查新项目的核心内容;确定检索文献的类型和检索的专业范围、时间范围;制定周密、科学而具有良好操作性的检索策略。

在分析检索课题的基础上,根据检索目的和客观条件,选择最能满足检索要求的检索工具。必查数据库应涵盖期刊、会议论文、学位论文、科技成果、科技报告、专利等综合性数据库,根据学科专业要求选择必要的生物医药专业数据库,同时利用搜索引擎检索网络资源。

然后确定检索词,根据所选数据库的特点选择合适的检索方法和途径,根据检索状况调整检索策略。检索策略的制订与调整应在查全的基础上考虑查准。因此,在检索结果过少时,可考虑适当扩展检索,如使用上位词检索、同义词检索、相关词检索等;当检索结果过多时,则适当缩小检索范围,如选用专指性强的词、搭配副主题词、限定检索字段等。

需要注意的是,当检索结果为零时,应慎重下"无相关研究文献"的结论,而应该审查检索策略,对其进行调整,再行复检。必要时还需补充查找与查新项目内容相关的现刊、工具书等,以免漏检。

从检出的相关文献中选择对比文献,对比文献所属学科领域、解决的问题、解决的方案、研究方法、主要技术特征和效果等与查新项目的查新点相同或相近,内容可比。

4. **撰写查新报告** 查新报告是查新工作的最终结果，查新报告的书写要言简意赅，如实反映检索结果，以检出文献为依据，尽量做到客观、公正、全面。查新报告应当采用国家科技部规定的格式，内容符合查新合同的要求。

查新报告应采用描述性写法，使用规范术语，以客观事实和文献为依据，不包含任何个人偏见。其核心部分是查新结论，结论中的每个论点都要有充分可靠的文献依据。查新结论一般包括项目查新点归纳、文献对比分析和结论三个部分。

5. **查新审核** 查新审核主要是审核员对查新程序、检索工具的选择、检索策略的合理性和准确性、相关文献的可比性等进行审核，以保证查新结论的客观、公正和准确。查新员根据审核员的审核意见对查新报告进行修改，如果报告改动较大，甚至需要补查的，查新员对报告进行修改补充后需要再次送审。

6. **出具查新报告** 查新报告定稿后，查新人员签字，加盖查新机构的科技查新专用章。一般打印一式数份，除留一份归档保存外，其余交查新委托人。此外，查新过程的文献检索结果及密切相关文献复印件均可交付委托人。查新报告的期限一般不超过一年，逾期必须进行补查。

如果查新委托人对查新结论有不同意见，可以申请复审。查新机构组织复审小组复审，并在3个工作日内给予答复。如果复审后证明委托人意见正确，应收回原查新报告，更改查新结论，重新出具查新报告。

7. **文件归档** 按照《科技查新技术规范》，查新完成后需将所有查新文件归档，归档内容包括查新委托单或查新合同、查新报告，以及查新过程中产生的文件（包括附件）等。电子文档要定期备份，纸质文档应存放在专用文件柜中，专人管理。查新机构还应按要求及时将查新报告上传到国家科技查新数据库。

思考题

1. 请简述检索策略的编制过程和注意事项。
2. 有哪些方式能获得文献的全文？
3. 请分别试用一个中外文献管理软件，并简要叙述这两个软件功能的异同。
4. 请简述查新的程序。

（张 晗 马 路）

附录1 MeSH词表树状结构体系的大类和二级类目（2021）

A. Anatomy（解剖）

A01.Body Regions（身体各部位）

A02.Musculoskeletal System（肌肉骨骼系统）

A03.Digestive System（消化系统）

A04.Respiratory System（呼吸系统）

A05.Urogenital System（泌尿生殖系统）

A06.Endocrine System（内分泌系统）

A07.Cardiovascular System（心血管系统）

A08.Nervous System（神经系统）

A09.Sense Organs（感觉器官）

A10.Tissues（组织）

A11.Cells（细胞）

A12.Fluids and Secretions（体液和分泌物）

A13.Animal Structures（动物结构）

A14.Stomatognathic System（口颌系统）

A15.Hemic and Immune Systems（血液和免疫系统）

A16.Embryonic Structures（胚胎结构）

A17.Integumentary System（皮肤系统）

A18.Plant Structures（植物结构）

A19.Fungal Structures（真菌结构）

A20.Bacterial Structures（细菌结构）

A21.Viral Structures（病毒结构）

B. Organisms（有机体）

B01.Eukaryota（真核生物）

B02.Archaea（古核生物）

B03.Bacteria（细菌）

B04.Viruses（病毒）

B05.Organism Forms（有机体形式）

C. Diseases（疾病）

C01.Infections（感染疾病）

C04.Neoplasms（肿瘤）

C05.Musculoskeletal Diseases（肌肉骨骼系统疾病）

C06.Digestive System Diseases（消化系统疾病）

C07.Stomatognathic Diseases（口颌疾病）

C08.Respiratory Tract Diseases（呼吸道疾病）

C09.Otorhinolaryngologic Diseases（耳鼻咽喉疾病）

C10.Nervous System Diseases（神经系统疾病）

C11.Eye Diseases（眼疾病）

C12.Urogenital Diseases（泌尿生殖系统疾病）

C14.Cardiovascular Diseases（心血管系统疾病）

C15.Hemic and Lymphatic Diseases（血液和淋巴系统疾病）

C16.Congenital，Hereditary，and Neonatal Diseases and Abnormalities
（先天性、遗传性、新生儿疾病与畸形）

C17.Skin and Connective Tissue Diseases（皮肤和结缔组织疾病）

C18.Nutritional and Metabolic Diseases（营养和代谢疾病）

C19.Endocrine System Diseases（内分泌系统疾病）

C20.Immune System Diseases（免疫系统疾病）

C21.Disorders of Environmental Origin（源于环境的疾病）

C22.Animal Diseases（动物疾病）

C23.Pathological Conditions，Signs and Symptoms（病理状态、体征和症状）

C24.Occupational Diseases（职业病）

C25.Chemically-Induced Disorders（化学诱导性疾病）

C26.Wounds and Injuries（受伤与损伤）

D. Chemicals and Drugs（化学品和药物）

D01.Inorganic Chemicals（无机化合物）

D02.Organic Chemicals（有机化合物）

D03.Heterocyclic Compounds（杂环化合物）

D04.Polycyclic Hydrocarbons（多环碳氢化合物）

D05.Macromolecular Substances（大分子物质）

D06.Hormones，Hormone Substitutes，and Hormone Antagonists（激素、激素替代品和激素拮抗剂）

D08.Enzymes and Coenzymes（酶和辅酶）

D09.Carbohydrates（糖类）

D10.Lipids（脂类）

D12.Amino Acids，Peptides and Proteins（氨基酸、肽和蛋白质）

D13.Nucleic Acids，Nucleotides and Nucleosides（核酸、核苷酸和核苷）

D20.Complex Mixtures（复合物）

D23.Biological Factors（生物因子）

D25.Biomedical and Dental Materials（生物医学和牙科材料）

D26.Pharmaceutical Preparations（药物制剂）

D27.Chemical Actions and Uses（化学活性和应用）

E. Analytical, Diagnostic and Therapeutic Techniques and Equipment（分析、诊断、治疗技术和设备）

E1.Diagnosis（诊断）

E2.Therapeutics（治疗）

E3.Anesthesia and Analgesia（麻醉和镇痛）

E4.Surgical Procedures，Operative（外科操作、手术）

E5.Investigative Techniques（包埋技术）

E6.Dentistry（牙科）

E7.Equipment and Supplies（设备和供应）

F. Psychiatry and Psychology（精神病学和心理学）

F01.Behavior and Behavior Mechanisms（行为和行为机制）

F02.Psychological Phenomena（心理现象）

F03.Mental Disorders（精神疾病）

F04.Behavioral Disciplines and Activities（行为学科和活动）

G. Phenomena and Processes（现象与操作）

G01.Physical Phenomena（物理现象）

G02.Chemical Phenomena（化学现象）

G03.Metabolism（新陈代谢）

G04.Cell Physiological Phenomena（细胞生理现象）

G05.Genetic Phenomena（遗传现象）

G06.Microbiological Phenomena（微生物现象）

G07.Physiological Phenomena（生理现象）

G08.Reproductive and Urinary Physiological Phenomena（生殖和泌尿生理现象）

G09.Circulatory and Respiratory Physiological Phenomena（循环和呼吸生理现象）

G10.Digestive System and Oral Physiological Phenomena（消化系统和口腔生理现象）

G11.Musculoskeletal and Neural Physiological Phenomena（肌肉骨骼和神经生理现象）

G12.Immune System Phenomena（免疫系统现象）

G13.Integumentary System Physiological Phenomena（外皮系统生理现象）

G14.Ocular Physiological Phenomena（眼生理现象）

G15.Plant Physiological Phenomena（植物生理现象）

G16.Biological Phenomena（生物现象）

G17.Mathematical Concepts（数学概念）

H. Disciplines and Occupations（学科和职业）

H01.Natural Science Disciplines（自然科学）

H02.Health Occupations（卫生职业）

I. Anthropology，Education，Sociology and Social Phenomena（人类学、教育学、社会学和社会现象）

I01.Social Sciences（社会科学）

I02.Education（教育学）

I03.Human Activities（人类活动）

J. Technology, Industry, Agriculture（技术、工业、农业）

J01.Technology，Industry and Agriculture（技术、工业和农业）

J02.Food and Beverages（食物和饮料）

J03.Non-Medical Public and Private Facilities（非医学公共和私人设施）

K. Humanities（人文科学）

K01.Humanities（人文科学）

L. Information Science（信息科学）

L01.Information Science（信息科学）

M. Named Groups（命名群体）

M01.Persons（人群）

N. Health Care（卫生保健）

N01.Population Characteristics（人口特征）

N02.Health Care Facilities，Manpower, and Services（卫生保健设施、人力和服务）

N03.Health Care Economics and Organizations（卫生保健经济和组织）

N04.Health Services Administration（卫生服务管理）

N05.Health Care Quality, Access, and Evaluation（卫生保健质量、准入和评估）

N06.Environment and Public Health（环境与公共卫生）

V. Publication Characteristics（出版物特征）

V01.Publication Components（出版组成）

V02.Publication Formats（出版形式）

V03.Study Characteristics（研究特征）

V04.Support of Research（研究支持）

Z. Geographicals（地域）

Z01.Geographic Locations（地理区域）

附录2 MeSH词表副主题词使用一览表（2021）

2021版有76个副主题词（限定词），下表按英文字顺排列，依次列出每个副主题的英文、中文、类目范畴、缩写、简写以及范围说明。括号内类目范畴表示其可组配该类目下的主题词。

1. Abnormalities　畸形（A1～A10，A13，A14，A16&B2），AB，ABNORM。与器官组配，表明因先天性缺陷而致器官的形态改变。亦用于动物畸形。

2. Administration&Dosage　投药和剂量（D），AD，ADMIN。与药物组配，表明其剂型、给药途径、次数、用药时间、药品数量以及这些因素的作用。

3. Adverse Effects　副作用（D，E&J），AE，ADV EFF。与药物、化学物质、生物制品、物理制剂或各种制品组配，表明其在以诊断、治疗、预防或麻醉为目的，正常用量或可接受的剂量情况下所出现的不良反应；也与各种诊断、治疗、预防、麻醉、手术或其他技术操作组配，表明因操作而引起的副作用或并发症。

4. Agonists　激动剂（D），AG，AGON。与化学物质、药物、内源性物质主题词相组配，表明这些物质对受体具有亲和力及内在作用。

5. Analogs&Derivatives　类似物和衍生物（D2～D7，D9，D11&D14～D23），AA，ANALOGS。与药物及化学物质组配，表明是具有相同或相似的电子结构，但其他的原子或分子不同（增加或取代）的物质。在MeSH表中无专指的化学物质主题词或合适的化学结构族主题词时使用。

6. Analysis　分析（D），AN，ANAL。用于一种物质的成分或其代谢产物的鉴定或定量测定，包括对空气、水或其他环境媒介物的分析，但不包括对组织、肿瘤、体液、有机体和植物的化学分析。对后者用限定词"Chemistry"。本概念适用于方法学和结果。血液、脑脊液和尿中的物质分析，分别用限定词"Blood""Cerebrospinal Fluid"和"Urine"。

7. Anatomy&Histology　解剖学和组织学（A1～A10，A13，A14，A16，B1，B2&B6），AH，ANAT。与器官、部位及组织组配，表明其正常解剖学和组织学。也与动、植物组配，表明其正常的解剖学及结构。

8. Antagonists&Inhibitors　拮抗剂和抑制剂（D1～D24），AI，ANATAG。与药物、化学物质、内源性物质组配，表明在生物效应上与其有相反作用机制的物质或制剂。

9. Biosynthesis　生物合成（D8，D9，D12，D13&D24），BI，BIOSYN。与化学物质组配，表明其在有机体内、活细胞内或亚细胞成分中的形成。

10. Blood　血液（B2，C，D1～D24&F3），BL，BLOOD。用于表明血液中各种物质的存在或分析；也用于疾病状态时的血液检查和血液变化。但不包括血清诊断和血清学。后者分别用限定词"Diagnosis"和"Immunology"。

11. Blood Supply　血液供给（A1～A6，A8～A10，A13，A14&C4），BS，BLOOD SUPPLY。可与器官、身体部位组配，在需与血管主题词组配时，如无专指的血管主题词时，可与某器官、部位的动脉、毛细血管及静脉系统组配，表明通过器官内的血流。

12. Cerebrospinal Fluid 脑脊髓液(B2, C, D1~D24&F3), CF, CSF。表明脑脊液中物质的存在和分析。也用于疾病状态时,脑脊液的检查和变化。

13. Chemical Synthesis 化学合成(D), CS, CHEM SYN。与化学物质和药物组配,表明体外分子的化学制备。有机体、活细胞或亚细胞成分内化学物质的形成用限定词"Biosynthesis"。

14. Chemically Induced 化学诱导(C, F&G), CI, CHEM IND。表明因化学化合物而致的人或动物的疾病、综合征、先天性畸形或症状。

15. Chemistry 化学(A2~A16, B1, B3~B6, C4&D), CH, CHEM。与化学物质、生物或非生物物质组配,表明其组成结构、特点和性质。也用于器官、组织、肿瘤、体液、有机体和植物的化学成分和物质含量。但不包括物质的化学分析和测定、合成、分离和提纯,对后几种情况,分别用限定词"Analysis""Chemical Synthesis""Isolation&Purification"。

16. Classification 分类(B~E, F2~F4, G1, G2, G12, I, J, M&N2~N4), CL, CLASS。用于分类学的或体系的或等级的分类系统。

17. Complications 并发症(C&F3), CO, COMPL。与疾病组配,表明两种病同时存在或相继存在的状况,即同时存在的疾病,并发症或后遗症。

18. Congenital 先天性(C1~12, C14, C15, C17, C19~C26), CN, CONGEN。与疾病主题词组配,表明出生时(通常情况下)或出生前即存在的疾病。但不包括形态学畸形和分娩时的损伤,后两者分别用限定词"畸形(Abnormalities)"和"损伤(Injuries)"。

19. Cytology 细胞学(A2~A10, A12~A16, B1, B3&B5~B6), CY, CYTOL。用于单细胞或多细胞有机体正常细胞形态学。

20. Deficiency 缺乏(D8, D12~D13&D24), DF, DEFIC。与内源性和外源性物质组配,表明其缺乏或低于有机体或生物系统的正常需要量。

21. Diagnosis 诊断(C&F3), DI, DIAG。与疾病主题词组配,表明诊断的各个方面,包括检查、鉴别诊断及预后。但不包括普通检查。

22. Diagnostic Imaging 影像诊断(C&F3)G, DIAG IMAGE。用于解剖结构的可视化或疾病的诊断。常用的成像技术包括放射照相术、放射性核素显像、热成像、断层扫描和超声检查。

23. Diet Therapy 膳食疗法(C&F3), DH, DIET THER。与疾病主题词组配,表明对疾病所作的饮食和营养安排。但不包括维生素或矿物质的补充,对后者可用限定词"Drug Therapy"。

24. Drug Effects 药物作用(A2~A16, B1, B3~B6, D12&G4~G12), DE, DRUG EFF。与器官、部位、组织或有机体以及生理和心理过程组配,表明药品和化学物质对其产生的作用。

25. Drug Therapy 药物疗法(C&F3), DT, DRUG THER。与疾病主题词组配,表明通过投给药品、化学物质和抗生素治疗疾病。但不包括免疫治疗和用生物制品治疗,对后者用限定词"Therapy"。对于饮食疗法和放射疗法,分别用专指的限定词。

26. Economics 经济学(C, D, E, F3, F4, G1, G2, I2, I3, J&N2~N4), EC, ECON。用于任一主题的经济方面。也用于财务管理的各个方面,包括资金的筹集和提供。

27. Education 教育(F4, G1, G2, I3&M), ED, EDUC。与学科、技术和人群主题词组配,表明各个领域和学科以及各类人群的教育和培训。

28. Embryology 胚胎学(A1~A10, A13, A14, B1, B2, B6&C), EM, EMBRYOL。与器官、部位和动物主题词组配表明其在胚胎期或胎儿期的发育;也与疾病主题词组配,表明因胚胎因素而引起的出生后疾病。

29. Enzymology 酶学(A2~16, B1, B3~6, C&F3), EN, ENZYMOL。与有机体(脊椎动物除外)、器官和组织、疾病主题词组配,表明有机体、器官组织的酶以及疾病过程中的酶。但不包括诊断性酶试验,后者用限定词"Diagnosis"。

30．Epidemiology　流行病学(C,F3&Z),EP,EPIDEMIOL。与人类或兽医疾病组配,表明疾病的分布、致病因素和特定人群的疾病特征,包括发病率、患病率和发病周期、地方病和流行病的暴发流行,包括对地理区域和特殊人群发病率的调查和估计;也与地理主题词组配表明疾病流行病学方面的地理位置。但不包括死亡率,后者用限定词"Mortality"。

31．Ethics　伦理学(E1～E7,G9,H1,H2,I2,I3,N2～N4),ES,ETHICS。与技术和活动有关的主题词组配,是关于人类和社会价值的讨论和分析。

32．Ethnology　人种学(C1～C21,C23,F3&Z),EH,ETHNOL。与疾病和有关主题词组配,表明疾病的人的、文化的、人类学的或种族的等方面,也与地理主题词组配,表明人群的起源地。

33．Etiology　病因学(C&F3),ET,ETIOL。与疾病组配,表明疾病的致病原因(包括微生物、环境因素、社会因素和个人习惯)及发病机理。

34．Genetics　遗传学(B,C,D8,D9,D11～D13,D24,F3&G4～G12),GE,GENET。与有机体主题词组配,表明其遗传和遗传机制,正常和病理状态下的遗传学基础;与内源性化学物质主题词组配,表明对其遗传学方面的研究。包括对遗传物质的生物化学和分子影响。

35．Growth&Development　生长和发育(A1～Al0,A13,A14&B),GD,GROWTH。与微生物、植物和出生后动物主题词组配,表明其生长和发育情况;也与器官和解剖部位主题词组配,表明其出生后的生长和发育情况。

36．History　历史(C～E,F3,F4,G1,G2,I2,I3,J,M&N2,N3),HI,HIST。与任何主题词组配,表明其历史情况,包括简要的历史注释,但不包括病史。

37．Immunology　免疫学(A2～A16,B,C,D1～D24,F3&G4～G12),IM,IMMUNOL。与组织、器官、微生物、真菌、病毒和动物组配,表明对其进行免疫学研究,包括疾病的免疫学方面。但不包括用于诊断、预防和治疗为目的的免疫学操作,对后者分别用限定词"Diagnosis""Prevention&Control""Therapy"。亦可与化学物质主题词组配,表明抗原和半抗原。

38．Injuries　损伤(A1～A10,A13,A14,B2&I3),IN,INJ。与解剖学、动物和运动主题词组配,表明其所受的创伤和损坏。但不包括细胞损坏,对后者用限定词"Pathology"。

39．Innervation　神经支配(A1～7,A9～10,A13～14&A16)IR,INNERV。与器官、部位或组织组配,表明其神经支配。

40．Instrumentation　仪器设备(E1～E6,F4&G1,G2),IS,INSTRUM。与诊断或治疗操作、分析技术及专业或学科主题词组配,表明器械、仪器或设备的研制和改进。

41．Isolation&Purification　分离和提纯(B1,B3～B5&D),IP,ISOL。与细菌、病毒、真菌、原虫和蠕虫主题词组配,表明对其纯株的获取;表明通过 DNA 分析、免疫学和其他方法(包括培养技术)以显示上述有机体的存在或对其进行鉴定。也与生物物质和化学物质主题词组配,表明对其成分的分离和提纯。

42．Legislation&Jurisprudence　立法和法学(G1,G2,I2,I3&N2～N4),LJ,LEGIS。用于法律、法令、条令或政府法规;也用于法律争议和法庭判决。

43．Metabolism　代谢(A2～A16,B～D&F3),ME,METAB。与器官、细胞和亚细胞成分、有机体和疾病主题词组配,表明其生化改变及新陈代谢情况;也与药品和化学物质组配,表明其分解代谢变化(从复杂分子分解为简单分子)。对于其合成代谢过程(从小分子到大分子的转换)用限定词"Biosynthesis",对于酶学、药代动力学和分泌,则分别用相应的限定词。

44．Methods　方法(E1～E6,F4,G1,G2&I2),MT,METHODS。与技术、操作和规划项目主题词组配,表明其方法。

45．Microbiology　微生物学（A，B1，B2，B6，C&F3），MI，MICROBIOL。与器官、动物、高等植物和疾病主题词组配，表明对其进行微生物学研究。对寄生虫用限定词"Parasitology"，病毒用"Virology"。

46．Mortality　死亡率（C，E4&F3），MO，MORTAL。与人类疾病和兽医疾病组配，表明其死亡率统计。但由于特殊病例引起的死亡用"致死结果"（Fatal outcome），不用"死亡率"。

47．Nursing　护理（C，E&F3），NU，NURS。与疾病主题词组配，表明对疾病的护理和护理技术，包括诊断、治疗和预防操作中的护理作用。

48．Organization&Administration　组织和管理（G1～2，I2，N2～4），OG，ORGAN。用于行政机构及其管理。

49．Parasitology　寄生虫学（A，B1，B2，B6，C&F3），PS，PARASITOL。与动物、高等植物、器官和疾病主题词组配，表明其寄生虫因素。在疾病诊断过程中，寄生虫因素不明确时，不用此限定词。

50．Pathogenicity　致病力（B1&B3～B5），PY，PATHOGEN。与微生物、病毒和寄生虫主题词组配，表明其对人或动物致病能力的研究。

51．Pathology　病理学（A1～A11，A13～A16，C&F3），PA，PATHOL。与器官、组织及疾病主题词组配，表明疾病状态时，器官、组织及细胞的结构。

52．Pharmacokinetics　药代动力学（D），PK，PHARMACOKIN。与药品和外源性化学物质组配，表明以其剂量的效用和代谢过程的扩展和速率研究其吸收、生物转化、分布、释放、转运、摄取和清除的机理和动力学。

53．Pharmacology　药理学（D），PD，PHARMACOL。与药品和外源性投给的化学物质组配，表明其对活的组织和有机体的作用，包括对物理及生化过程的催化和抑制以及其他药理作用。

54．Physiology　生理学（A，B，D8，D11～D13，D24，F2&G4，G15），PH，PHYSIOL。与器官、组织和单细胞及多细胞有机体细胞组配，表明其正常功能。也与生化物质、内源性物质组配，表明其生理作用。

55．Physiopathology　病理生理学（A1～A5，A7～A10，A13，A14，A16，A17，C1～C26，F3），PP，PHYSIOPATHOL。与器官和疾病组配，表明疾病状态下的功能异常。

56．Poisoning　中毒（D&J），PO，POIS。与药品、化学物质和工业物质组配，表明因上述物质而致的人或动物急、慢性中毒，包括因意外、职业、自杀、误用、环境污染等原因所致的中毒。

57．Prevention&Control　预防和控制（C&F3），PC，PREV。与疾病主题词组配，表明增加人和动物的抗病能力（如预防接种）、对传播媒介的控制、对环境有害因素和致病的社会因素的预防和控制（包括对个体的预防措施）。

58．Psychology　心理学（B2，C，E1～E6，F3，I3&M），PX，PSYCHOL。与非精神性疾病、技术及人群名称组配，表明其心理学的、精神的、身心的、心理社会学的、行为的和感情的等方面；也与精神性疾病组配，表明其心理方面。也与动物主题词组配，表明动物行为和心理学。

59．Radiation Effects　辐射效应（A，B1，B3～B6，D，F1，F2，G4～G12&J），RE，RAD EFF。用于电离和非电离辐射对活的有机体、器官和组织及其组成部分、生理过程产生的作用；也用于辐射对药品和化学物质产生的效应。

60．Radiotherapy　放射疗法（C），RT，RADIOTHER。与疾病主题词组配，表明电离和非电离辐射的治疗应用，包括放射性同位素疗法。

61．Rehabilitation　康复（C1～C21，C23，E4&F3），RH，REHABIL。与疾病和外科手术操作主题词组配，表明个体的功能恢复。

62．Secondary　继发性（C4），SC，SECOND。与肿瘤主题词组配，表明肿瘤转移的继发部位。

63．Standards　标准（D，E，F4，G1，G2，I2，I3，J&N2），ST，STAND。与设施、人员和规划项目主题词组配，表明对其合适的或可行的标准的制订、测试或应用；也与化学物质和药品组配，表明其鉴定标准、质量标准和效率标准，包括工业或职业中的卫生和安全标准。

64．Statistics&Numerical Data　统计和数值数据（E，F4，G1，G2，I，J，M&N2～N4），SN，STATIST。与非疾病主题词组配，表明对数值的表达，即对特定的数值集合或数值组进行描述。

65．Supply&Distribution　供应和分配（D，E7，J&N2，M），SD，SUPPLY。用于可能获得物质、设备、卫生服务、人力和设施的数量和分布情况。但不包括工业和职业性的食品和水的供应。

66．Surgery　外科学（A1～A10，A13，A14，A16，B2，C&F3），SU，SURG。用于器官、部位、组织上实施手术以治疗疾病，包括用激光切除组织。但不包括移植术，后者用限定词"Transplantation"。

67．Therapeutic Use　治疗应用（D），TU，THER USE。与药品、生物制品和物理制剂主题词组配，表明其在疾病的预防和治疗中的应用，包括兽医用药。

68．Therapy　治疗（C&F3），TH，THER。与疾病主题词组配，用于除药物疗法、饮食疗法、放射疗法和外科手术以外的治疗手段。包括文献中所指的综合治疗。

69．Toxicity　毒性（D&J），TO，TOX。与药品及化学物质主题词组配，表明对其有害作用进行人和动物的实验性研究，包括测定安全界限或测定按不同剂量给药产生的不同反应的研究；也用于对接触环境污染物的实验性研究。应该把接触环境污染物对生命的威胁也考虑进去。

70．Transmission　传播（C1～3），TM，TRANSM。与疾病主题词组配，表明对疾病传播方式的研究。

71．Transplantation　移植（A2～A11，A13～A16），TR，TRANSPL。与器官、组织或细胞主题词组配，表明器官、组织或细胞在同一个体中由一个部位移植到另一个部位，或在同种或异种间进行不同个体间的移植。

72．Trends　发展趋势（E，F4，G1，G2，I2～I3&N2～N4），TD，TRENDS。用于表明事物随时间的推移而发生质变和量变的方式，包括过去、现在和未来的情况，但不包括对具体患者的疾病过程的讨论。

73．Ultrastructure　超微结构（A2～A11，A13～A16，B1，B3～B6&C4），UL，ULTRASTRUCT。与组织和细胞（包括肿瘤）和微生物主题词组配，表明其通常用光学显微镜观察不到的细微解剖结构。

74．Urine　尿（B2，C，D1～D24&F3），UR，URINE。表明尿液中物质的存在和分析；表明疾病状态时，尿液中物质的变化及尿液检查。

75．Veterinary　兽医学（C1～C21，C23&E），VE，VET。用于动物自然发生的疾病，也用于兽医学中使用的诊断、预防或治疗操作。

76．Virology　病毒学（A，B1～B3，B6，C&F3），VI，VIROL。与器官、动物、高等植物以及疾病主题词组配，表明其病毒学研究。细菌、立克次体属、真菌用"Microbiology"，寄生虫方面的研究用"Parasitology"。

推荐阅读

[1] 李丹亚，李军莲. 医学知识组织系统——术语与编码［M］. 北京：科学出版社，2019.

[2] 陈振标. 文献信息检索、分析与应用［M］. 北京：海洋出版社，2016.

[3] 林佳瑜. 论文科研用户文献信息分析和服务研究［M］. 广州：华南理工大学出版社，2018.

[4] ZHANG J.Visualization for Information Retrieval［M］. Springer，Berlin Heidelberg，2008.

[5] HARMAN D.Information Retrieval Evaluation［M］. Morgan & Claypool Publishers，San Rafael，2011.

中英文名词对照索引